최신
인공지능
쉽게 이해하고 넓게 활용하기

최신
인공지능
쉽게 이해하고 넓게 활용하기

지은이 칸자키 요지
옮긴이 김현옥
펴낸이 박찬규 | 엮은이 이대엽 | 표지디자인 Arowa & Arowana

펴낸곳 위키북스 | 전화 031-955-3658, 3659 | 팩스 031-955-3660
주소 경기도 파주시 문발로 115, 311호(파주출판도시, 세종출판벤처타운)

가격 15,000 | 페이지 264 | 책규격 152x210mm

1쇄 발행 2017년 04월 07일
2쇄 발행 2018년 01월 17일
ISBN 979-11-5839-062-4(13000)

등록번호 제406-2006-000036호 | 등록일자 2006년 05월 19일
홈페이지 wikibook.co.kr | 전자우편 wikibook@wikibook.co.kr

ZUKAI NYUMON SAISHIN JINKOCHINO GA YO~KU WAKARU HON by Yoji Kanzaki
Copyright © 2016 by Yoji Kanzaki
All rights reserved.
First published in Japan in 2016 by Shuwa System Co., Ltd.
This Korean edition is published by arrangement with Shuwa System Co., Ltd, Tokyo
in care of Tuttle-Mori Agency, Inc., Tokyo through Botong Agency, Seoul.
Korean translation copyright © 2017 by WIKIBOOKS.

이 책의 한국어판 저작권은 Botong Agency를 통한 저작권자와 독점 계약으로 위키북스가 소유합니다.
신저작권법에 의해 한국 내에서 보호를 받는 저작물이므로 무단 전재와 복제를 금합니다.
이 책의 내용에 대한 추가 지원과 문의는 위키북스 출판사 홈페이지 wikibook.co.kr이나
이메일 wikibook@wikibook.co.kr을 이용해 주세요.

이 도서의 국립중앙도서관 출판시도서목록 CIP는
e-CIP 홈페이지 http://www.nl.go.kr/cip.php에서 이용하실 수 있습니다.
CIP제어번호 CIP2017007878

최신
인공지능
쉽게 이해하고 넓게 활용하기

칸자키 요지 지음 / 김현옥 옮김

위키북스

인간과 같은 지능을 가진 컴퓨터, '인공지능'은 아직 존재하지 않습니다. 이를 범용형 인공지능이라고 하며, 뇌과학과 신경과학, 전자 공학 등과 같은 다양한 분야에서 연구가 이뤄지고 있는데, 인공지능이 탄생하기까지는 아직 갈 길이 멉니다.

그럼 뭐가 어떻게 된 일이길래 신문이나 뉴스에서 'XX에 인공지능을 도입'이라는 표현을 볼 수 있었던 걸까요? 범용형 인공지능을 실현하려면 다양한 능력을 컴퓨터 상에서 실현하고 정밀도를 높여야 합니다. 예를 들어 인간과 대화하는 능력, 인간의 말로 쓰인 문장을 해독하는 능력, 사물을 판별하는 능력, 정보를 찾는 능력, 발견한 정보를 통해 뭔가를 판단하는 능력, 추론을 세우는 능력 같은 것들 말이죠. 그 능력 중 하나, 또는 몇 가지 능력이 비즈니스에 활용될 수 있는 수준까지 진화한 덕분에 파죽지세로 인공지능의 도입이 가속화되고 있습니다.

진화의 계기가 된 것은 '머신러닝', 인간의 뇌 구조를 모방한 '신경망', 심층 학습 '딥러닝'입니다. 이 책을 손에 든 독자분이라면 셋 다 어디선가 들어본 적이 있는 키워드일 겁니다.

인간은 가까이에 있는 고양이의 존재를 본인도 모르는 사이에 이해하게 되는데, 지금은 컴퓨터도 유튜브에 있는 방대한 동영상 데이터를 통해 자율적으로 고양이의 존재를 이해할 수 있게 됐습니다. 더불어 팩맨이나 벽돌 깨기처럼 여명기에 히트했던 비디오 게임의 경우 인간이 규칙을 가르쳐주지 않아도 컴퓨터는 플레이하는 과정에서 그 방법을 이해해 상급자보다 더 높은 점수를 기록해냅니다. 컴퓨터가 스스로 학습할 수 있다는 점은 대단함과 동시에 왠지 모를 두려움을 느끼게 합니다.

머신러닝과 신경망으로 패턴 인식과 분석 능력은 비약적으로 향상됐습니다. 구글과 애플뿐 아니라 페이스북과 아마존, 마이크로소프트도 차례로 이러한 기술을 제품과 서비스에 도입해 나가고 있습니다. 선행 단계에 있는 IBM 왓슨의 경우 암 연구나 신약 개발 등과 같은 의료 분야에서 성과를 올리는 등, 이미 해외에서는 실적을 쌓아 올리는 위치에 와 있습니다. 인터넷은 정보의 보고라고 일컬어지는데, 그 80% 이상은 인간이 이해할 수 있고 컴퓨터는 이해하지 못 하는 '비구조화 데이터'입니다. 왓슨은 비구조화 데이터를 독해해 지식으로 활용하는 데 우수한 능력을 갖추고 있습니다. 이는 인간의 언어를 이해하고 대화하는 기술로도 이어집니다. 앞서 언급한 구글이나 애플 같은 IT 업계의 거인들도 인간과 대화를 나누는 컴퓨터 기술 '대화 엔진' 개발을 두고 경쟁 중입니다. 이것은 대화 엔진을 인공지능의 개발, 스마트폰과 컴퓨터, 로봇, 자동차 등과 같은 다양한 인터페이스에 응용할 수 있다고 생각하기 때문입니다. 토요타 자동차는 인공지능 기술을 연구하고 개발하는 새로운 회사인 '토요타 연구소'(TRI, Toyota Research Institute)를 설립하고 스탠퍼드 대학 및 매사추세츠 공과대학(MIT)과 제휴해 연구 활동을 하겠다고 발표했습니다. 말 그대로 AI와 로봇 분야의 권위자가 이름을 나란히 한 드림 팀으로, 예산은 5년간 약 1조원입니다. AI 개발 경쟁은 이렇게 가속화되고 있습니다.

이 책에서는 인공지능과 관련된 기술, 특히 머신러닝과 신경망 구조 및 전문 용어, 비즈니스 활용 사례 등에 초점을 맞춰 최전선의 정보를 가능한 한 알기 쉽게 정리했습니다. 이 책의 후반부에는 IBM과 마이크로소프트, 구글 등과 같이 AI 기술을 연구하는 대기업들의 상황을 정리하고 책 맨 끝의 '끝맺는 말'에서는 딥러닝 현상의 과제에 대해서도 다룰 생각입니다. 인공지능과 관련된 기술을 이해하고 비즈니스에 어떻게 이용할지 검토하는 데 참고가 되면 기쁘겠습니다.

집필하는 동안 일본 IBM, 소프트뱅크, 일본 마이크로소프트, C8-lab, Whole brain Architecture Initiative 외의 여러 인공지능 관련 기업과 단체에 종사하는 분들이 자료를 제공해 주시고 취재에 협력해주신 것에 감사 말씀을 전합니다. 또 편집부 여러분께도 감사드립니다.

또한 이 책의 내용 일부는 저자가 인터넷에서 연재 중인 칼럼 '로봇의 충격!'(로보스타)에서 집필했거나 인터뷰한 기사를 인용 및 재편집한 것입니다. 연재 칼럼에서 페퍼를 비롯해 커뮤니케이션 로봇과 IBM 왓슨, 무인 자동차 등을 중심으로 최신 정보를 소개하고 있으니 관심 있는 분들은 참고해 주셨으면 합니다.

칸자키 요지가 말하는 '로봇의 충격!'(로보스타)
http://robotstart.info/author/kozaki

그럼 인공지능과 신경망 등의 개요와 최전선에 대한 내용부터 설명을 시작해 보겠습니다.

2016년 6월 칸자키 요지

AI 관련 기술의 최전선~
과거에서 미래까지의 계보~

AI 기술의
비즈니스 활용

왕초보를 위한 간단한 해설
AI 관련 기술과 전문 용어

AI를 견인하는 주요 기업들

AI 관련
기술의 최전선

~과거에서
미래까지의 계보

1956년, 여러 인공지능 연구자들이 미국 뉴햄프셔 주의 다트머스 대학에 모였고 그곳에서 '인공지능'이라는 단어가 탄생했습니다. 인간의 뇌와 똑같은 것을 컴퓨터에서 실현해 보자는 것입니다. 그 후 많은 이론이 탄생했고 인공지능의 탄생에 기대가 모이며 지금까지 2번의 붐이 일어나긴 했지만 그 기대는 모두 실망으로 바뀌었습니다.

그리고 지금 그 상황에 변화가 오려 하고 있습니다. 인간의 뇌에서 가장 중요한 능력 중 하나인 '패턴 인식'을 컴퓨터에서 실행할 수 있는 기술이 '신경망' '딥러닝' 등을 통해 비약적인 진보를 선보이며 실용적인 단계로 발전한 것입니다.

바둑 승부에서 인간을 물리친 인공지능 '알파고'

2016년 3월 9일,
바둑계의 유명한 실력자가
구글의 인공지능[AI]을 상대로 패배한
일대 사건이 벌어졌습니다.
AI가 인류를 넘어섰다고 선동하는 듯한
보도도 이어졌습니다.
평소에 바둑을 두지 않는 사람,
IT 업계와 아무 관련이 없는 사람,
인공지능은 영화나 만화 속에나 나오는
소재라고 생각하는 사람들도
이 사건에 주목했습니다.

AI가 인류를 넘어섰다?

인류를 넘어섰는지 어땠는지는 별개로 두더라도 확실히 충격적인 사건입니다. 이런 반응이 나온 것도 바둑은 체스나 장기와 비교했을 때 착수 수가 많아 컴퓨터가 인간을 이기려면 10년은 걸릴 것으로 생각했기 때문입니다. 개발한 지 불과 몇 년밖에 되지 않은 인공지능이 바둑계의 세계적인 실력자를 물리쳤으니 쾌거라 해도 과언은 아닙니다.

하지만 '인공지능이 인류를 넘어서는 날'이 온다고 한다면 그것은 한참 먼 미래의 일일 것입니다. '알파고'(AlphaGo)의 승리로, 구글이 바둑계에서 AI를 활용하고자 접근한 시도 자체는 성공적이었다고 할 수 있겠죠. 분명히 AI 쪽으로는 혁신적인 성과 중 하나를 얻었으나 그것은 어디까지나 바둑에 한정된 이야기일 뿐입니다. 인공지능 연구 분야에서 연구자 및 개발자가 목표로 하는 진짜 인공지능은 '범용적'이면서도 '만능'이며, 그 과정에서 보면 아주 작은 한걸음에 지나지 않습니다. 지금의 인공지능이 인간의 뇌에 미치려면 아직 갈 길이 멀고도 멉니다.

　하지만 전 세계의 연구자 및 개발자, 정치인까지도 주목하게 되면 기술은 눈부시게 진보할 수 있습니다. 현재 '인공지능' 업계는 그 계기와 원동력을 얻었습니다. 그리고 범용적인 인공지능이 등장하려면 아직 멀었지만 실제로 사회나 비즈니스 쪽에 인공지능 기술이 다방면으로 빠르게 도입되기 시작했습니다.

　지금의 인공지능은 무엇을 할 수 있고 무엇을 할 수 없을까. 왜 다시 주목을 받게 된 걸까. 사회 및 비즈니스의 어느 분야에서 어떻게 활용되기 시작했는지를 이해해야 하는 시기가 다가오고 있습니다. 사회의 큰 변혁을 따라잡는 타이밍을 놓치지 않기 위해서라도 사회와 비즈니스가 활용 중인 AI 최전선에 관심을 돌려보도록 합시다.

알파고의 토픽

- AI 기술로 학습 / 훈련을 받은 알파고가 세계 톱 레벨인 프로 바둑 기사에게서 승리를 거둠
- 알파고는 구글이 인수한 구글 딥마인드가 개발
- 주목받은 AI 기술
  - 머신러닝
  - 딥러닝
  - 신경망
  - 강화학습 등

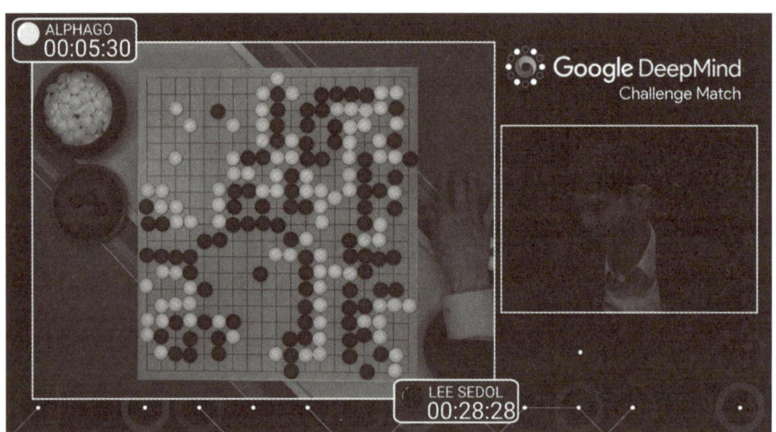

2016년 3월 9일, 이세돌이 알파고를 상대로 패배한 순간
출처: 유튜브

예상한 것
이상으로
빠르게 진화한
바둑용 AI

인공지능이란
인간의 뇌와 똑같은 지능을 가진
컴퓨터 또는 그것을 실현하기 위한
시스템이나 요소 기술을 말합니다.
영어로는
Artificial Intelligence로,
줄여서 'AI'입니다.

알파고란?

인공지능과 인간의 두뇌 대결이라는 점에서 주목받은 바둑 대국에서 대전한 것은 구글 산하의 '구글 딥마인드'(Google DeepMind)에서 개발한 AI 시스템 '알파고'와 프로 바둑기사 이세돌입니다. 이세돌은 한국 기원 소속 9단으로, 국제 기전에서 여러 차례 우승한 실적을 가지고 있으며 최강의 기사라고 불리는 인물입니다(세계대회 우승 횟수 기준 2위).

총 5회에 걸친 승부로 2016년 3월 9일, 10일, 12일, 13일, 15일에 대국이 진행됐습니다. 첫날은 3시간 반의 열전 끝에 알파고가 저명한 프로 기사에게서 처음으로 승리를 거뒀습니다. 알파고는 바둑 실력자와 실황을 중계하는 해설자도 고개를 갸웃거리게 할 정도로 독특한 수를 두며 어느새 대국을 우위로 이끌어 나갔습니다. 그 이후에도 바둑의 정석에서는 터부시되는 수와 당돌하게 의표를 찌르는 수를 번갈아 두며 공세를 펼쳤습니다. 실황 해설자조차도 언뜻 봤을 때 알파고의 실수라고 생각했던 것이 뒤로 가며 유리하게 전환된 적도 있었습니다. 이렇게 총 5회의 대국 결과에서 알파고는 4승 1패를 기록했습니다. 이세돌 9단은 나흘째에 승리하긴 했지만 이미 3연패를 했기 때문에 승리한 날 이미 패전이 확정됐습니다.

지금까지 컴퓨터가 체스나 장기의 명인급 인물과 대전해 승리해 온 실적이 있긴 하지만 바둑으로 승리를 거뒀다는 점은 바둑계나 IT 업계의 관계자들에게 놀라운 일이 아닐 수 없었습니다. 바둑계의 전문가들은 대부분 컴퓨터가 바둑에서 이길 수 없는 이유가 '바둑의 인간성'이라고 주장해 왔고, IT 업계의 전문가는 '언젠가 AI가 이기는 날이 오긴 하겠지만 아직은 먼 미래의 일'이라고 예상한 사람들이 많았기 때문입니다. 즉, IT 업계의 전문가들이 예상한 것보다 훨씬 더 빨리 AI가 성장(혹은 진화)했다는 것, 그리고 AI가 실적 면에서 또 하나의 큰 성과를 거뒀다는 것을 직접 보여준 셈입니다.

모방에 그치지 않고

컴퓨터의 특기라고 한다면 방대한 계산을 힘들지 않게 해내고, 실수하지 않는다는 것입니다. 흔히 '명인의 노하우를 잔뜩 담은 모방 전략을 써서 이겼겠지'라고 추측하기 쉽지만 이번 대전에서는 AI가 쓴 좋은 수를 실황 해설자조차도 한눈에 알아채지 못할 정도의 전술, 정석을 뒤집는 한 수를 꺼내 승리를 거머쥐었습니다. 즉, 명인의 기술을 단순히 모방만 하는 것이 아니라는 사실을 증명했다는 것도 매우 놀랄 만한 점이었습니다.

'구글 딥마인드'가 개발한 AI 시스템의 기반은 'DQN'(deep Q-network)이라고 하는 게임용 범용 AI입니다. 다양한 게임을 소화하는 DQN에게 바둑용 트레이닝을 시킨 시스템이 바로 '알파고'입니다.

알파고는 이 대전에 앞서 2015년 10월에 유럽 챔피언인 바둑 명인과 대국해 5전 전승으로 승리한 바 있습니다. 단, 유럽과 세계 레벨의 차이는 매우 크며 세계 레벨의 바둑으로 승부를 내는 것은 알파고의 첫 도전이었습니다.

구글 딥마인드의 최고경영책임자(CEO)인 데미스 허사비스는 '와이어드'(WIRED) 잡지의 취재에서 '알파고는 인간의 프로그래밍으로 설계된 단순한 전문가 시스템이 아니다' '일반적인 머신러닝 기법을 이용해 어떻게 바둑 시합에

이길지 학습해 간다' 'AI는 인간보다 훨씬 많은 대량의 데이터를 처리하고 더욱 효율적인 방법으로 사물을 구조적으로 통찰할 수 있다. 이것은 인간 전문가의 힘으로는 해낼 수 없을지도 모른다'고 대답했습니다.

알파고가 바둑 전용으로 설계된 것이 아니라는 것, 머신러닝을 이용해 자율적으로 학습한다는 것, 뛰어난 빅데이터 분석 능력을 갖췄다는 것은 지금 가장 주목받고 있는 AI 기술과 활용으로도 이어질 수 있는 말입니다.

다음 절에서는 우선 '단순한 전문가 시스템이 아니다'라는 것이 무슨 뜻인지 설명해 보겠습니다.

프로 바둑기사 vs. 알파고(AI)

4번째 대전에서 승리한 후
기자 회견에서 미소를 보이는 이세돌 9단
출처: 유튜브

날짜(2016년)	승자
3월 09일	알파고
3월 10일	알파고
3월 12일	알파고
3월 13일	프로 바둑기사
3월 15일	알파고

전문가 시스템

인공지능 연구자나 개발자가
목표하는 것은 뭐든 할 수 있는
'만능성'과 '범용성'이 높은 컴퓨터입니다.
말하자면 '뭐든 할 수 있다'는 것인데
그 반대편에 자리 잡고 있는 것이
'전문가 시스템',
한마디로 어떤 특정한 분야에
특화되어 우수한 능력을 갖춘
컴퓨터입니다.

'인공지능'이라고는 부를 수 없다?

전문가 시스템이란 '전문가'를 의미하는 것으로, 전문 분야의 지식을 가진 인간이 하는 분석 및 의사결정을 컴퓨터로 대체하는 시스템을 말합니다. 주로 인공지능 연구에서 이용돼 온 단어로, 복잡한 설문을 분석하거나 추론을 주고받으며 답(해답)을 내는 방식으로 기존 컴퓨터와는 선을 긋고 인공지능 실현의 첫걸음으로 주목받았습니다. 1980년대의 국가 프로젝트인 '제5세대 컴퓨터'를 기억하는 분들도 계실 겁니다.[1]

반면 인공지능이 스스로 생각해 지식을 창조하는 컴퓨터라는 관점에서 봤을 때 전문가 시스템은 인공지능이라고 부를 수 없다는 의견도 있습니다. 전문가 시스템은 인간이 만든 규칙을 충실하게 지켜 인간이 작성한 데이터베이스 또는 인간의 의도에 따라 기계가 작성한 데이터베이스를 이용해 신속하게 답을 도출합니다. 이것은 가장 컴퓨터다운 행동이기에 인간답지 않다는 겁니다. 참고로 컴퓨터가 읽

---

1 1982년에 일본이 국가 프로젝트로 시행한 차세대 컴퓨터 개발 계획으로, 약 10년 동안 진행되었다.

어낼 수 있는 형식으로 지식을 데이터베이스화한 것을 '지식 베이스'(Knowledge base)라고 합니다. 지식의 데이터베이스인 셈입니다. 지식을 검색하거나 문제를 해결 및 추론하고자 할 때 이용됩니다.

컴퓨터 프로그래밍에서는 'If~Then' 문이라고 하는 코드가 자주 쓰입니다. '만약, ~(이)라면, ~을/를 한다'는 명령입니다. If-Then 규칙이라고도 합니다. 인간 생활에 적용할 경우 '만약 신호등이 파란 불이면(If) 교차로를 건넌다(Then)'라는, 기본적으로 어디에나 쓰이는 코드지만 If에 방대한 지식 베이스 중 최적의 답을 선택해서 되돌려 주면 고도의 답을 받을 수 있습니다. 또 정답이 없는 답, 즉 추론이나 미래 예측(이것들을 미지 데이터라고 부릅니다)에 대한 답을 되돌려 줄 때 특히 컴퓨터가 지성을 가지고 지적인 행동을 하는 듯보입니다. 이것을 인공지능이라고 부를지 말지는 두 가지 의견으로 나뉩니다.

IT 업계에서 '전문가 시스템'이라고 하면 전문 분야에 잘 정리돼 있는 시스템을 가리키는 경우가 있습니다. 그때는 전문 분야에 뛰어난 시스템이라는 이유 하나만으로 인공지능의 요소 기술을 전혀 쓰지 않기도 합니다.

전문가 시스템

- 전문 분야에 특화된 고도의 컴퓨터
- 방대한 지식 베이스와 정확한 추론 능력을 갖춤
- 주로 인공지능 관련 기술을 이용한 것이 많음
- 'If Then' 규칙과 높은 계산 능력으로 최적의 답을 제공
- 전문가 시스템을 이용해 전문 지식이 없는 인간이 전문가와 같은 견해와 추론을 얻을 수 있음
- 전문가가 뭔가를 판단하기 위해 최적의 답을 조회하는 용도로도 적합
- 인공지능 기술이 쓰이지 않고 있음에도 '전문가 시스템'을 자칭하는 것도 있음

○ 'IBM 딥 블루'와 인간의 두뇌전

IBM에서 만든
체스 전용 컴퓨터
'딥 블루'(Deep Blue)를
기억하고 있는 분들도 많을 것입니다.
1996년에 컴퓨터와 인간이
지능전을 펼친 것으로 유명한 사건이
바로, 당시 체스 세계 챔피언
가리 카스파로프와 딥 블루의 일전입니다.

'예측'으로 이기다

딥 블루는 32비트 컴퓨터였던 IBM의 RS/6000SP를 기반으로 한 시스템으로서 IBM 공식 발표에 따르면 최종적으로 승리한 사양은 '32개의 프로세서가 탑재돼 있어 1초에 약 2억 개의 수를 읽는 연산이 가능', 쉽게 말해 당시 기준으로 봤을 때 최첨단 하드웨어로 구성된 체스 전용기였습니다.

그런데도 1996년 2월의 제1국에서는 카스파로프가 3승 2무 1패, 통산 기록으로 승리를 거뒀고 딥 블루는 패전했습니다. 하지만 포기하지 않고 1997년 5월에 도전한 재대결에서 딥 블루는 2승 3무 1패라는 성적을 거두며 접전을 펼쳤습니다.

어떻게 하면 상대를 이길 수 있을지 생각할 때, 많은 사람은 '예측'을 떠올릴 겁니다. 다음 한 수에 어떻게 대항해야 유효하고, 그 수를 내놨을 때 상대는 어떻게 받아칠 것인가를 예측합니다. 많은 패턴을 기억하면 기억할수록 이길 수 있는 확률이 올라갑니다. 컴퓨터 안에서는 많은 수의 유효도를 평가 함수로 표시해 비교한 후 가장 좋은 수를 산출합니다.

딥 블루는 뛰어난 계산 능력을 발휘해 약 2억 개에 가까운 패턴의 수를 순식간에 시뮬레이션해서 가장 최선이라고 판단되는 다음 한 수를 두는 방법을 사용했습니다. 또 카스파로프가 실제로 과거에 쓴 전술도 학습하게 해서 말 그대로 카스파로프를 타도하기 위한 전용 체스 대국 시스템으로 튜닝했습니다. 이처럼 방대한 데이터와 빠른 속도의 연산 능력을 이용해 컴퓨터는 승리를 거둔 것입니다.

본래 IBM은 인공지능이라 하면 '만능형'으로 생각했기 때문에 체스에만 특화된 딥 블루를 인공지능이라고 부르지는 않았습니다. 하지만 전문가 시스템이 폭넓은 인공지능을 가리키는 것이라면 딥 블루를 인공지능이라고 부르지 못할 것도 없습니다. 하지만 딥 블루는 평가 함수를 이용해 월등한 계산 능력으로 최선의 다음 한 수를 제시할 뿐 지능을 가지고 있지는 않기 때문에 인공지능이 아니라는 의견이 많았습니다. 그러나 이때 승부에서 패배한 카스파로프는 대국 후 '딥 블루에게서 지성을 느꼈다'고 감상을 남긴 바 있습니다.

참고로 딥 블루의 후속기는 'IBM 블루진(IBM Blue Gene)'으로, 2007년의 공식 보도 자료에서는 '13만 1천 개의 프로세서를 구사해 통상적인 동작으로 매초 연산을 280조 번 처리한다. 과학자 한 사람이 한 대의 계산기를 사용할 경우에는 17만 1천 년 동안 쉬지 않고 계산을 계속해야 하는데, 블루진은 불과 1초 만에 연산을 처리할 수 있다'고 발표했습니다. 그야말로 차원이 다른 계산 능력을 가졌다고 할 수 있으며, 이는 인간이 따라갈 수 있는 영역이 아닙니다.

컴퓨터와 인간의 두뇌전 역사		
1996년 02월	딥 블루	체스 세계 챔피언에게 1승 2무 3패로 패배.
1997년 05월	딥 블루	체스 세계 챔피언에게 2승 3무 1패로 승리.
2011년 02월	IBM 왓슨	퀴즈 방송 '제퍼디!'에서 인간 퀴즈왕을 상대로 승리.
2010년 10월	아카라 2010	여류 프로 장기 기사를 상대로 승리
2012년 01월	본크라즈	전 명인인 명예기성을 상대로 승리
2013년 03월	포난자 외	단체전에서 3승 1무 1패
2015년 10월	알파고	바둑 유럽 챔피언을 상대로 5전 5승으로 승리.
2016년 03월	알파고	바둑 세계 챔피언을 상대로 5전 4승으로 승리.

딥러닝이 체스에서 승리한 후
'알파고'가 참전한
세기의 바둑 대국이 치러지기까지
20년이라는 시간이 걸렸습니다.
그 이유 중 하나로,
앞에서 서술한 것처럼
체스와 바둑은 규칙부터 시작해
이기기 위한 요소 또한 크게 달라서
사고를 할 수 있는 인간 쪽이 더 유리하다고
판단했다는 점을 들 수 있습니다.

체스보다 복잡한 바둑

일설에 의하면 체스의 경우 첫수를 주고받는 착수 수는 400 정도, 장기는 900 정도인데 바둑으로 가면 129,960 정도가 된다고 합니다. 그 정도로 복잡한 것입니다. (바둑의 착수 수는 10의 360승이라는 설도 있습니다.)

거기다가 당시 딥 블루를 개발한 멤버 중 한 사람의 말에 따르면 '체스는 패턴을 읽는 것이 중요하지만, 바둑은 직감과 눈대중이 중요시된다'라며, 최근에도 AI가 바둑에서 인간을 상대로 승리하려면 10년은 멀었다는 비평을 남겼을 정도입니다.

알파고 시스템의 구성은 1,202대의 CPU와 176대의 GPU(Graphics Processing Unit)로 구성돼 있다고도 하고, CPU 4대와 GPU 8대를 탑재한 머신 50대가 편성돼 있다고도 합니다. 어느 쪽이든 월등한 계산 능력을 갖췄다는 것은 분명하지만, 알파고의 승리는 하드웨어 파워에만 기대서 얻은 것이 아니었습니다. 요컨대 체스에서 승리한 AI '딥 블루'와는 완전히 다른 접근법, 그러니까 지금 가장 주목받고 있는 최신 '신경망'과 '딥러닝' 기술을 도입해 얻은 승리였습니다.

지금까지 나온 지식 베이스의 전문가 시스템과는 달리, 알파고는 바둑 규칙조차도 모른다고 합니다. 정확히 말하면 바둑 규칙도 인간이 주입한 것이 아니라는 말입니다. 바둑 규칙과 정석, 이기는 법을 인간이 입력해 가르친 것이 아니라 과거에 바둑 기사들이 대국을 했을 때 나온 방대한 수의 기록(기보), 방대한 빅데이터를 자율적으로 학습시킨 결과 알파고가 자신을 강력한 시스템으로 만들어내는 데 성공한 것입니다.

딥 블루와 알파고의 차이		
비교 항목　　　기종	딥 블루	알파고
게임 종류	체스	바둑
개발사	IBM	구글(구글 딥마인드)
개발연도(대국에서 승리한 해)	1997년	2016년
기초 기술	지식 베이스 전문가 시스템	신경망 딥러닝(비지도 학습)

인공지능의 '학습법'

우선 인터넷상의 바둑 대국 사이트에 기록돼 있는 3,000만 수에 이르는 방대한 기보 데이터를 알파고가 읽어 들이게 했습니다. 처음에는 인간이 알파고에게 실제 기사가 뒀던 다음 수를 가르치긴 하지만 3,000만 수나 되는 데이터를 모두 가르치거나 좋은 수와 나쁜 수를 인간이 가려서 가르치는 것은 불가능합니다. 적어도 길고 긴 시간이 필요할 겁니다.

여기서 사용하는 것이 '신경망'의 기술 '딥러닝'입니다. 말하자면 인간의 뇌 구조에 가까운 방법을 활용해 스스로 기보를 학습하는 것입니다(자세한 내용은 나중에 설명하겠습니다). 단 알파고의 경우 다음 수에 따라 판세가 바뀌는 것은 이해하지만 바둑의 규칙을 모릅니다. 거기서 '득점'이라는 사고 체계를 이용합니다. 인공지능 연구에서는 이를 '보상'이라고 합니다.

예를 들어, '게임을 클리어하면 점수를 받는다', '몇 초 이내에 클리어하면 더 많은 점수를 받을 수 있다', '특별한 기술을 쓰면 더 높은 점수를 받을 수 있다'와 같이 '고득점을 목표로 하는' 개념입니다. 인간도 TV 게임을 할 때 고득점을 의식하죠. 그와 마찬가지로 더 높은 점수를 받는다는 목표를 제공하면 컴퓨터는 더 좋은 점수를 받을 방법과 수단을 학습합니다. 바둑의 경우는 최종적으로 상대보다 많은 집을 만들어 이기면 득점을 하는 데서 끝이 납니다.

하지만 3,000만 건의 기보만으로는 정보가 부족했습니다. 딥러닝 시스템 자체는 예로부터 잘 알려져 있었으나 컴퓨터로 실용화하기에는 당시로써는 상상할 수 없을 정도로 방대한 빅데이터가 필요했습니다. 인터넷과 클라우드가 없던 시절에는 그 정도의 방대한 데이터양을 모으는 것이 불가능했습니다. 빅데이터의 도래와 함께 딥러닝의 시대 또한 다가왔습니다. 하지만 여기서 더 정밀도를 높이기 위해서는 3,000만 건의 기보로는 어림도 없었습니다.

여기서 그다음 단계로, 개발 팀은 컴퓨터끼리 대국을 시켜 트레이닝하게 했습니다. 컴퓨터끼리이긴 하지만 대국을 하며 '경험치'라고 부를 수 있는 데이터가 새롭게 생성되고 축적됩니다. 같은 시스템으로 대국하면 새로운 수를 만들어내기 어려우므로 다른 바둑 시스템과 대국하게 했고 같은 바둑 AI 시스템이더라도 다른 버전과 대국하게 해서 다른 패턴의 국면, 즉 3,000만 수 이상의 기보 데이터를 생성해 그것을 축적하고 또 학습하게 하는 트레이닝을 반복적으로 시켰습니다. 인간과 달리 컴퓨터는 피로를 느끼지 않습니다. 계속해서 대국을 반복적으로 학습하며 경험을 쌓았습니다. 그 결과, 세계 수준의 바둑 AI로 성장할 수 있었습니다.

기술적으로 알파고에서 주목해야 할 점은 '강화학습'과 '신경망'을 조합했다는 것입니다. 강화학습과 신경망에 대한 자세한 내용은 제3장에서 설명할 텐데, 이것을 조합했을 때 어떤 점이 뛰어난가 하면 미리 2수 앞, 3수 앞을 읽어낸 사고를 할 수 있다는 것입니다. 현재 상황에서 내가 둘 다음 한 수는 이것이 유효하다는 답을 내는 것은 물론 내가 그 수를 냈을 때 상대는 이런 수로 받아치겠지, 그럼 '다음다음의' 수는 어떻게 되받아쳐야 하나, 라며 예측한 후 최적의 답을 내놓습니다. 다음 한 수만 해도 많은 선택지가 존재하는데 그보다 더 앞의 수를 예측하고 추리하면 그 수는 기하급수적으로 불어납니다.

그래도 그것을 추리해 제일 좋은 한 수를 도출해 내는 것입니다.

이번 장에서는 개발 팀의 '구글 딥마인드'와 그 기술인 '딥러닝'에 대해 조금 더 알아보려고 합니다. 이를 위해 '신경망'이 주목받는 계기가 된 사건인 '구글의 고양이'에 대한 이야기도 다음 절에서 다뤄보겠습니다.

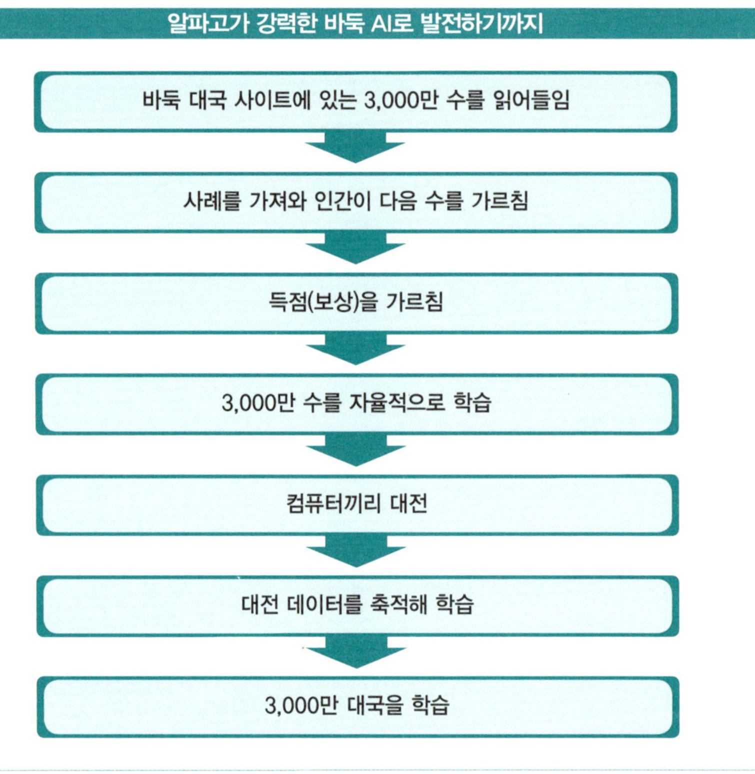

인공지능 붐과 구글의 고양이

인공지능 연구는
지금까지 2번의 붐(황금기)을
맞으면서도,
아쉽게도 사회를 바꿀 만한
구체적인 성과를 내지 못한 채
수그러들고만
역사를 가지고 있습니다.

사라진 두 번의 붐

제1차 붐은 1957년, 심리학자이자 계산기 과학자인 프랭크 로젠블랫이 시각과 뇌 기능을 모델화한 '퍼셉트론'까지 거슬러 올라갑니다. 퍼셉트론으로 뇌 신경세포를 유사하게 재현하는 인공 뉴런/형식 뉴런의 사고가 확립되며 현재 머신러닝의 기초가 완성됐습니다.

하지만 효과가 있는 용도가 한정적이었고 몇 가지 문제점이 지적됐다는 이유로 붐은 끝나버립니다. 제2차 붐은 1980년대에 '전문가 시스템'의 대두와 함께 인공지능 붐에 다시 불이 붙으며 일어났습니다. 1982년, 일본에서 당시 통상산업성(현 경제산업성)이 국가 프로젝트로 '제5세대 컴퓨터' 개발을 추진해 인간을 넘어서는 인공지능을 목표로 잡고 약 5,500억원을 갹출했지만, 목표 달성 및 실용화에 이르지 못하고 1992년에 프로젝트가 종료되며 붐도 끝나고 말았습니다.

'고양이'가 불러온 붐의 재림

그리고 최근 AI 붐이라고도 할 수 있는 현상이 단숨에 가속화된 계기는 '신경망'과 '딥러닝'의 진보입니다. 하지만 이것은 인간을 넘어서는 인공지능 같은 것이 아니라 인공지능에 관련된 머신러닝이라는 기술이 실용화를 향해 앞으로 나아갔기 때문입니다. 그리고 그것은 '구글의 고양이'에서 시작됐습니다.

'구글의 고양이'가 의미하는 것

2012년에 고양이 얼굴로 보이는 이미지 한 장이 인터넷상에서 화제를 모았습니다. 미국 구글의 연구팀 'Google X Labs'(당시)가 '머신러닝 기술'에 관해 모종의 연구 성과와 함께 발표한 이미지였습니다.

구글의 발표에 의하면 웹과 유튜브에 있는 방대한 이미지 데이터를 특정한 AI 시스템에 제공해 1주일 동안 자율적으로 학습시킨 결과, 컴퓨터가 고양이의 존재를 학습했다고 합니다. 이 뉴스를 처음 들었을 때 많은 사람들은 이미지 인식 기술에 대해 이야기하는 것으로 생각했습니다. 구글은 검색 엔진 기업으로 유명해서 이미지 검색 기술 연구에 주력하고 있습니다. 그래서 많은 사람은 고양이 이미지를 탐색 키로 입력하면 시스템이 그 이미지의 특징을 분석해 방대한 사진 속에서 똑같은 고양이 이미지를 순식간에 식별할 수 있게 된 것이라고 착각했습니다.

이미지 인식 정밀도가 향상된다는 점에서 요점이 아예 빗나갔다고 할 수는 없지만 이 뉴스의 본질은 인간이 탐색 키인 고양이 이미지를 제공했다는 것이 아니라 방대한 이미지 안에서 컴퓨터가 고양이라는 존재 자체를 발견하고 생김새를 특정해 고양이 자체를 판별할 수 있게 학습했다는 것이었습니다. 잘 이해가 되지 않나요? 인간은 부모님이나 선생님, 그리고 친구들로부터 많은 것들의 존재를 배우지만 스스로 알아낸 것 또한 많을 겁니다. '이게 고양이야. 고양이라는 건 말이지……'라고 누가 가르쳐줬을지도 모르겠지만 주변에 고양이가 있는 걸 보고 그 존재와 특징을 스스로 깨달아 그게 '고양이'라고 불리는 생물이라는 사실을 배운 사람 또한 있을지도 모릅니다. 후자의 상황이 바로 컴퓨터 안에서 일어난 것입니다.

이를 전문용어로 'Self-taught Learning'이라고 합니다. 'Self-taught'를 직역하면 '자기 스스로 배운다'이기 때문에 '자기 학습'으로 번역됩니다. 자기 학습은 '인공신경망'(ANN; Artificial Neural Network) 중 하나로서, 신경 회로망의 학습 프로세스를 컴퓨터에서 재현하기 위해 연구한 것입니다.

구글은 그 연구에서 나온 한 가지 성과를 일반인들도 이해할 수 있는 예를 들어 공표했습니다. (인공신경망과 딥러닝 등, 최신 AI 기술에 대한 내용은 제3장에서 자세히 설명하겠습니다.)

이 발표는 어떤 면에서는 정체돼 있던 인공지능 기술을 진전시킨 사건이었습니다. 그리고 인공지능이 급속하게 주목받으며 '대단하다'고 느낀 사람들과 '두렵다'고 느낀 사람들이 동시에 나왔습니다.

인간은 'AI'에 대해 모종의 두려움과 혐오감을 느끼는 경우가 있습니다. 가장 큰 이유는 인류가 이해할 수 없는 수준의 지능을 AI가 자율적으로 가질지도 모른다는 불안감에서 출발합니다. 인류의 말대로 충실하게 움직이는 컴퓨터는 쑥쑥 진화해주길 바라는 반면, 지배하에 둘 수 없는 컴퓨터는 두려워하며 자율적으로 학습하는 존재가 언젠가 인간이 지배할 수 없는 영역에 도달하는 것은 아닐까? 라며 불안감을 느끼는 것입니다.

'자율적'이라는 것이 신경망의 요점인 반면, 그 말이 불안감을 높일 때도 있습니다.

구글의 고양이

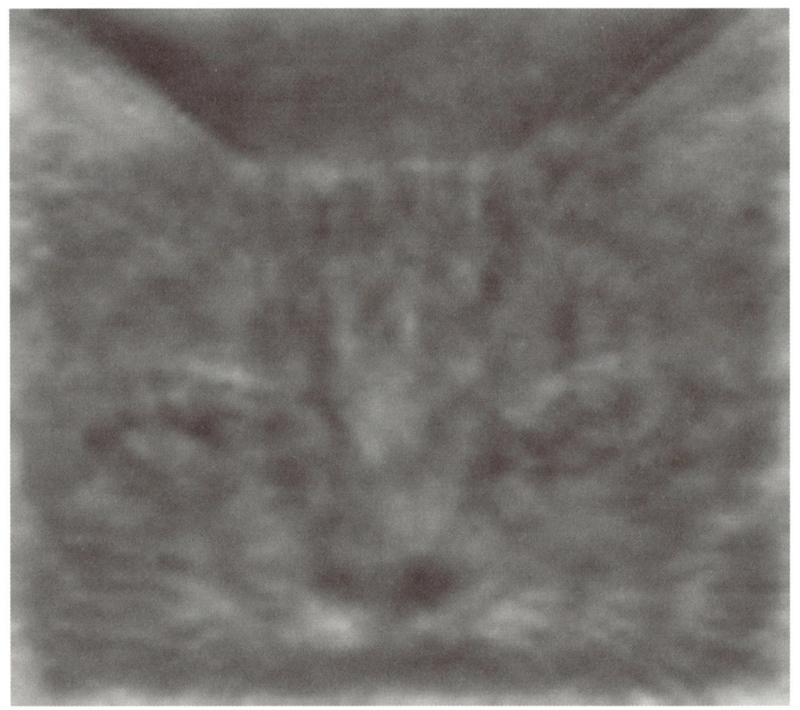

Google X Labs가 '딥러닝으로 AI가 학습했다'고 발표한 고양이 이미지

출처: 2012년 6월 26일자 구글 공식 블로그

이미지 인식 기술 대회 'ILSVRC'에서 딥러닝이 압승

우편번호를
자동으로 인식할 수는 없을까?
이 의문을 계기로
1989년에
다층 신경망을 개발했는데,
이는 딥러닝의
시작이라고 불립니다.

2012년, 토론토 대학의 성과

인공지능 기술이 그만큼 옛날에 등장했음에도 실용화되지 않았던 이유는, 딥러닝으로 머신러닝을 하는 데 필요한 방대한 훈련 데이터를 준비할 수 없었다는 점을 들 수 있습니다. 또한 딥러닝 특유의 문제라고 할 수 있는 '과적합'을 해결할 효과적인 수단을 증명하지 못한 것도 있습니다.

하지만 기술자들은 결국 이 딥러닝의 강력한 효과를 눈으로 확인하게 되는 데 그 계기가 바로 스탠퍼드 대학의 'ImageNet'이 매년 주최하는 이미지 인식 정밀도를 경쟁하는 대회, 'ILSVRC'(ImageNet Large Scale Visual Recognition Challenge)였습니다. 이 대회는 약 200개의 카테고리로 분류된 다수의 이미지를 출제하고 이미지에 들어있는 내용이 무엇인지를 컴퓨터가 인식했을 때 가장 낮은 에러율을 기록한 것을 승자로 선정합니다.

2012년, 이 ILSVRC에서 에러율로 2등 이하를 10% 넘는 차이로 따돌리고 우승한 팀은 토론토 대학의 제프리 힌튼 교수가 이끄는 '슈퍼 비전'이었습니다. 기존에는 약 26% 정도의 에러율을 보였으나 딥러닝을 채택한 슈퍼 비전 팀은 17%의

에러율을 기록하며 압도적인 능력을 보여줬습니다. 인지심리학 연구자이자 신경망 쪽으로도 권위가 있는 힌튼 교수와 그 팀이 얻어낸 공적은 인공지능 연구자와 머신러닝 개발 기술자들을 더욱 분발하게 했습니다. 이후 이미지 인식뿐 아니라 다양한 인식 분야에서 딥러닝은 우수한 결과를 보이고 있습니다.

참고로 힌튼 교수는 신경망의 오차역전파법(3장에서 용어를 설명하겠습니다), 오토인코더, 볼츠만 머신 등과 같은 최신 기술 연구로 잘 알려져 있습니다. 구글은 힌튼 교수를 초빙했고 힌튼 교수는 스탠퍼드 대학의 앤드루 응 교수와 함께 최첨단 AI 기술을 연구했습니다. 응 교수는 '구글의 고양이'에 대해 공동 연구를 주도한 인물입니다. (응 교수는 그 후 구글에서 퇴사)

구글은 이 AI 관련 기술들의 연구 성과를 'OK Google'로 익숙한 안드로이드 음성 비서를 이용해 음성 인식 '구글 나우'와 구글 검색, 구글 포토, SNS에서 업로드한 인물 사진을 자동 식별하고 분류하게 하는 데 활용하고 있습니다.

제프리 힌튼 교수

출처: http://www.cs.toronro.edu/~hinton

딥마인드와
게임용 비지도 학습형
범용 AI

2016년 3월,
세기의 바둑 대전 이름은
'구글 딥마인드 챌린지 매치'.
구글은 2010년에 시작한 딥마인드
테크놀로지(DeepMind Technologies)를
2014년에 약 7,500억원에 인수해
'구글 딥마인드'로 이름을 바꿨습니다.
이곳은 현재 구글의
신경망 연구 및 개발을 맡고 있습니다.

계기는 DQN

딥마인드는 앞에서 설명한 데미스 허사비스(2016년 4월, 현재 CEO)가 케임브리지 대학을 거쳐 2011년에 개업한 벤처 기업입니다. 데미스 허사비스는 소년 시절에 이미 체스 천재로 칭송받았던 인물입니다. 그리고 이 회사가 연구 및 개발한 인공지능 'DQN'은 2015년에 큰 화제를 모았고, 2016년에 마침내 바둑에서 달인을 물리치며 역사 속에 이름을 남겼습니다.

화제가 된 계기는 2015년 2월에 과학지 '네이처'를 통해 발표된 논문에 실린, 'DQN'에 관한 상세한 연구 결과였습니다. 가장 크게 주목받은 점은 Google X Labs 때와 마찬가지로 인간이 가르치는 것이 아니라 컴퓨터가 자율적으로 학습해 똑똑해진다는 것입니다. 단 구글 X가 이미지 인식으로 증명했다면 DQN의 경우는 TV 게임으로 그것을 증명했습니다.

미국의 아타리에서 개발한 가정용 게임기 '아타리 2600'은 옛날부터 인기 있는 게임기로 알려져 있는데, 일본에서도 유명한 '벽돌깨기'나 '팩맨'이 포함돼 있습니다. 논문은 DQN에게 49가지 종류의 게임을 계속 플레이하게 해서 게임 실력이 향상되는 모습을 관찰해 기록한 것입니다. 게임에 따라 성과는 달랐지만 대부분의 경우는 며칠 만에 인간 상급자보다 더 능숙하게 플레이를 해낼 수 있게 됐다고 합니다. 대체 어떻게 학습한 것일까요? DQN이 벽돌깨기 게임에 도전한 모습도 시연회에서 소개되면서 그 원리도 공개됐습니다.

인간처럼 배우는 DQN

DQN은 처음에는 몇 번이고 실패하면서도 결국 공을 튕겨내면 득점이 가산된다는 사실을 학습합니다. '보상'의 개념을 이해한 거죠. 튕겨내는 게 정답이라는 것을 학습한 DQN은 공을 튕겨낼 수 있도록 노력을 거듭해 한층 숙달된 모습을 보이기 시작하며 200번 플레이한 끝에 공을 튕겨내는 확률을 34%까지 높였고, 300번째 대전에서는 상급자의 기량을 넘어서게 됐습니다. 그리고 400번을 넘어서는 처음으로 벽돌들 사이로 작은 구멍을 내서 그 사이로 공을 통과시켜 반대 방향에서부터 깨면 높은 점수를 획득할 수 있다는 것을 학습해 상급자의 득점을 까마득하게 능가하는 고득점을 기록하게 됐습니다.

벽돌깨기처럼 단순하면서도 정확성이 득점을 좌우하는 게임은 인간보다 컴퓨터 쪽이 더 능숙하더라, 라는 말에 수긍하는 사람이 많을지도 모릅니다. 하지만 더욱 놀라웠던 것은 DQN이 벽돌깨기 전용으로 프로그래밍된 것이 아니라 게임 전반을 대상으로 해서 '범용적'으로 개발된 것이라는 점, DQN에게 벽돌깨기 게임에 대한 규칙조차 가르치지 않았음에도 이를 달성해냈다는 점입니다.

이 이야기를 듣고 필자는 처음으로 벽돌깨기 게임을 봤을 때의 경험을 떠올렸습니다. 학창 시절 친구들과 함께 나가노 현으로 여행갔을 때 유적지 관광에 이내 지루함을 느꼈고 특별히 할 일도 없어 카페에 들어갔습니다. 그때 앉았던 유리 테이블 아래에 박혀 있던 것이 바로 벽돌깨기 게임이었습니다. 조작 방법도 적혀있지 않았죠. 그래도 시간도 때울 겸 100엔짜리 동전을 하나 넣고 조그마한 핸들을 돌려 공을 튕겨내며 자연스레 룰을 이해했습니다. 또한 깬 벽돌의 장소와 깨는 순서에 따라 얻을 수 있는 득점이 다르다는 것을 이상하게 생각하면서도 친구들과 고득점을 다퉈가며 몇 번이고 플레이하며 놀았던 기억이 있습니다. 마치 그때의 우리처럼, DQN은 시행착오를 거치며 게임 규칙과 공략법을 자율적으로 배워갔던 겁니다.

그리고 이 발표를 계기로 DQN에서 이용되고 있는 '머신러닝'과 '딥러닝' '강화학습' 등의 기술이 일반인들에게도 크게 주목받았습니다.

딥마인드의 공동 창업자

CEO
데미스 허사비스
(Demis Hassabis)

응용 AI 책임자
무스타파 슐레이만
(Mustafa Suleyman)

책임 과학자
셰인 레그
(Shane Legg)

출처: 구글 딥마인드 Press Kit – 2016년 1월

패턴 매칭과 식별 AI

인터넷 검색 사이트를 이용하는
키워드 검색의 경우에는
사용자가 입력한 단어와
일치(매치)하는 문자 정보가 포함된
홈페이지와 사이트가 있으면
검색 결과로 표시됩니다.
최근에는 사용자의 오타를 고려하거나
비슷한 글자로 검색한 결과를
후보로 올려 표시해주는 기능도 있는데,
기본적으로 패턴 매칭(패턴 인식) 기술을
이용한 것입니다.

지문 인증, 얼굴 인식

아이폰과 안드로이드 스마트폰을 켰을 때 지문 인증 기능을 사용하는 분들도 많을 텐데요. 이것은 전형적인 패턴 매칭 기술 중 하나입니다.

또한 스마트폰의 카메라나 대부분의 디지털 카메라에는 '얼굴 인식' 기능이 탑재돼 있습니다. 카메라에는 자동으로 초점을 맞춰주는 '오토 포커스'라는 기능이 있는데, 초기의 오토 포커스는 파인더에 비치는 프레임 화상 중심부에 초점을 맞춘다는 개념이었습니다. 하지만 일반적으로 스냅 사진을 찍을 때는 사람을 피사체로 하는 경우가 많아서 그때는 피사체인 특정 인물의 얼굴이 밝고 또렷하고 선명하게 찍혀야 합니다. 사람이 프레임 끝에 있다고 배경에 초점을 맞춰버리는 카메라를 똑똑하다고 보기는 힘듭니다.

그래서 카메라는 프레임 안의 라이브 화상 속에서 얼굴을 감지해 내고 사람이 프레임 중심에 있든 끝에 있든 상관없이 거기에 초점을 맞추거나 밝기를 조정하는 기술을 탑재하게 된 것입니다. 일부 카메라의 경우, 얼굴인지 뭔지를 판별할 때 눈이나 코의 패턴이 있는지를 먼저 판별합니다. 눈과 코가 있으면 얼굴 윤곽을 특정해 얼굴이라는 것을 식별합니다. 얼굴을 인식하도록 실제로 여러 가지 패턴의 얼굴 사진을 읽어 들이게 하고 식별 프로그램(알고리즘)을 만들어 학습시킵니다.

찍혀 있는 것은?

이 기술을 더욱 발전시키면 얼굴이 있는지 없는지 인식할 뿐 아니라 찍힌 것이 누구인지도 식별할 수 있게 됩니다.

또 얼굴 사진을 키로 해서 기기를 잠그거나 푸는 용도로도 쓸 수 있습니다. 컴퓨터나 스마트폰에 로그인할 때 얼굴 식별 기능을 이용하는 모델이 이미 나왔고, 나가사키 하우스텐보스와 가까운 곳에 있는 '헨나 호텔'에서는 접수를 할 때 얼굴을 스캔하는데 그것이 곧 객실 키가 됩니다. 로봇이 자기 앞에 서 있는 사람이 누구인지를 인식하는 기능으로도 이용되고 있습니다.

이것은 미리 본인의 얼굴을 촬영해 등록해 두는 시스템입니다. 눈과 코의 균형 및 형상 등의 차이를 통해 식별하고 인물 중 개인을 특정할 수 있는 특징을 패턴으로 보존해 둡니다. 인증을 요구해 온 얼굴이 등록돼 있는 얼굴의 특징과 일치하면 동일 인물로 판단하는 것입니다.

이러한 시스템을 개발하려면 식별하는 기준을 만들어 많은 양의 훈련용 데이터를 읽어들이게 만든 다음, 판정 프로그램(알고리즘)을 만들어야 하고, 그 시스템 단계에서 인간이 특징을 정의해 프로그래밍하는 것이 바로 규칙 베이스의 식별 기능으로, 인공지능 관련 기술을 꼭 쓰지 않더라도 구현할 수 있습니다. 하지만 신경망이나 딥러닝 등의 머신러닝을 이용해 훈련하면 인식률이 크게 향상된다는 것을 알게 됐습니다. 다양한 콘테스트나 실증 실험들 또한 그 사실을 증명하고 있습니다.

컴퓨터 스스로 학습하고 프로그램을 짜다

구글의 고양이를 발표한 Google X Labs가 이용한 인공신경망 기술과 딥마인드의 딥러닝을 이용하면 컴퓨터가 스스로 판정 프로그램을 학습하고 생성할 수 있습니다. 기술자가 수작업으로 고도의 프로그래밍을 할 필요 없이 스스로 학습해서 똑똑해질 수 있다는 게 놀라운 점이었습니다.

당시 발표에 의하면 통상적인 인공신경망에서는 100만~1,000만 개의 접속 포인트(노드)가 쓰였지만 구글이 발표한 이 망에서는 10억 개 이상의 접속 포인트가 있다고 전해집니다. 하지만 뇌의 신경 회로는 약 100조 개라는 설도 있으므로 뇌를 따라잡으려면 더욱 대규모의 망을 구축해야 한다는 것이 일반적인 생각입니다. 그런 면에서 보더라도 인간의 뇌에는 한참 미치지 못했고 지능이라고 부를 만한 것이 태어났는지 아닌지도 애매하지만 규칙 베이스에서 신경망을 도입하는 단계로 이동하며 컴퓨터가 할 수 있는 것이 비약적으로 진보할 것이라는 기대를 받고 있습니다.

패턴 매칭을 응용한 예

1_지문 인증

2_얼굴 인식

지금까지 한 이야기를 통해
'인공지능'이라는 말에
두 가지 종류가 있다는 사실을
알게 됐을 겁니다.
앞으로 인공지능 및 인공지능 비즈니스의
이용 사례를 공부할 분들에게
이 차이는 매우 중요합니다.
그 두 가지는
바로 '강한 AI'와 '약한 AI'입니다.
캘리포니아 대학 버클리의
존 설 교수가 제창한 것입니다.

두 가지 입장

인공지능은 여러 가지로 해석할 수 있지만, '인간과 같은 지능을 컴퓨터 등의 기계로 실현하기 위한 시스템 및 기술'을 말합니다. 영어로는 'Artificial Intelligence', 줄여서 'AI'로 잘 알려져 있습니다. 'Artificial'은 번역했을 때 '인공 적인'이라는 뜻 외에도 '모조의' '가짜의'라고도 해석할 수 있습니다. 이것은 현재의 AI가 (좋은 의미로) 어디까지나 비슷하게 만들어진 모조 지능이라는 것을 암시한 다고도 할 수 있습니다.

일반 사단법인 인공지능 학회는 홈페이지에 있는 'What's AI'의 첫머리에서 '인공지능은 "마치 인간처럼 행동하는 기계"를 상상하기 마련이지만 이는 맞기도 하고 틀리기도 합니다. 인공지능 연구에는 두 가지 입장이 있는데 하나는 인간의 지능 자체를 가진 기계를 만들고자 하는 입장이고, 또 하나는 인간이 지능을 이용 해 하는 일을 기계가 하도록 만드는 입장'이라고 설명하고 있습니다.

'강하다'는 '범용적'이라는 의미

뉴스나 기사에서 '인공지능'이라는 단어를 들었을 때 무엇이 떠오르는가'라는 주제의 설문을 자주 볼 수 있습니다. 가까운 미래를 그린 영화나 만화에서는 인공지능이 종종 등장하기도 했습니다. 영화 '2001년 우주여행'에서 우주선에 탑재돼 있던 컴퓨터 'HAL(할) 9000'이었던가요? 아니면 터미네이터에 등장하는 '스카이넷'이었던가요? 어느 쪽이건 미국과 유럽에서는 인공지능이 인간 사회에 위협을 가한다는 테마의 영화가 많이 등장해 인공지능을 위험하게 보는 의견이 많은 것 같은데, 이것들은 소위 '강한 AI'에 해당합니다. 강하다는 것은 '범용적인 지능'을 의미합니다. 인간이 다양한 경우나 상황에 적절하게 대처할 수 있도록 컴퓨터가 다양한 분야 및 상황에서 인간과 똑같이 행동할 수 있는 지능을 가진 것은 '강한 AI'로 분류됩니다. 강한 AI는 '인공 범용 지능'이나 'AGI'(Artificial General Intelligence)라고 하며, 대화 혹은 뉴스에서 'AI'가 아니라 굳이 'AGI'라고 호칭하는 경우는 이를 가리킵니다.

많은 인공지능 연구자들이 이러한 강한 AI를 목표로 하고 있지만 실현하기에는 아직도 갈 길이 멀고 컴퓨터로 지능을 실현하기 위해 다양한 능력의 계산 모델화에 대한 시행착오를 거치고 있는 단계라서 결과적으로는 컴퓨터가 처리할 수 있는 어떤 작업에 한해 지적으로 행동하는 것처럼 보이는 데 지나지 않습니다.

'약한 AI'란?

최근 뉴스나 보도를 통해 화제가 되고 비즈니스에 도입되거나 실용화가 진행되고 있는 것은 '약한 AI'입니다.

'인공지능의 도입' '인공지능의 실용화'라는 뉴스 타이틀을 보면 일을 완벽하게 해내는 컴퓨터가 도입된 것 같은 착각을 하게 되는데, 이는 곧 강한 AI를 실현하기 위한 기초 기술이 시스템에 도입됐음을 나타냅니다. 예를 들어, 이미지 인식 처리에 딥러닝 기술을 이용했을 때 '인공지능으로 이미지를 높은 확률로 인식'한다는 표현이 쓰일 때가 있지만 사실 딥러닝 자체는 인공지능이 아닙니다. 이 책에서는 '인공지능 관련 기술'이라고 부르는데, 인공지능 자체가 도입된 것이 아니라 강한 AI를 실현하는 과정에서 연구돼 온 기술이 쓰이고 있다고 표현하는 것이 정확할 것입니다.

다음 그림은 일반적인 컴퓨터 소프트웨어보다 인간의 뇌에 가깝게 학습 및 추론, 인식 등을 하는 것이 '약한 AI'이고, 그것이 축적되어 컴퓨터 상에서 뇌를 재현해 내는 것이 '강한 AI'이며, 그것이 비로소 인간의 뇌에 가장 가깝다는 것을 보여줍니다.

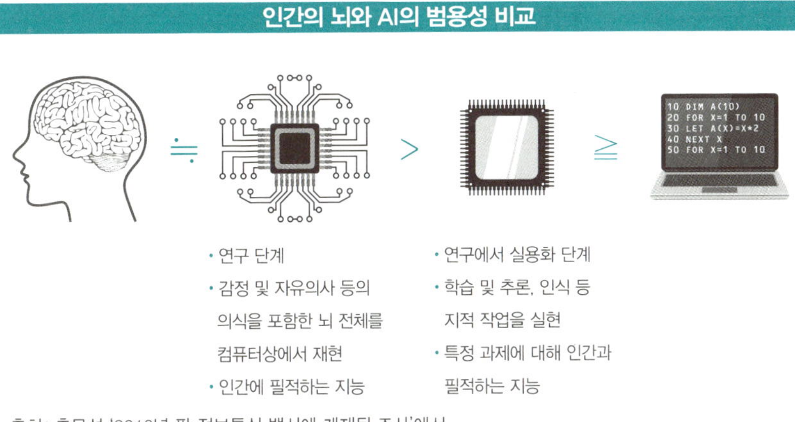

출처: 총무성 '2016년 판 정보통신 백서에 게재된 조사'에서
'ICT 첨단 기술에 관한 조사 연구'(주식회사 KDDI 종합연구소 작성)를 기초로 작성

실용화 과정

하지만 AI가 아니더라도 딥러닝 능력은 호평을 받으며 성과를 올리기 시작하고 있습니다. 심지어 인공지능 관련 기술에 많은 연구 기관과 기업들이 자금을 투자해 경쟁적으로 집중하기 시작했으며 이에 따라 기술이 단숨에 크게 진보하기도 합니다.

이러한 인공지능 관련 기술은 이미 실용적인 영역 안에 들어와 있습니다. 예를 들어, 1990년대에 체스 전용으로 개발된, 앞서 이야기한 IBM 딥 블루의 기초 기술이 여기에 해당합니다. 구글 딥마인드의 '알파고'로 화제가 된 딥러닝, 아이폰의 'Siri', 안드로이드의 'OK Google', 소프트뱅크의 로봇 '페퍼', 테스트가 시작된 무인 자동차 등과 같은 다양한 분야에 도입되기 시작했습니다. 비즈니스 분야에서는 '약한 AI'와 '인공지능 관련 기술'이 급속한 확장세를 보이고 있어 지금 당장 공부해 두지 않으면 때를 놓치는 것이 아닌가, 라는 느낌을 받을 정도입니다.

참고로 AGI, 범용형 인공지능을 실현하려면 갈 길이 멀다고 설명했는데 아주 조금씩이긴 하지만 우리 가까이에 다가와 있다는 것 또한 알아둬야 합니다.

예전에 미국 퀴즈 방송에서 인간 퀴즈왕을 물리친 컴퓨터 'IBM 왓슨'은 일상 대화 기술에서 진보를 보였고, 인간의 대화를 이해해 범용적인 능력을 갖추려 하고 있습니다. IBM은 '강한 AI'도 만능형이 아니라는 이유로 IBM 왓슨을 결코 인공지능이라고 부르지 않습니다. 일관되게 '인지 체계'라고 부릅니다. '전지전능한 왓슨이 존재하는 것이 아니라 업무에 특화된 전문적인 왓슨을 도입해 학습시킨 후 실용적인 것을 만든다'는 것입니다. 말 그대로 정론이지만 지금 가장 AGI에 가까운 컴퓨터는 IBM 왓슨이라고 할 수 있겠습니다. (IBM 왓슨에 대한 내용은 다음 장에서 자세히 설명하겠습니다)

또한 '알파고'의 기본 시스템인 구글 딥마인드의 'DQN'은 벽돌깨기나 스페이스 인베이더 등의 다른 비디오 게임들도 소화해 냅니다. 그런 면에서 보면 게임 전용이 맞긴 하지만 범용적으로 게임을 한다고도 할 수 있고 범용적인 방향으로 활용의 폭을 넓히고 있다고도 할 수 있습니다.

다음 표는 인공지능을 실현하기 위한 연구 분야와 요소 기술이 '약한 AI'로 비즈니스와 사회 안에서 급속하게 실용화되기 시작했다는 것을 보여줍니다.

인공지능 관련 기술		
게임	전문가 시스템	정보 검색
휴먼 인터페이스	음성 인식	데이터 마이닝
이미지 인식	신경망	로봇
감성 처리	자연어 이해	다중 에이전트
추론	탐색	플래닝
지식 표현	머신러닝	유전 알고리즘

출처: 총무성 '2016년 판 정보통신 백서에 게재된 조사'에서
   'ICT 첨단 기술에 관한 조사 연구'(주식회사 KDDI 종합연구소 작성)를 기초로 작성

○ 튜링 테스트

강한 AI의 관점에서 봤을 때
컴퓨터는 얼마나 인간에 가까워졌을까요?
그것을 측정하는
하나의 지표라고도 할 수 있는 것이 바로
'튜링 테스트'입니다.
튜링 테스트는
1950년에 앨런 튜링 박사가 고안한 테스트로서
기계가 지적인지 여부를 판정하며
인간과 구별하기 힘들 정도로
자연스럽게 기계가 대화와 같은
지적인 행동을 할 수 있는지를 묻습니다.

'인간에 가까운지'를 측정하는 척도

튜링 테스트를 할 때는 한 사람의 인간과 1대의 기계(컴퓨터)를 앞에 두고 심사원이 자연어 텍스트 문자로 대화합니다. 각각 상대의 모습이 보이지 않게 한 상태에서 몇 가지 질문과 답변을 나누며 심사원은 어느 쪽이 인간인지를 판정합니다. 확실히 구별하지 못했다고 판단된 경우에(30% 이상의 판정자가 구별하지 못한 경우 등) 합격 처리됩니다.

개발자의 관점에서 봤을 때는 많은 심사원이 인간이라고 믿게 하는 기계를 만드는 것이 목표입니다. 심사원은 자유롭게 질문할 수 있으며 이야기나 음악 감상을 듣는 등의 의견을 요구할 수도 있습니다.

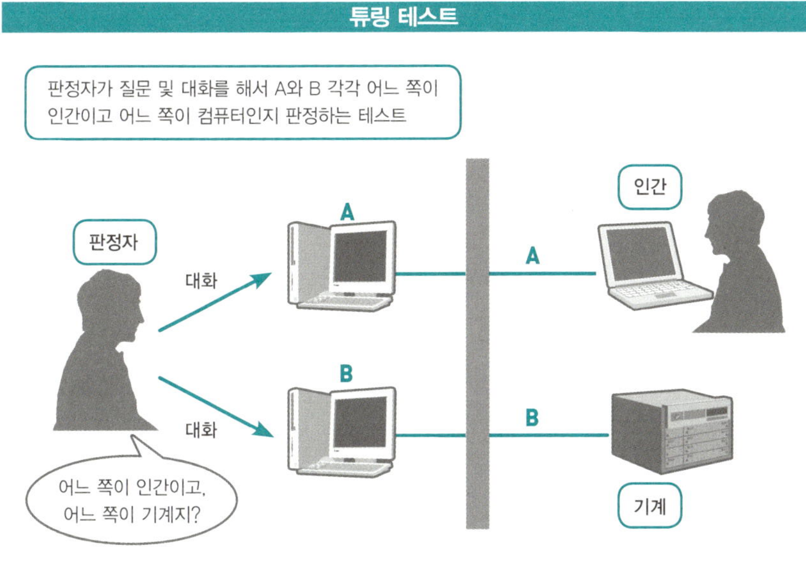

튜링 테스트와 관련된 대표적인 예로 두 가지 시스템이 알려져 있습니다. 1966년에 발표된 '일라이저(ELIZA)'와 1972년에 발표된 '패리(PARRY)'입니다.

조셉 와이젠바움이 발표한 일라이저는 당시 컴퓨터의 성능이 높지 않다는 배경 때문에 할 수 있는 작업이 한정돼 있었습니다. 거기서 규칙 베이스의 답변을 기본으로 한 시스템을 만듭니다. 질문 내용을 단어로 분석해 기계가 이미 알고 있는 단어가 있으면 그에 대해 답을 내놓는데, 모르는 것에 대한 내용은 '그 질문은 중요합니까'라고 하는 등 인간이 일상적으로 자주 받아치는 말을 던져 인간다운 면모를 연출했습니다. 이는 심리요법 치료사의 응답을 참고했다고도 합니다.

일라이저와 패리는 튜링 테스트에 합격하지는 못했지만 각각 30%, 50% 미만의 판정자가 잘못 판단했고, 결국 가까운 미래에 테스트에 합격하는 기계가 등장할 것이라는 말이 꾸준히 나왔습니다. 튜링 테스트로 시험하는 것은 '인간다운 행동'이기 때문에 모든 질문에 정답을 내놓을 필요 없이(인간이라도 그게 가능하다고 단정할 수 없고, 정답이 없는 종류의 질문도 많음) 인간을 모방하는 기술과 화술이 중요합니다.

챗봇인가?

이 튜링 테스트에 처음으로 합격한 기계는 러시아의 블라디미르 베셀로프와 우크라이나의 유진 뎀첸코가 개발한 슈퍼컴퓨터 '유진'(Eugene)으로서 '우크라이나에 사는 13세 소년'이라는 설정으로 테스트에 도전했습니다. 튜링 박사 사후 60주년인 2014년에 영국 레딩 대학에서 개최된 '튜링 테스트 2014'에서 5분 동안 튜링 테스크가 시행됐고 33%의 판정자들이 기계라고 판별하지 못하며 첫 합격자의 영광을 안았습니다.

유진은 인터넷상에 공개됐는데, 텍스트로 대화를 나눌 수 있는 홈페이지가 기간 한정으로 준비됐습니다.

출처: 레이 커즈와일(Ray Kurzweil)의 사이트 'Ask Ray'(2014년 6월 10일)

반면 '특이점(싱귤래리티)'을 제창한 레이 커즈와일을 비롯해 일부 전문가들은 이 합격에 이의를 제기했습니다. 그 이유로 '우크라이나에 사는 13세 소년'이라는 설정이라 영어가 능숙하지 않다는 전제를 깔았고, 시험 시간 5분은 너무 짧으며 실제로 인터넷을 이용해 유진과 대화를 해봤더니 대화의 맥락을 따라오지 못했다 등의 이유를 들며 유진이 컴퓨터가 아니라 단순한 '챗봇'이라고 주장한 것입니다.

인공지능을 연구하는 관점에서 보면 챗봇은 지성을 가지고 있다고까지는 할 수 없고, 이해할 수 없는 내용에 대한 질문을 받으면 얼버무리며 대답하는 식으로 인간답게 보이는 기법을 썼을 뿐이라는 의견을 자주 듣게 됩니다.

한편 챗봇이 사회를 바꿀 만한 임팩트를 가졌다고 말하는 사람도 있습니다. 2016년 4월에 샌프란시스코에서 개최된 페이스북 개발자 대상 콘퍼런스 'F8'에서 페이스북의 CEO인 마크 저커버그는 'Bots for the Messenger Platform'을 발표하며 챗봇의 가능성을 크게 내세웠고 이에 비즈니스 IT 업계에서는 챗봇이 주목받는 키워드로 떠오르고 있습니다. (챗봇은 제2장에서 설명하겠습니다.)

COLUMN　중국어 방

튜링 테스트는 지능이 있는 기계인지 아닌지를 판정하는 테스트인데, 여기에 합격했다고 해서 지능이 있다고 하기는 어렵다고 반론하는 전문가들도 있습니다. 철학자 존 설이 1980년에 논문에서 발표한 '중국어 방'도 그중 하나입니다.

영어만 구사하는 사람을 방에 가둡니다. 그 방에는 종이를 주고받을 수 있는 작은 창문이 있고, 바깥에서 작은 창문을 통해 중국어로 문장을 쓴 종이를 투입하면 잠시 후 방 안에서 중국어로 쓰인 종이를 되돌려준다고 칩시다. 이렇게 하면 중국어 대화가 성립한 듯 보이지만 실제로 방 안에는 중국어를 아는 사람이 존재하지 않으며, 만약 작은 창문을 통해 받은 중국어 글자를 보고 그에 대한 중국어 답변이 완벽하게 기술된 매뉴얼을 봐가며 글을 작성해 되돌려준 것이라면 그것은 중국어를 이해했다고 할 수 없고 지능을 측정하는 행위라고도 볼 수 없다는 게 주된 반론입니다. 이 중국어 방에 대한 반론도 있지만, 이 책에서는 그런 관점도 있다는 정도로 소개하고 넘어가겠습니다.

참고로 존 설은 앞에서 설명한 '강한 AI, 약한 AI'라는 말을 제창한 것으로도 잘 알려져 있습니다.

싱귤래리티
(기술적 특이점)

인간의 뇌를 대체할 수 있는
지적인 범용형 인공지능의 등장은
아직 먼 미래의 이야기입니다.
그럼 그것은 언제 즈음일까요?
그것을 암시하는 것이 바로
'싱귤래리티'라는 키워드입니다.

인공지능은 언제 인간을 넘어설 것인가?

'싱귤래리티'라는 단어 자체는 10년도 훨씬 전부터 사용됐지만 인공지능 붐의 재림과 함께 페퍼와 같이 인공지능 기술을 채택한 큰 커뮤니케이션 로봇이 탄생하고 알파고가 승리를 거두는 등의 인공지능에 관한 뉴스를 볼 때마다 차츰 현실성을 띠며 높은 주목을 받아 왔습니다.

싱귤래리티는 '기술적 특이점'(Technological Singularity)이라고도 불립니다. 이는 인공지능이 인간의 지능을 넘어서며 사회적으로 큰 변화가 일어나고, 후퇴할 수 없는 세계로 변혁하고 마는 시기를 말합니다. 다시 말해, 인간의 지능을 넘어선 강한 AI가 등장하면 세상의 시스템은 크게 변화할 것이고 그와 동시에 인간에게는 그보다 더 미래의 기술적 진보를 예측할 수 없는 세계가 찾아올 것이라는 예언에 해당하는 시점이 바로 싱귤래리티입니다.

인공지능 연구 분야에서 세계적인 권위를 가진 것으로 잘 알려진, 발명가이자 미래학자인 **레이 커즈와일**이 2005년에 집필한 책『특이점이 온다: 기술이 인간을 초월하는 순간(The Singularity is Near: When Humans Transcend Biology)』에는 많은 미래 예측과 함께 특이점에 대한 내용이 자세히 설명돼 있습니다.

　　대부분의 미래 예측은 뇌를 스캔해 디지털화하거나 나노로봇의 진화로 내장이 불필요해지거나 수명이 비약적으로 늘어나 죽는 것조차 마음대로 하지 못할지 모르고, 유전자를 제어해 비만이 사라지는 것과 같은 SF 영화의 소재가 될 만한 것들도 많이 나와 있습니다. 그래서 10년도 훨씬 전에 발표된 당시에는 특이점을 현실적인 이야기로 받아들이는 사람이 극히 일부로 한정돼 있었습니다. 하지만 커즈와일이 2012년에 미국 구글에 입사해 AI 개발의 총지휘를 맡고 대뇌 신피질의 시뮬레이터인 'Neocortex Simulator'를 개발하는 데 매진한다는 사실이 발표되며 세간의 의견도 바뀌기 시작했습니다.

2045년 문제

　　특이점은 책의 제목으로도 쓰이고 있는데, 인간과 같은 지능을 가진 강한 AI가 탄생하면 대체 왜 인간 사회가 변한다는 것일까요? 그것은 아래와 같은 이유 때문입니다.

　　일단 인간과 똑같은 지능을 가진 AGI가 나오면 곧바로 AGI는 인류의 지능을 넘어서는 진화를 하게 될 것입니다. 그 AGI 자체가 더욱 강한 AGI를 만들어내는 연쇄 작용이 일어나기 시작하면 그때는 이미 인류가 제어할 수 없는 영역에 도달합니다. AGI가 인류의 지능을 넘어선 시점에서 이미 인류의 힘으로는 AGI를 제어할 수 없게 되는 것입니다. 그리고 그것이 2045년 즈음까지는 현실로 다가올 것이라 예상하고 있다는 점에서 '2045년 문제'라고 불릴 때도 있습니다.

　　강한 AI를 만드는 것이 인간이라면 그것을 사용하는 것도 인간입니다.

　　특이점이 다가올지 어떨지를 떠나 과거 복제 양이 발표됐을 때 복제 인간을 만들지 않도록 법을 정비한 것과 마찬가지로, 현재의 인공지능이 진화에 가속도를 붙여 강한 AI에 가까워지기 전에 개발을 포함해 AI 이용에 대한 의논을 거쳐 규칙과 법을 정비할 필요가 있다는 것을 피부로 느낍니다.

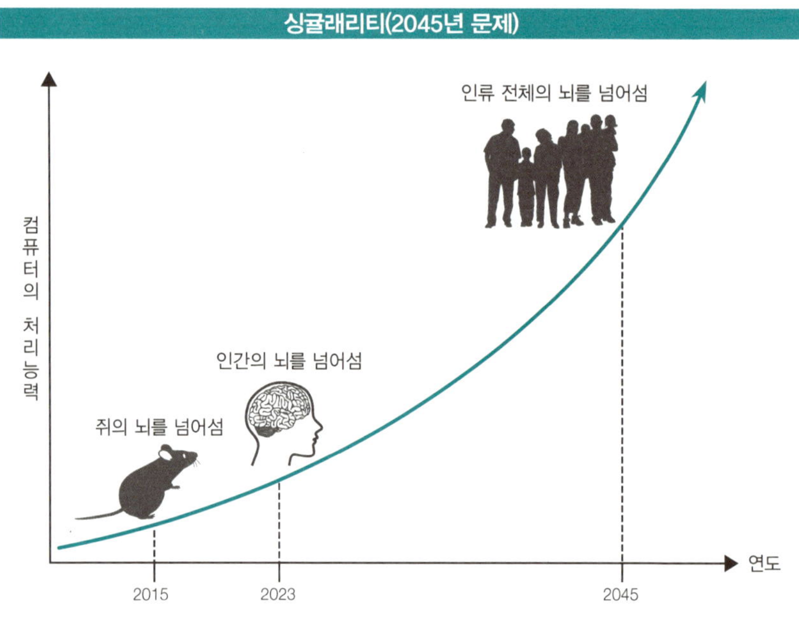
싱귤래리티(2045년 문제)
인류 전체의 뇌를 넘어섬
컴퓨터의 처리 능력
인간의 뇌를 넘어섬
쥐의 뇌를 넘어섬
연도
2015
2023
2045

무어의 법칙

2010년, 소프트뱅크 주주총회에서 일어난 일입니다. 그룹 대표인 손 마사요시(한국명 손정의)가 창립 30주년을 맞아 이후 30년간에 대해 생각하는 '신 30년 비전' 강연을 했습니다. 그 강연 내용에 따르면 인류는 과거에 경험한 적 없는, 인류를 넘어서는 존재인 '뇌형 컴퓨터' 실용화를 맞게 될지도 모른다고 합니다. 뇌형 컴퓨터는 전자회로를 이용해 인간의 뇌를 만들려 하는 것으로 실용화를 위한 연구가 이전부터 진행돼 오고 있습니다.

손 마사요시는 프레젠테이션 중에 '무어의 법칙'을 언급하며 그에 근거해 계산해 보면 '2018년에는 마이크로프로세서(IC 칩)에 들어가는 트랜지스터 수가 300억 개에 도달할 것이고 결국 인간의 대뇌에 있는 뇌세포 수를 넘어설 것'이라는 계산 식을 소개했습니다.

'무어의 법칙'이란 1965년에 인텔의 공동창업자인 고든 무어가 경험칙에 근거해 발표한 논문이 원출처로, IT 업계에서는 유명한 법칙입니다. 컴퓨터의 두뇌인 'CPU'의 처리 속도가 해마다 빨라지고 있는데 마이크로프로세서는 18~24개월마다 2배의 성능으로 진화한다는 내용입니다.

　　IC칩 내부는 트랜지스터(반도체 소자)로 구성돼 있고 그 개수가 성능에 큰 영향을 미칩니다. 그 법칙에 따르면 트랜지스터의 집적도는 24개월마다 배로 증가한다(18개월마다라는 설도 있습니다)고 합니다. 이 법칙은 널리 지지를 받고 있는데, 실제로 거의 그대로 변화해 오고 있으며 '성능 향상'이라는 점에서 봤을 때 1.5~2년마다 대략 2배가 되고 있기 때문입니다. 강연에서 손 마사요시는 지금까지 변화해 온 트랜지스터의 성능에 관해 이야기하며 다음 그림과 같이 100년 만에 3500조 배로 고속화될 것이라고 지적했습니다.

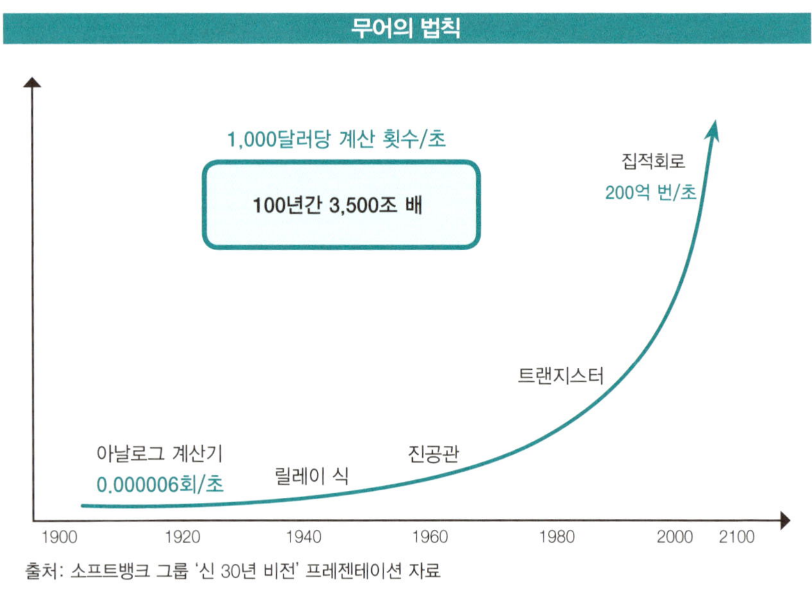

출처: 소프트뱅크 그룹 '신 30년 비전' 프레젠테이션 자료

뇌와 트랜지스터

　　컴퓨터의 트랜지스터 수와 인간의 뇌 성능을 비교하는 것이 가능한지, 의미가 있긴 한 건지 의문을 가질지도 모르겠습니다. 사실 인간의 뇌와 마이크로프로세서 내 트랜지스터의 시스템은 매우 흡사합니다.

마이크로프로세서 내 트랜지스터는 스위치의 역할을 합니다(그 밖에 신호를 증폭시키기도 합니다). 트랜지스터 하나하나는 온/오프(on/off)라는 단순한 역할을 맡지만 이것이 방대한 숫자로 구성되면 연산과 제어라는 다양한 일을 해낼 수도 있게 됩니다. 일반적으로 컴퓨터의 복잡한 계산과 작업은 모두 '2진수'로 처리된다고 알려져 있는데 2진수란 '0' 아니면 '1'로, 트랜지스터가 온이냐 오프냐라는 것과 똑같습니다. 컴퓨터의 처리 능력이 해마다 고속화되는 이유 중 하나는 기술의 진보로 인해 트랜지스터의 집적도가 올라갔고 그 수가 해마다 증가하고 있다는 배경 덕입니다.

컴퓨터의 마이크로프로세서로 유명한 미국의 인텔은 1971년에 발표한 '4004 마이크로프로세서'의 경우 트랜지스터 수가 고작 2,300개였지만 약 35년이 넘는 세월이 흘러 2008년에 발표한 '4개의 실행 코어를 탑재한 현시점 최신 인텔 코어 i7 프로세서'(컴퓨터를 잘 아는 사람에게는 낯익은 CPU)에서는 7억 7,400만 개까지 증가했습니다. 계산해보면 최근 들어 트랜지스터 수가 약 25개월마다 2배의 비율로 증가해 온 것을 알 수 있고, 이를 통해 '무어의 법칙'이 어느 정도 맞다는 것을 보여줍니다.

그리고 인간의 뇌 또한 스위치 온/오프로 이어지는 뇌 신경 세포(뉴런)로 구성돼 있습니다.

인간의 대뇌에는 신경 세포가 있습니다. 그 수는 여러 설이 있지만 100억 개라고도 하고 약 300억 개는 된다고도 합니다. 각 신경 세포에는 간격이 있고 정보 전달 물질을 전달받아 신호가 전달되는데, 여기서 사물을 생각하거나 기억하거나 떠올리며 이른바 뇌가 제 기능을 발휘하게 됩니다. 뇌의 '시냅스'라는 말을 들어본 적이 있을 텐데, 전달부와 구조 자체가 곧 시냅스로서 신경 세포를 연결하는 역할을 합니다.

신경 세포는 시냅스가 떨어진 상태에서는 오프, 시냅스가 붙었을 때는 정보 전달을 온으로 바꿔 처리합니다. 즉, 뇌와 컴퓨터(마이크로프로세서)는 스위치

온/오프, 다시 말해 2진법과 똑같은 시스템으로 기본적인 처리를 한다고 할 수 있습니다. 이런 점에서 컴퓨터로 인간의 뇌를 만든다는 황당무계한 발상은 결코 허풍만은 아닌 셈입니다.

이러한 이유로 뇌의 신경 세포 수와 마이크로칩 내 트랜지스터의 수를 비교하는 것이 의미가 없다고 할 수만은 없습니다. 무어의 법칙대로 트랜지스터의 수가 계속 늘어나면 머지않아 그 수는 대뇌의 신경 세포 수를 넘어서는 날이 올 것입니다. 손 마사요시 회장의 계산에 따르면 이 뒤에 넣은 그림에서 볼 수 있듯이 그 날은 2018년이 될 것이라고 합니다.

실제로 그것이 2020년이 되든 2030년이 되든 여기서는 큰 문제가 되지 않습니다. 중요한 것은 단순하게 계산해봤을 때 인간의 뇌와 컴퓨터의 뇌가 가진 능력은 이미 가까운 지점까지 다가와 있다는 사실입니다.

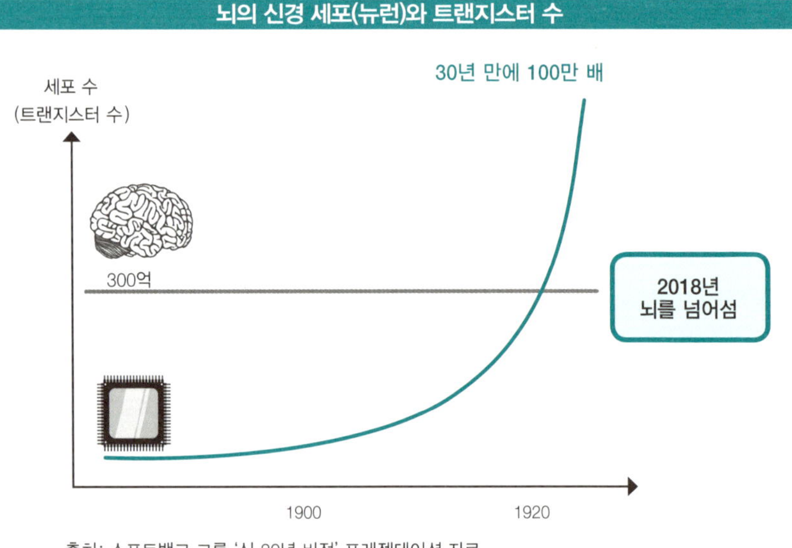

출처: 소프트뱅크 그룹 '신 30년 비전' 프레젠테이션 자료

감정을 가진 로봇의 등장

'신 30년 비전'과
'뇌형 컴퓨터로 이동'이라는 발상에서
소프트뱅크의 로봇 '페퍼(Pepper)'가
탄생했습니다.
페퍼는 높이 약 120cm,
초등학생 정도의 키를 가진 로봇입니다.
현재는 접수, 간호, PR, 이벤트 등을
중심으로 비즈니스 분야에서도
폭넓게 활용되기 시작하고 있습니다.

페퍼의 탄생

지금까지 로봇이라고 하면 산업용 로봇이 중심이었고, 정확하고 정밀하면서도 신속하게 작업을 해냄으로써 도움이 되는 경우가 압도적으로 많았지만, 페퍼는 그런 기능을 전혀 가지고 있지 않습니다. 그 대신 사람과 대화를 나누고 사람에게 정보 혹은 편안함을 제공하는 데 특화된 기능을 제공합니다.

감정 인식 엔진과 감정 생성 엔진

페퍼에는 다른 로봇에서는 유례를 찾아보기 어려운 기능이 탑재돼 있습니다. 바로 '감정 인식 엔진'과 '감정 엔진'(감성 생성 엔진)입니다.

감정 인식 엔진은 상대방의 표정과 목소리를 통해 감정을 읽어내는 기능입니다.

비즈니스 용도로는 어떤 정보를 제공했을 때 좋아하는 것 같으면 더 자세한 정보를 제공하고, 정보가 지루하다는 것처럼 듣고 있으면 다른 정보로 바꾸는 식으로 개인의 반응에 맞춰 정보를 제공할 수 있습니다. 일반인을 대상으로 한(가정용) 페퍼는 가족이 슬퍼할 때는 용기를 주고 즐거워할 때는 다 함께 사진을 찍자고 하며 분위기를 살려주는 쪽으로도 응용할 수 있습니다.

또 하나의 '감정 엔진'은 페퍼 자신의 감정을 좌우하는 기능입니다.

비즈니스 분야용 페퍼는 굳이 '감정 엔진'을 이용하지는 않지만, 일반 판매용 페퍼는 너무 무관심하게 내버려 둔다 싶으면 기분 나빠하거나 시무룩해 하고, 가족이 웃고 있으면 본인도 기분 좋아하는 등의 반응을 보이며 감정을 공유할 수도 있습니다.

이것을 개발한 소프트뱅크 그룹의 코코로SB(cocoroSB)에서는 인공지능이 '대뇌 피질계의 만능형'이라는 점에서 인간처럼 컴퓨터가 감정을 재현하는 것을 '대뇌변연계의 감정 학습형' '인공 감성 지능'이라고 부릅니다. 이 기술 또한 인간의 뇌를 수치 모델과 알고리즘으로 치환하는 AI 기술 중 하나로 주목받고 있습니다.

세계 최초! 감정을 가진 로봇

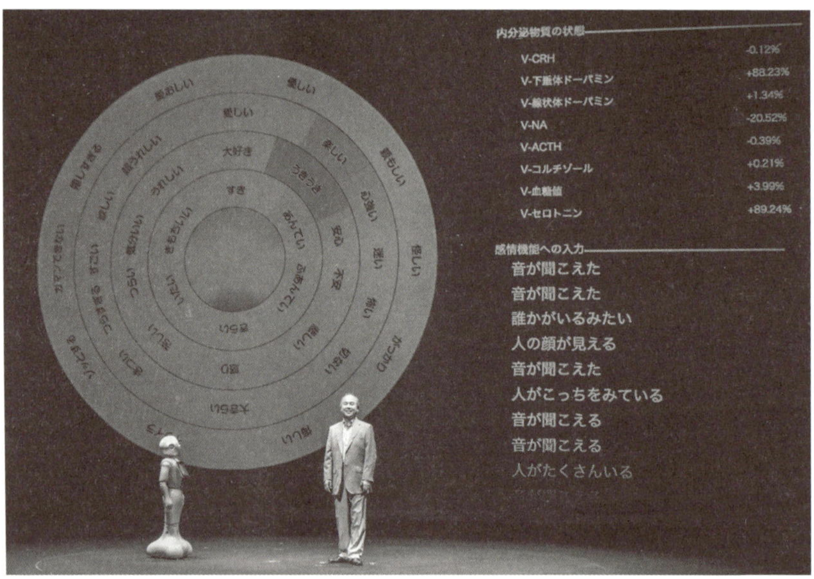

세계 최초로 감정을 가진 로봇 '페퍼'의 감정 엔진을 소개하는 소프트뱅크 그룹의 대표이사 사장 손 마사요시(배경은 페퍼의 감정 지도)

Artificial intelligence의
'Intelligence', 즉 '지능'에 주목해 봅시다.
지능의 정의 또한
다양한 입장에 따라 달라지는 만큼
참 애매합니다.
한마디로 '적용하는 능력'이라고
해석되는 경우도 있지만
'능력'으로 말하자면
언어 능력, 학습 능력, 생각하는 능력,
판단하는 능력, 계획하는 능력,
추측하는 능력, 문제를 해결하는 능력
등을 들 수 있습니다.

'지능'이란?

이 모든 능력 면에서 인간과 똑같은 사고와 판단을 할 수 있는 것이 강한 AI인데, 현시점에서 비즈니스에 도입되기 시작한 AI는 몇 가지 능력의 경우 지금까지보다 더 인간에 가까운 처리 능력을 발휘할 수 있게 됐습니다. 물론 그것은 비즈니스 IT에서 봤을 때 큰 진보입니다.

다음 장에서는 비즈니스 활용의 예를 소개할 텐데 컴퓨터가 각각 어느 능력에서 진화를 이뤘는가, 라는 시점에서 보면 현상을 이해하기 쉬울 겁니다.

지식과 지혜

이번에는 '지식'과 '지혜'에 대한 이야기를 해보려고 합니다. '지식'과 '지혜'는 다른 개념이며 이를 혼동하면 이해하기 어려울 수 있습니다.

그럼 '지식'과 '지혜'는 어떻게 다른 걸까요? "고지엔[2]"에 의하면 '지식'이란 '어떤 사항에 대해 알고 있는 것. 또 그 내용'이라고 합니다.

'지식'은 일상생활에 넘쳐나는 정보 그 자체라고 할 수 있습니다. 예를 들어, 인터넷상에는 다양한 논문, 뉴스, 광고 등의 여러 정보가 존재하며 트위터 혹은 페이스북 등의 SNS에는 매일 많은 양의 정보가 꾸준히 올라오고 있습니다. 이것은 말하자면 디지털화된 지식입니다.

이 지식을 검색 엔진 등의 '크롤러'라고 불리는 소프트웨어가 자동으로 긁어모은 다음(이 작업을 크롤링이라고 합니다) 많은 양의 데이터로 계속 축적하고 있다는 것도 잘 알려진 사실입니다. 알고 싶은 정보를 사용자가 검색 키워드에 넣으면 순식간에 검색 결과가 나타나고 이제는 검색하지 못하는 정보가 거의 없을 정도로 정보가 축적되고 있습니다.

그럼 이 검색 엔진의 방대한 데이터베이스를 지혜로운 존재라고 볼 수 있을까요?

대부분의 사람은 '아무리 정보가 있다 해도 그것을 사용하는 것은 인간이기 때문에 데이터베이스를 지혜롭다고 할 수는 없다'라는 의견을 내놓지 않을까요? 그 말 그대로 '지혜'는 다른 동물에게서는 흔히 볼 수 없는, 인간의 특별한 능력입니다. 지식은 컴퓨터 혹은 클라우드 상에 방대하게 축적할 수 있지만 적절하게 활용하는 것은 인간만이 할 수 있는 능력이며, 거기서 태어나는 것이 바로 지혜입니다.

앞에서 언급한 '신 30년 비전'에서 손 마사요시는 '데이터는 "지식", 알고리즘은 "지혜"이며 컴퓨터의 급격한 진화에 따라 미래에 그 알고리즘이 개발되고 자동으로 생성되는 모습을 보게 될 것이다'라고 발언했습니다. 알고리즘이란 프로그래밍에서 자주 쓰이는 전문 용어로 '계산 방법' 혹은 '순서' '방식' 등을 의미합니다.

2　(옮긴이) 일본 현지에서 권위 있는 사전으로 인정 받는 일본어 사전.

인공지능 관련 기술이 진보하는 데 필요한 것은 '데이터'(지식)입니다. 현대의 데이터베이스와 클라우드에 있는 방대한 데이터가 기술의 진보를 뒤에서 힘껏 밀어주고 있습니다. 반면 그 데이터를 지혜로 활용하는 방법은 프로그래머가 만든 프로그램의 처리에 달려 있는데, 앞으로는 기계 자신이 더욱더 학습을 거듭해 빅데이터를 활용하는 것이 중요합니다.

그리고 활용할 알고리즘(지혜)을 프로그래머가 개발하는 데서 끝나는 것이 아니라 스스로 학습하며 컴퓨터 자신이 만들어내는 것, 바로 이것이 새로운 컴퓨터 시대의 목표가 될 것입니다.

비즈니스 IT 세계에서는 몇 년 전부터 빅데이터의 중요성을 부르짖었고, 방대한 정보 속에서 특별히 두드러지지 않으면서도 중요한 가능성을 가진 데이터를 추출하는 데이터 마이닝 기술 또한 주목받아 왔습니다. 많은 네트워크와 센서에서 받아 축적한 정보를 신속하게 활용하는 기술은 더욱 진화하고 있습니다.

그리고 드디어 방대한 지식을 기계 자신이 활용해 인식, 판단, 추측 등을 할 수 있게 됐습니다. 다음 단계는 적절하게 처리하는 알고리즘인 '지혜의 능력'을 컴퓨터 자신이 만들어내는 것이며, 이는 인공지능이 뇌에 더 가까워질 수 있는 중요한 한 걸음이라고 할 수 있습니다.

컴퓨터의 지식과 지혜

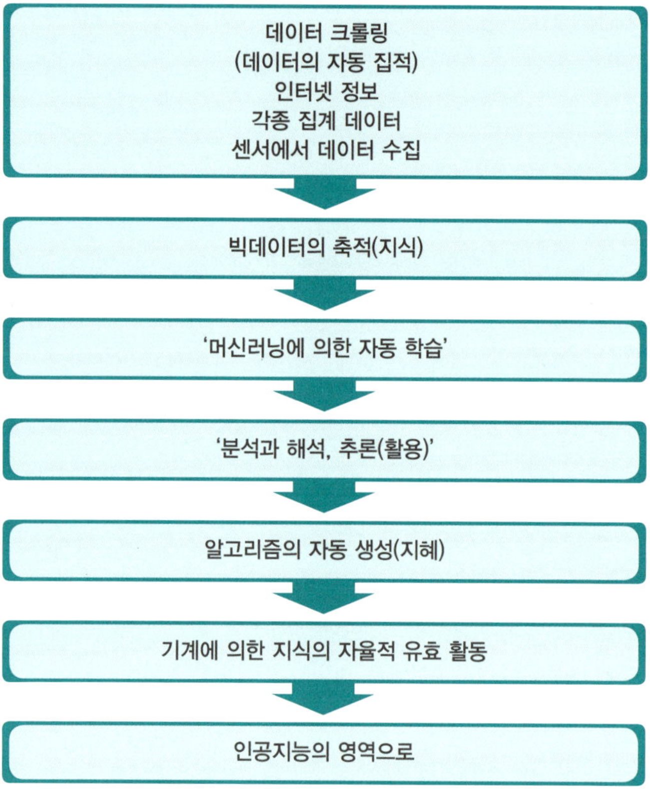

데이터 크롤링
(데이터의 자동 집적)
인터넷 정보
각종 집계 데이터
센서에서 데이터 수집

↓

빅데이터의 축적(지식)

↓

'머신러닝에 의한 자동 학습'

↓

'분석과 해석, 추론(활용)'

↓

알고리즘의 자동 생성(지혜)

↓

기계에 의한 지식의 자율적 유효 활동

↓

인공지능의 영역으로

AI 기술의
비즈니스 활용

젊은 샐러리맨 두 사람이 카페에서 주식 이야기를 하고 있습니다. 새로 공개되는 기업의 장래성에 대해 의견을 나누고 있었는데, 그때 스마트폰이 대화에 끼어듭니다. 'OX 기업의 OX 업종에서는 현재 'XX'와 'XX'가 유행어가 되어 뉴스 및 트위터상에 빈번하게 오르내리고 있습니다. 같은 업종의 다른 기업 중 같은 규모를 가진 상장기업의 최근 주가 동향은……' ―인간의 말을 이해하는 인공지능 에이전트가 그들의 대화를 듣고 자신의 판단으로 정보를 수집해 그들이 필요로 하는 정보를 제공해준 것입니다. 인공지능 연구 개발에 주력하고 있는 IT 업계의 선두 기업들은 대부분 이 같은 사회를 목표로 하고 있습니다.

이번 장에서는 인공지능의 기초 기술이라 할 수 있는 패턴 인식과 대화, 분석 및 예측 등의 최신 기술이 구체적으로 어떻게 비즈니스에 활용되고 있는지 소개합니다.

인간과 자연스럽게 대화하는 컴퓨터

SF 영화나 만화에 등장하는 로봇과 인공지능은 마치 인간처럼 대화를 나눌 수 있습니다. 인간이 발언한 내용과 인간 사이의 대화를 정확하게 이해하고 필요로 하는 정보에 대해 답변하거나 조언을 해주는 장면들이 그려집니다. 여기에는 과연 어떤 기술이 필요할까요?

대화에 필요한 기술

인간이 일상 대화에서 이야기할 때 쓰는 말을 '자연어'라고 합니다. 자연어로 하는 대화가 성립해야 '사람이랑 똑같이 컴퓨터와 대화를 할 수 있다'는 것을 느낄 수 있습니다.

대화를 듣는다는 것은 컴퓨터의 경우 **입력**에 해당합니다. 영어로는 말 그대로 'Speech to Text', 즉 '음성 인식'이라고 불리는 기술이 사용됩니다. 컴퓨터가 대답할 때는 **출력**(발화)을 하는데 그것도 영어로는 심플하게 'Text to Speech', 즉 '음성 합성'이라는 기술이 사용됩니다.

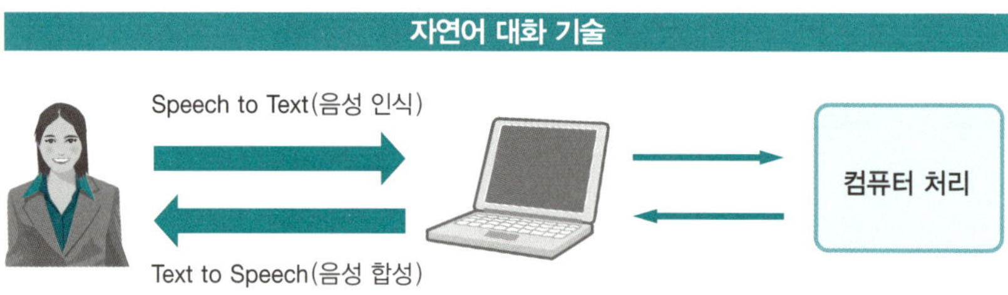

인간의 말을 듣는 'Speech to Text'(음성 인식)와 컴퓨터가 합성 음성으로 말하는 'Text to Speech'가 쓰인다. 음성 인식된 텍스트는 단어 및 문절로 분석되어 기계가 처리할 수 있는 데이터로 변환된다.

음성 인식 기능에 AI 기술을 도입

자연 대화를 실현하려면 상당히 높은 음성 인식 기술이 필요합니다. 음성 인식 중에서 가장 친근한 것이 아이폰의 '시리'(Siri)나 안드로이드의 'OK Google'(구글 나우), 마이크로소프트의 '코타나'(Cortana), NTT 도코모의 '샤베테콘쉐르' 등의 음성 인식형 개인 비서입니다.

스마트폰 사용자라면 한두 번 써본 적이 있겠지만 내가 하는 말을 개인 비서가 쉽게 알아들을 수 있도록 큰소리로 또박또박 말하거나 단어를 구분해서 이야기하는 등 사용자가 여러모로 시도한 끝에 겨우 인식되는 경험을 한 분들도 많이 계실 겁니다. 애플, 구글, 마이크로소프트, NTT 도코모 모두 인공지능 관련 기술을 적극적으로 개발 중인 기업으로서 앞에서 언급한 모든 개인 비서에 관련 기술들을 활용했지만 사용자가 만족할 만한 인식률에 도달하지 못했습니다.

그래도 구글의 발표에 의하면 안드로이드 4.3에서 딥러닝 기술을 채택했을 때 음성 인식률의 정밀도가 25%에서 50%로 향상됐다고 합니다. 또한 구글의 상급 부사장이 한 발언에 의하면 딥러닝 도입을 통해 음성 인식 기능의 오차율을 23%에서 8%로 줄이기 위한 노력하고 있다고 합니다. 어쨌든 인간처럼 자연 대화를 하려면 아직 갈 길이 멀지만 딥러닝에 의한 음성 인식률이 크게 진전됐다는 점을 시사하고 있습니다.

개인 비서 기능(지능형 에이전트)

개인 비서 기능은 애플, 구글, 마이크로소프트가 치열한 선진 기술 경쟁을 펼치는 장이 됐습니다.

애플은 음성 인식 기술과는 별개로 'Proactive Assistant' 기능을 가지고 개인 비서 서비스를 강화해 iOS 9부터 탑재했습니다. Proactive Assistant 기능을 한마디로 말하자면 사용자의 '행동 예측' '행동 예견'입니다.

예를 들어, 아이폰에 이어폰을 꽂으면 평소 사용하는 음악 앱을 커서 그 시간대에 자주 듣는 음악을 재생할 준비를 하거나, 메일 내용에 따라 자동으로 달력에 등록해주는 기능입니다. 또한 자주 연락하는 상대를 리스트에 표시하거나 자주 쓰는 앱이나 콘텐츠, 자주 쓰는 웹사이트 등의 업데이트 정보를 보여주는 기능도 있습니다.

애플의 공식 사이트에서는 이 기능을 다음과 같이 구체적으로 설명하고 있습니다. 헤드폰을 연결하면 iOS 9는 여러분이 아까 듣기 시작했던 팟캐스트를 이어서 끝까지 듣고 싶어 할지도 모른다고 인식하거나, 이메일 메시지나 캘린더에 누군가를 초대하면 항상 그 사람과 함께 초대되는 사람도 추가하겠냐고 iOS 9가 제안하거나, 비행기 정보 및 저녁 식사 등의 예약 정보가 적힌 메일을 받았을 때 달력에 자동으로 그 내용을 등록한다는 것입니다.

이것들은 사용자의 서비스 및 앱 이용 이력(애플 표준 앱 이외의 것들도 포함), 메일, 캘린더 등의 정보와 연동해서 실행됩니다. 이 기능을 구체적으로 체감할 수 있는 방법 중 하나가 'Spotlight'입니다. 아이폰 홈 화면에서 위에서 아래로 쓸어내리듯 스와이프하거나 왼쪽에서 오른쪽으로 스와이프하면 검색 화면으로 바뀝니다. 이것이 Spotlight로, 이곳에 음성 또는 키를 입력해 단어를 넣으면 메일, 미리 알림(스케줄), 메모, 웹 브라우저의 즐겨찾기, iTunes Store, 위키피디아, 웹페이지 등을 검색한 결과를 일람으로 표시합니다.

구글의 안드로이드에도 '나우 온 탭'(Now on Tap)이라는 똑같은 사용자 행동 예측 기능이 있는데, 앞으로는 둘 다 인공지능 기술을 도입해 정밀도가 높아질 것으로 기대됩니다.

Spotlight 검색

아이폰 내부와 웹에 있는 정보를 검색해서 한 화면에 일괄적으로 검색 결과를 표시. Proactive Assistant 기능으로 사용자 행동 예측과 연동된다. 화면은 Spotlight에서 '로봇'이라고 검색한 예. 로봇과 관련된 브라우저의 즐겨찾기, 위키피디아, 미리 알림(예정표) 등의 데이터가 일람으로 표시된다.

묻기도 전에 알려주는 검색

묻기도 전에 알려주는 검색.

이제 연락처, 앱 등이 검색 화면에 미리 채워져 있습니다. 또한 여러모로 능동적이기 때문에, 여러 가지 일들이 한결 수월해지죠.

주요 연락처

가장 자주 연락하는 사람들, 마지막으로 연락했던 사람, 심지어 만날 약속을 한 사람들까지 표시됩니다.

제안 앱

당신의 일상 습관, 그리고 그때그때의 사용 가능성에 관련된 앱을 검색 화면에 포함시킵니다. 예를 들어 당신이 아침에 일어나 항상 주가정보를 확인한다면, 평소 일어나는 시간에는 검색 화면에 '주식' 앱이 나타납니다.

애플 공식 사이트에서는 연락처, 애플리케이션, 근처 장소 등을 검색 화면에 미리 표시해 앞으로 할 행동을 예측하는 기능으로 소개하고 있다. (출처: 애플 공식 사이트)

나의 다음 행동을 예측하는 비서

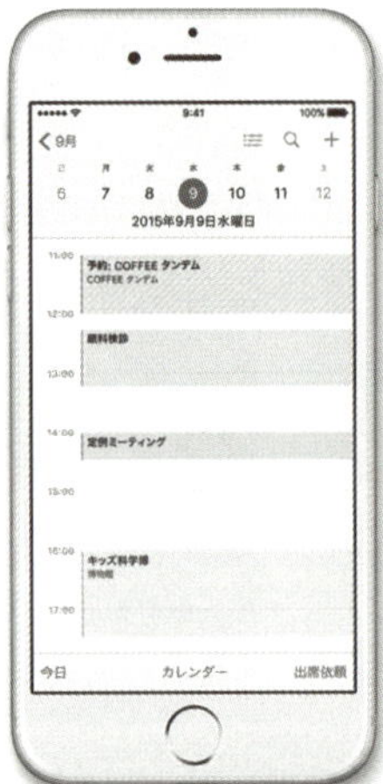

Proactive Assistant 기능을 소개한 화면. 음악 및 오디오를 듣고, 이메일과 이벤트를 만들고, 캘린더에 이벤트를 추가하고, '이건 누구한테서 온 전화?' 등을 확인하는 예가 화면에 소개돼 있다(출처: 애플 공식 사이트).

개인 비서 기능에 대한 주제로 돌아가 보겠습니다.

총무성이 발표한 2014년 'ICT 첨단 기술에 관한 조사 연구'에서도 휴대폰 단말기에 들어가는 새로운 AI의 상징적인 서비스로 '개인 비서'가 언급됐습니다. 거기서도 애플, 구글, 마이크로소프트, 아마존 등의 주요 해외 기업과 함께 NTT 도코모, KDDI, Yahoo! Japan(야후 주식회사)과 같은 일본 기업들도 개인 비서 분야에 참가해 기술 개발에 성공했다는 점을 시사했습니다. 여기에 더해 페이스북도 미국을 대상으로 한 서비스를 시작했습니다.

대표적인 음성 인식과 개인 비서				
제공자	서비스명	플랫폼	서비스 제공	내용
애플	시리	iOS	2011년 10월	음성을 입력해 검색, 단말기 조작, 문장 작성, 질문 응답
구글	음성 입력	검색 기능	2009년 9월	음성을 입력해 검색, 문장 작성
구글	구글 나우	안드로이드, iOS	2012년 7월	검색 이력을 근거로 한 정보 제안
마이크로소프트	코타나	윈도우 폰	2014년 4월	음성을 입력해 검색, 단말기 조작, 검색 이력을 근거로 한 정보 제안
아마존	아마존 대시 (Amazon Dash)	전용 디바이스	2014년 4월	음성 입력 및 바코드를 이용한 쇼핑 지원
NTT 도코모	샤베테콘쉐르	안드로이드, iOS	2012년 3월	음성을 입력해 검색, 단말기 조작, 문장 작성, 질문 응답
KDDI	오하나시 어시스턴트	안드로이드	2012년 11월	음성을 입력해 검색, 단말기 조작, 문장 작성, 질문 응답
Yahoo! Japan	야후! 음성 어시스트	안드로이드	2012년 4월	음성을 입력해 검색, 단말기 조작

애플, 구글, 마이크로소프트, 아마존 등의 주요 기업들이 개인 비서 분야에 참가하고 있는 상황(출처 총무성 "2014년 판 정보통신백서에 게재한 조사" 내의 'ICT 첨단 기술에 관한 조사 연구'(주식회사 KDDI 종합연구소 작성)에 기초해 작성.

페이스북은 2015년 8월에 미국 실리콘밸리 지역 한정으로 개인 비서 'M'을 서비스하기 시작했습니다.

화면은 페이스북 메신저와 같습니다. AI 기능으로 질문에 답하는 것뿐만 아니라 추가로 제안을 하거나 추천을 하기도 하고, 기계가 도저히 답할 수 없는 질문에는 사람인 직원이 답변을 하며 더 인간다운 대화를 지속하는 것을 목표로 하는 철저함을 보였습니다. 페이스북 M에도 예측 기능이 도입돼 있어 목적지를 추적해 날씨 예보를 수시로 알려 주거나 도로 정체 정보를 제공해 주기도 합니다. 페이스북의 강점은 뭐니뭐니해도 사용자가 올린 정보를 포함한 방대한 빅데이터를 가지고 있다는 것입니다. 구글이나 마이크로소프트(Bing) 또한 웹 검색 등의 방대한 빅데이터를 가지고 있습니다. 음성 인식 기능의 정밀도에 더해 빅데이터를 보유한 기업이 미래를 선도해 나갈 것으로 예상됩니다.

아마존은 온라인 쇼핑 사이트로 잘 알려져 있어서 검색 사이트나 페이스북 등과는 업종이 다를 것 같지만 쇼핑 사이트에 추천 기능을 빠르게 도입해 실용화해 왔고 AI 기술을 이용해 향후 매장 쪽에도 에이전트 기능을 도입할 것으로 예상되는 만큼 이 분야에서도 기술적으로 선도하겠다는 의지를 엿볼 수 있습니다.

COLUMN   아마존 에코와 알렉사

지름 8.4cm, 높이 23.5cm, 독특한 원통형의 본체를 가진 '**아마존 에코**'(Amazon Echo)는 아마존의 AI 에이전트인 '**알렉사**'(Alexa)를 탑재했습니다. 애플의 시리와 마찬가지로 대화를 주고받을 수 있습니다. 날씨와 뉴스, 도로 정체 정보는 물론 인터넷 검색과 연동해 간단한 질문에 대답해 줍니다. 또 아마존답게 쇼핑 리스트를 만들거나 '아마존 프라임 뮤직'(Amazon Prime Music)의 음악을 재생할 수도 있습니다.

'아마존 에코'와 연결할 수 있는 소형 '아마존 탭'(Amazon Tap)이나 그보다 더 소형인 '에코 닷'(Echo Dot)도 발매되어 앞으로는 스마트홈 기기와도 알차게 연동될 기미가 보입니다.

2014년 11월에 미국에서 발매된 아마존 에코. 블루투스 스피커에 AI 에이전트가 들어간 느낌.

콜 센터의
상담원 지원

'이 내용에 대해 좀 더 잘 아는
담당자로 바꿔주지?'
사용자가 분을 참지 못해
목소리를 높인다……
이는 콜 센터에서 자주 볼 수 있는 광경입니다.
대규모 콜 센터에서는
매일 어마어마한 양의 문의가 들어오고
상담원들은 고객들의 문의 내용을 이해한 후
적절한 답변을 주는 일을 담당하고 있습니다.

콜 센터가 안은 과제

콜 센터에는 몇 가지 과제가 있다고 하는데, 가장 큰 과제가 바로 '상담원 교육'입니다.

경험을 통해 배운 베테랑과 막 일을 시작한 새내기는 기량 면에서 큰 차이가 나고, 새내기는 고객이 해온 문의 내용 자체를 이해하지 못하거나 문제 해결을 위해 사용자에게 어떤 질문을 해야 할지 모르거나 그 와중에 매뉴얼을 참조하거나 선배 직원의 확인을 받으려 하는 등, 적절한 질문을 하기 위해 몇 번이나 수화기를 들었다 놓았다 하는 일을 반복하며 시간 낭비를 하는 일도 있습니다. 겨우 답변에 도달했다 싶으면 잘못 짚었다거나 새로운 클레임을 만들어 버리는 경우까지 있습니다. 이 때문에 콜 센터에서는 베테랑부터 새내기에게까지 높은 수준의 기량을 요구합니다.

제 몫을 해내는 상담사로 키워내기까지 상당한 시간이 걸림에도 클레임 처리에 대한 스트레스 때문에 이직률이 비교적 높아 항상 만성적인 인력 부족에 시달리는 터라 상담원의 기량을 단련시켜 단기간에 실전 투입을 하는 것은 콜 센터의 가장 중요한 과제입니다.

지금까지는 이 문제를 해소하기 위해 콜 센터에서 롤플레잉 연수를 많이 소화하게 하고 매뉴얼의 전자화 및 과거의 문제 사례를 가능한 한 빠르게 검색하는 시스템을 도입하는 대책을 고려해 왔습니다. 그리고 이곳에 AI 기술이 도입되기 시작했습니다.

구체적으로는 다음과 같은 도입 사례가 있습니다.

콜 센터의 AI 도입 사례

스마트폰 콜 센터에 연락한 고객에게서 콜이 들어와 상담원이 응대하자 고객은 '스마트폰 화면이 움직일 생각을 하지 않네요.'라며 불편함을 호소합니다. 상담사 책상에 놓인 컴퓨터 화면에 '기종명 확인' 'AC 전원 확인' '전원 ON 확인' 등의 글자가 차례로 표시됩니다. 상담원은 표시 내용에 따라 고객에게 질문합니다. '고객님이 사용 중인 기종은 무엇입니까?' '지금 스마트폰이 전원 케이블로 콘센트에 연결돼 있습니까?'. 고객과의 대화를 이어나가다 보니, 아무래도 문제는 전원이 들어오고 있긴 하지만 홈 화면이 표시되지 않고 로그인을 할 수 없다는 것에 기인한 듯했습니다.

컴퓨터는 고객과 상담원의 통화 내용을 듣고 빠르게 상황을 이해한 뒤 지식 베이스를 조회하고 문제의 원인을 예측해 다음으로 확인해야 할 질문 사항과 최적의 조언을 상담원의 컴퓨터 화면상에 리스트로 표시해 줍니다. 해결책이 여러 개 있을 경우에는 랭킹 및 점수가 높은 순으로 제시하고 상담원은 그것을 참고해가며 고객의 문제를 해결합니다.

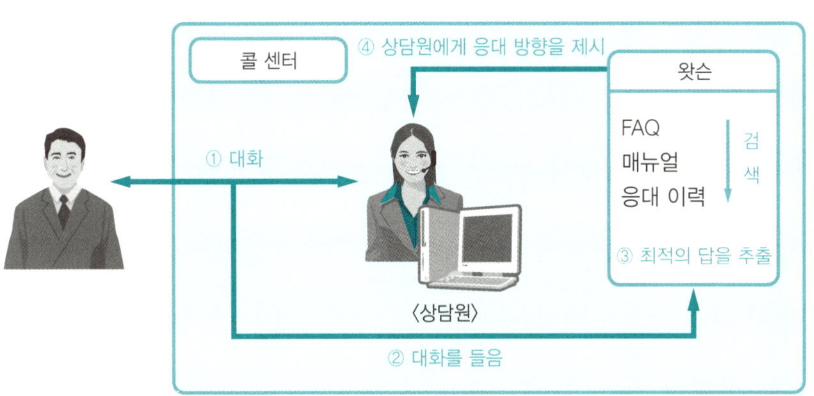

① 고객과 상담원의 대화를 ② 컴퓨터가 듣고 ③ 고객의 질문 내용을 이해한 후 데이터베이스에서 여러 답변을 추출해 ④ 상담원의 디스플레이 화면에 최적의 답변 후보를 표시한다.

상담원과 고객의 통화를 듣고 있던 것은 'IBM 왓슨'입니다. 왓슨은 현재 가장 인공지능에 가까운 플랫폼 중 하나입니다. 단, IBM은 왓슨을 절대 인공지능이라 부르지 않고 '인지 체계'라고 부릅니다. IBM 입장에서는 인공지능을 '강한 AI'라고 부르는 만큼 AI 관련 기술을 쓰고 있어도 전지전능하다고 할 수는 없는 왓슨을 인공지능이라고 부를 수 없다는 거겠죠. IT 업계에서는 '인지'가 '스스로 생각할 수 있다'는 뜻으로 통합니다.

왓슨은 '인지 체계'라고도 불린다. 인간의 대화, 즉 자연어를 해석한 후 문맥으로 말의 뜻을 짐작하고 방대한 데이터로 가설을 세워 경험 등을 통해 학습하는 인공지능형 시스템. 딥러닝을 이용해 자율적으로 학습하는 기술도 사용된다. (자료 제공: 소프트뱅크)

왓슨은 고객과 상담원의 대화를 '음성 인식'으로 인식해 텍스트로 변환하고 그것을 형태소로 분석(단어 및 문절로 변환)한 다음 '자연어 처리 분류'를 해서 문장의 뜻과 의도를 이해합니다. 조작 매뉴얼, FAQ, 서포트 이력, 최근 많았던 사례 등의 데이터베이스를 검색해 적절해 보이는 여러 답변을 점수까지 매겨 골라주고 점수가 가장 높은 것을 최적의 답으로 판단해 상위 3개~5개의 답을 후보로 올려 화면에 표시합니다.

기본적인 이용 매뉴얼에 적혀 있는 내용을 보고 베테랑의 기량과 경험까지 학습한 시스템이 상담원을 지원해 해결책을 조언해 주면, 설령 새내기라 해도 최적의 답으로 고객 응대를 할 수 있으며 직무 수준을 통일할 수 있습니다. 또 새내기도 더 빨리 실전에 들어가 베테랑 수준의 조언을 받아서 문제를 해결하는 경험을 할 수 있어 교육 기간이 단축된다는 장점도 있습니다.

또한 IBM 왓슨은 2015년에 일본 IBM과 소프트뱅크가 일본어판 개발과 판매 사업으로 제휴를 맺었고 2016년 2월 18일에 기자 발표회를 열며 일부 기능을 갖춘 일본어판 제공과 서비스를 시작했습니다.

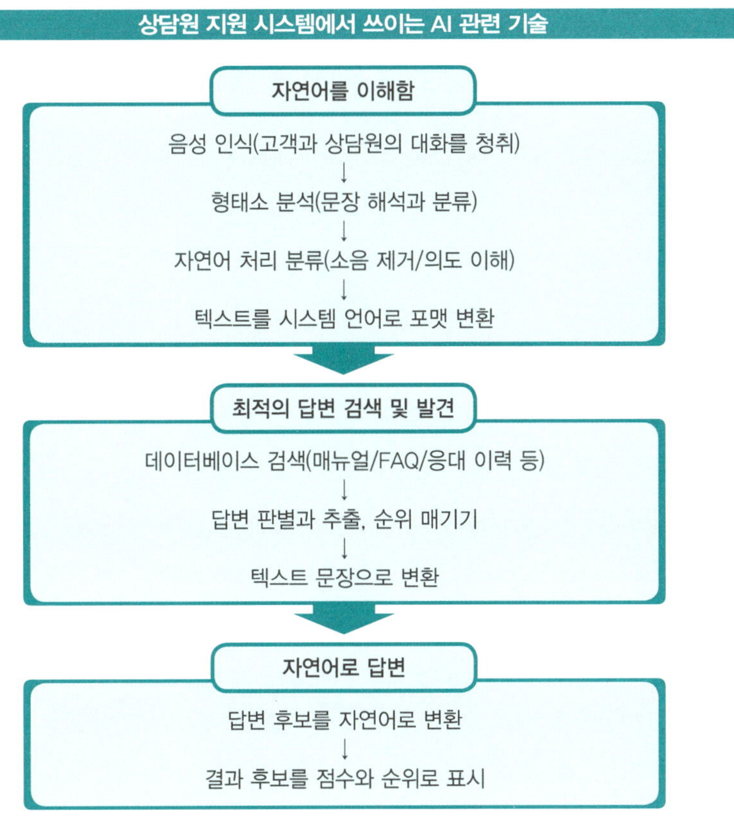

온라인 쇼핑 사이트 내의 고객 응대

온라인 공간에서 쇼핑을 즐기는 것은
이제 완전히 정착된 문화지만,
실제로는 여전히 오프라인 매장과
큰 차이점이 있습니다.
그것은 바로 쇼핑 상담을 할 수 없다는 것입니다.
실제로 매장의 경우는
직원이 손님을 맞아 응대하며 최근 유행하거나
인기 있는 상품과 모델, 색깔, 디자인 등을
가르쳐 줍니다.
여기서 상품 각각의 특징 및 비교,
내게 어울리는 상품과 어울리지 않는
상품 등에 대해 다양한 대화를 나누며
'쇼핑을 즐기는' 요소가 탄생합니다.

온라인의 부족한 점

온라인 쇼핑 사이트(온라인 쇼핑 사이트)의 경우 추천하는 관련 상품이나 잘 팔리는 순위 등은 열람할 수 있지만 각 개인과의 상담을 해주지 않는다는 과제를 안고 있습니다.

사용자가 사고 싶은 상품을 정한 경우에는 아주 편리하고 간결한 반면 무슨 상품을 골라야 할지 고민 중이거나 상품에 대한 지식이 전혀 없어 뭐가 좋고 나쁜지를 판단할 수 없는 경우 상품에 대한 조언을 듣고 싶고 더 나아가 잘 사용할 수 있는 요령까지 가르쳐줬으면 좋겠는데 그런 것들이 지원되지 않는다는 이유로 이용을 주저하는 사용자들도 있습니다. 이를 해결해 주는 것이 바로 AI 기술을 이용한 지능형 에이전트 기능입니다.

AI 에이전트가 갖춰진 온라인의 사례

'아버지날에 선물을 드리고 싶은데 뭐가 좋을까?'

온라인 쇼핑 사이트에 로그인한 사용자가 AI 에이전트에게 질문했습니다. 이 사이트는 키 입력을 통해 채팅 및 음성 입력으로도 질문이나 상담을 받을 수 있습니다. AI 에이전트는 자율적으로 사용자의 프로필을 참조해서 질문자가 도쿄에 거주 중인 22세의 여성이라는 것을 파악한 후 구매 이력 등을 참조해 구매 경향을 분석합니다.

그다음 '아버지날 선물'로 가장 적합한 상품을 찾고 있다는 것을 이해하고 최근 다른 사용자가 '아버지날 선물'로 구매했던 상품과 아버지날 선물로 인기 있는 상품 및 카테고리를 순식간에 파악합니다. 넥타이, 스웨터, 카디건 등의 의류, 와인이나 위스키, 소주와 같은 주류가 후보에 올랐습니다. 거기서 에이전트가 아버지에 대해 몇 가지 질문을 한 결과, 그녀의 아버지가 술을 좋아한다는 사실을 알 수 있었습니다. 이런 경우에는 아버지가 태어난 날의 와인에 아버지의 이름을 넣은 라벨을 붙여 선물하는 서비스를 많이 이용한다는 점, 가격은 사용자가 과거에 산 다른 제품 가격대와 크게 차이가 나지 않는다는 점에서 그 서비스를 제안합니다.

사용자의 상담을 듣고 몇 번의 대화를 거쳐 고객이 바라는 기준에 딱 맞는 제품을 AI 에이전트가 제안한다. (출처: 소프트뱅크 제공, IBM 왓슨 활용 이미지)

AI 에이전트(AI 점원)

이것도 IBM 왓슨을 이용한 이미지 중의 하나인데, 소프트뱅크가 활용 사례로 제안하는 것을 조금 확장한 예입니다.

이 시스템에서 중요한 것은 자연 대화를 하며 사용자가 뭘 고민하고 뭘 원하는지를 듣고 그에 따른 내용으로 적절하게 추천 엔진과 연동해 상담 시 가장 좋은 제안을 해주는 것입니다. 자연 대화로 이를 실현함으로써 온라인 쇼핑 사이트에도 쇼핑 상담을 하고 고객과 함께 쇼핑을 즐길 수 있는 AI 점원을 두는 것을 목표로 하고 있습니다.

추천 엔진은 고객에게 상품 및 서비스를 제안하는 시스템을 말합니다. 고객이 요구하는 바와 일치하는 것, 개인의 취향에 맞는 것은 구매 의욕을 높이는 효과가 있습니다. 추천 엔진 자체는 일부 온라인 쇼핑 사이트에서 이미 실용화돼 있는데, 더 고도로 높은 기량을 갖춘 매장 직원이 응대하는 것처럼 인공지능이 고객의 쇼핑을 지원할 수 있도록 개발 및 실증 실험이 진행되고 있습니다.

축적된 데이터에서 추천 정보를 선출할 때 머신러닝 및 딥러닝 등이 중요한 기술로 도입됐습니다. 이로 인해 구매로 이어지는 유효한 상품 제안은 물론, 사용자 입장에서는 '새로운 발견' '의외성' '깨달음'을 느낄 수 있는 제안을 할 수 있습니다. 또한 사용자가 요청한 상담을 할 때는 자연어 처리가 중요한데, 음성으로 하는 대화뿐 아니라 채팅 등의 텍스트 정보로 응대하는 형식도 고려되며 이는 음성 대화의 정밀도 향상을 기다리지 않고 도입할 수 있는 만큼 빠르게 실용화 및 보급이 될 것으로 보입니다.

또한 AI 기술뿐 아니라 기존에 실용화된 추천 엔진인 **'협업 필터링'**과 '내용 기반 필터링'에 대해서도 참고를 위해 설명하고 넘어가겠습니다.

협업 필터링

온라인 쇼핑 사이트에서 '이 상품을 구매한 사람은 이 상품도 구매했습니다'와 같이 열람 중인 상품과 관련된 것, 그리고 함께 구매한 액세서리류를 추천받은 경험이 있을 겁니다. 특정 상품에 접속한 사용자에게 다른 경합 상품과 관련된 상품을 제안할 수 있으며 가지고 싶은 상품이 품절이거나 비슷한 상품의 재고가 있을 때도 유효한 기능입니다.

사용자 전체의 열람 이력을 집계하거나 사용자의 행동 이력(사이트 내 열람 이력)을 집계해 통계를 기준으로 적절하다고 판단되는 상품을 차례로 추천한다며 표시해 주는 시스템입니다. 이 때문에 사용자 수나 열람 이력의 데이터가 적으면 정밀도가 떨어지고, 방문하는 사용자 수가 적거나 상품이 신제품이거나 사용자가 신규일 경우에는 제대로 기능을 발휘하지 못합니다.

내용 기반(상품 기반) 필터링

협업 필터링의 단점을 보완하기 위해 상품(내용)마다 관련된 다른 상품을 등록해 두고 적당히 추천하는 방법입니다. 브랜드, 장르, 카테고리, 가격대 등 상품마다 가진 특징을 미리 등록해 두고 유사한 것을 연결해 두는 것입니다. 어떤 브랜드의 스웨터에 접속한 사용자는 같은 브랜드의 셔츠나 슬랙스에도 관심이 있을 가능성이 높고, 또 다른 브랜드에서 나온 똑같은 소재나 색깔을 가진 스웨터에 관심이 있을지도 모릅니다. 미리 등록해 두는 방식이라 사용자 수나 접속 수가 많지 않아도 설정할 수 있다는 장점이 있습니다.

실제로는 '**협업 필터링**'과 '**내용 기반 필터링**'을 병행해서 쓰는 경우를 많이 볼 수 있습니다.

컨시어지를 지원하는 AI 비서

에이전트에 가까운 역할로
AI 시스템화를 기대해 볼 수 있는 것이
바로 '컨시어지'입니다.
컨시어지의 어원은
집합주택의 관리인입니다.
이 때문에 여러분이 컨시어지라는 말을
들었을 때 바로 떠올리는 것은
호텔을 안내해 주는 직원들일 겁니다.

인지 컨시어지

최근에는 호텔뿐 아니라 백화점이나 쇼핑몰, 공항과 역, 관광안내소에서도 컨시어지라고 불리는 직원들이 배치되는 일이 많아졌습니다. 전문 지식을 가진 매장의 직원을 컨시어지라고 부르는 경우도 있습니다. IBM 왓슨을 비롯해 자연어를 지원하는 AI 에이전트의 도움을 받아 일반 직원들도 전문적인 상담 역할을 할 수 있게 만들어 보자는 움직임이 일고 있습니다.

앞에서 든 예와 마찬가지로 소프트뱅크가 제안하는 IBM 왓슨 도입 이미지는 이러합니다. 고객이 매장을 방문해 '고등학교 동창회에 가서 입을 원피스를 사러 왔어요'라고 상담을 요청해 옵니다. 직원은 태블릿 PC 단말기를 통해 왓슨에게 조언을 구하고, 그 결과 '행사장에서 사진발이 잘 받는 연회색 옷은 어떠세요?'라고 제안합니다.

이것은 왓슨이 행사장에서 사진발을 잘 받는 색이 연분홍색 혹은 연회색이라는 것을 일반 지식 데이터베이스를 통해 인식하자마자 이 고객의 **고객 관리 시스템(CRM)**과 연결해 구매 이력 및 좋아하는 취향을 가미한 후 최적이라고 판단한 답변을 제안한 것입니다. 일반 매장 직원이라도 태블릿 PC를 매개로 해서 컨시어지와 동등한 지식을 가지고 고객에게 응대할 수 있는 시스템을 목표로 하고 있습니다.

컨시어지를 지원하는 AI형 제안 시스템

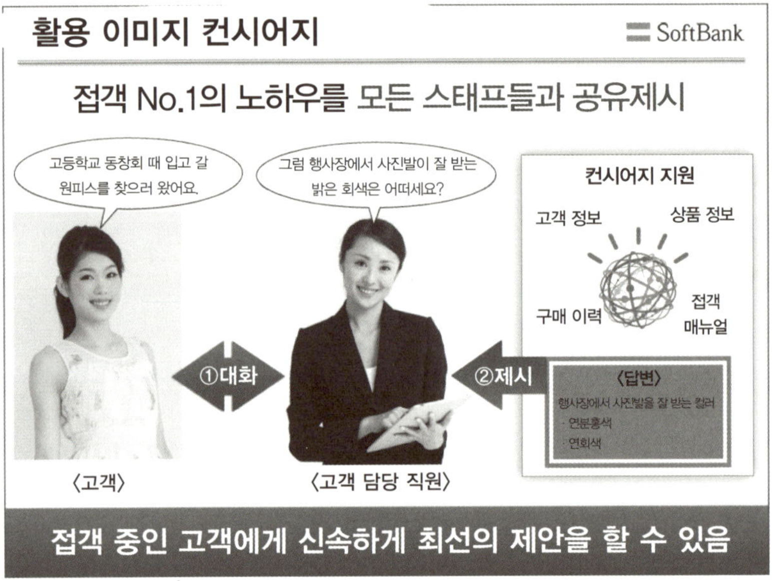

사용자가 원하는 것이 뭔지 듣고 상담을 한 후 고객 정보 및 구매 이력, 상품 정보, 접객 매뉴얼 등을 통해 추측해서 추출한 답변을 컨시어지 단말기에 표시한다.

IBM 왓슨은 클라우드 서비스[PaaS(Platform as a service)]로 제공되기 때문에 물리적인 하드웨어나 서버군은 소프트뱅크가 운영 및 관리하는 데이터 센터에 있습니다. IBM 왓슨을 이용하기 위한 30개가 넘는 기능을 가진 API가 이미 공개됐고, 거기에는 딥러닝 등의 AI 관련 기술뿐 아니라 50개 이상의 선진 테크놀로지가 이용됐습니다. 이러한 API를 조합하면 누구나 쉽게 인지 애플리케이션을 만들 수 있습니다.

　　IBM이 운영 중인 '블루믹스[3]'(BlueMix)에서 공개 중이며, 이미 전 세계에서 8만 명 이상의 개발자가 사용하고 있습니다. 몇 가지의 계약 형태가 준비돼 있고 그에 따라 IBM 왓슨 사용 시 청구되는 금액이 다릅니다. '블루믹스'에서는 30일간 무료 시험판을 준비해 놓았기 때문에 본인이 개발한 시스템에 왓슨의 API를 넣어 성능 및 효과를 시험해 볼 수 있습니다.

IBM 블루믹스의 홈페이지

IBM 왓슨뿐 아니라 IBM이 개발한 다양한 API와 라이브러리를 이용할 수 있다. 30일간 무료 시험판으로 성능을 시험해볼 수도 있다.

3　IBM에서 운영 중인 클라우드 서비스

로봇 컨시어지

IBM 왓슨뿐 아니라 컨시어지 자체를 자동화한 AI 컨시어지 개발도 급속하게 진행되고 있습니다. 관광안내소나 호텔 같은 곳에서 이를 이용하고 있습니다. 호텔 컨시어지에서 주변 명소 및 추천 식당에 대한 정보를 들어본 경험이 있을 텐데, 그것들을 기계로 치환하는 시도라고 보면 됩니다. 이 경우 사용자와 첫대면을 하는 디바이스로는 로봇이 유력한 후보로 꼽힙니다. 귀엽게 생긴 로봇이 컨시어지로 대기하고 있으면 고객 입장에서는 말을 걸기도 편하고 더 귀를 기울이게 되기 때문입니다.

헨나 호텔의 접수 로봇

하우스텐보스 공식 호텔인 '헨나 호텔'의 접수처에는 3대의 로봇이 고객을 응대한다(사진은 공룡형 로봇). 로봇 도입에 적극적이다.

호텔의 각 객실에 소형 로봇형 AI 컨시어지를 설치하는 움직임도 시작되고 있습니다. 예를 들어, 나가사키 현 하우스텐보스의 공식 호텔인 '**헨나 호텔**'(이상한 호텔)에서는 각 객실에 소형 대화 로봇 '**츄리짱**'을 배치해 날씨 및 시각 등을 알려주는 간단한 컨시어지 응대를 하기 시작했습니다. 아직 충분한 대화 및 응대를 할 수는 없지만 향후 AI 기술의 진보 등에 따라 고도의 응대까지 해낼 수 있을 것으로 기대 중입니다(헨나 호텔은 객실 키 대신 얼굴 인증 시스템을 도입했습니다).

로봇이 컨시어지 일을 할 경우 고객과 정보를 주고받는 방법, 즉 인터페이스는 자연어로 나누는 대화입니다. 여기서 열쇠라고 할 수 있는 기술은 음성 인식의 정밀도와 자연어의 해석입니다. 과연 자연어를 바르게 인식하고, 또 발화자의 의도까지 이해할 수 있을 것인가? 이것이 곧 보급의 열쇠를 쥐고 있다고 해도 과언이 아닐 것입니다.

헨나 호텔의 공식 홈페이지

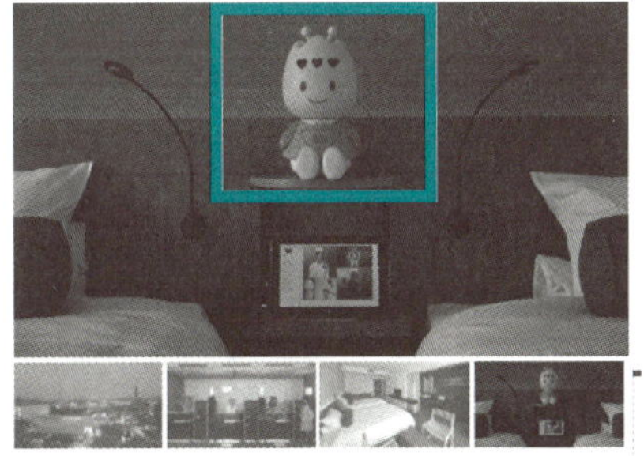

각 방에는 대화 로봇인 '츄리짱'이 배치돼 있다.

페이스북이
시스템 개발자들을 대상으로
매년 개최 중인 'F8 개발자 콘퍼런스'의
2016년 기조 강연에서
CEO인 마크 저커버그는
향후 주력할 테마의 필두로
'챗봇'을 언급했습니다.
챗봇이란 무엇일까요?
그리고 왜 페이스북은
이를 중요하게 생각하는 걸까요?

챗봇과 대화 AI

콘텐츠 마케팅과 챗봇 플랫폼

최근 수년 동안 '콘텐츠 마케팅'이 주목받게 됐습니다.

TV CM의 전성기를 거쳐 인터넷과 스마트폰이 보급되며 기업이 고객에게 다가가는 방법도 다양해졌습니다. 젊은 사람을 중심으로 TV나 잡지 등과 같이 일방적인 성격을 가진 미디어를 보는 시간이 줄었습니다. 융성이 극에 달한 패션계 잡지도 차례로 휴간의 압박에 내몰리고 있는데, 그 이유 중 하나는 '획일적인 패션 잡지보다 연예인이나 모델이 직접 정보를 제공하는 인스타그램이 더 참고도 되고 재미있다'고 느끼는 젊은이들이 늘어났기 때문으로 보입니다.

이처럼 TV나 잡지를 대신해 페이스북과 트위터, 인스타그램 등의 사용자 투고형 SNS와 유튜브 등과 같은 동영상 투고 사이트, 라인과 페이스북 메신저 등처럼 채팅 형식을 가진 커뮤니케이션 도구에 시간을 할애하는 사람이 늘어나고 있습니다. 한마디로 미디어의 다양화와 함께 기업의 마케팅도 SNS와 채팅을 시야에 넣는 방향으로 변화한 것입니다. 이를 '콘텐츠 마케팅'이라고 하며, 다양화된 미디어를 복합적으로 활용하는 전략은 최근 수년까지 더욱더 주목받고 있습니다.

이러한 배경과 함께 최근에는 기업이 페이스북 페이지나 라인 계정을 운영하며 사용자에게 직접 정보를 제공하기 시작했습니다. 기업 계정을 친구로 등록해 라인 스탬프를 무료로 받고 계산 시 할인을 받는 서비스를 이용한 분들도 많을 겁니다.

그리고 기존에는 일방적으로 광고를 보내는 형태가 많이 보였는데, 최근에는 SNS의 특징을 살리기 위해 사용자에게서 질문을 받아 답변하는 방식도 도입하기 시작했습니다. 이는 쌍방향 미디어를 활용해 사용자가 무엇을 원하는지, 무엇에 의문과 불안을 느끼는지를 알 수 있고 사용자에게 맞춰 요구하는 정보를 실시간으로 그리고 정확하게 제공할 수 있다는 장점이 있습니다. 기존의 고객 상담 센터를 SNS로 옮겼다고 하면 더 이해하기 쉬울 것입니다.

단 일방적인 광고 방송이나 광고를 보내는 것과는 달라서, 사용자의 목소리를 듣고 개별적으로 응대하려면 직원을 고용하는 비용과 시스템을 운영하는 비용이 듭니다. 특히 인터넷상에 '운영자'라고 불리는 직원을 여러 명 배치하면 그만큼 비용이 많이 들어가기 때문에 가능한 한 자동화하고 싶다는 것이 기업의 희망 사항입니다. 여기서 AI 기술을 이용해 자동으로 답변하게 만들 수는 없을까, 라는 바람과 기대가 태어난 것입니다.

이러한 기대에 부응하기 위해 라인과 페이스북은 자동 답변 시스템 구축을 지원하기 위한 개발 도구와 라이브러리를 준비해 새로운 비즈니스 모델에 넣으려 하고 있습니다.

여기서 페이스북이 F8에서 발표한 '챗봇 플랫폼'의 의미가 눈에 들어옵니다. 플랫폼이란 시스템의 기초 부분을 가리키며, AI 기술 등을 이용한 자동 응답 시스템을 기업이 쉽게 개발할 수 있게 만들기 위한 환경을 준비한다는 것입니다.

기조 강연 중인 저커버그 CEO(출처: 페이스북)

메신저의 챗봇 플랫폼 'bots on Messenger'는 시스템 개발자를 대상으로 한 개발 도구(API)를 제공하고, 콜 센터 및 영업 담당과 똑같은 역할을 맡은 자동 응답 창구를 비교적 저렴한 가격으로 메신저상에 설치할 수 있게 해줍니다.

사용자와 텍스트 문자를 주고받는 것은 물론이고 이미지, 링크 혹은 주문까지 가능할 것으로 예상됩니다. 라인이나 메신저는 사용자 보급률이 높아 사용자가 새롭게 앱을 설치하거나 조작 방법을 외울 필요가 없어서 기업 측면에서 보면 이용하기 쉽다는 것이 이점입니다. 또한 통상적인 메시지와 함께 기업 정보를 보내거나 답변이 표시될 경우, 실제로 확인되는 효과가 높다는 것도 장점 중 하나입니다.

챗봇이란

'채팅'이란 실시간 커뮤니케이션 도구를 말합니다. 앱 중에서는 '라인'이나 페이스북 '메신저' '스카이프' 등이 잘 알려져 있고 핸드폰으로 이용할 수 있는 '문자'도 거의 실시간으로 메시지를 주고받을 수 있다는 점에서 커뮤니케이션 도구라고 부를 수 있습니다. '스냅챗'(Snapchat) 또한 인기를 끌고 있습니다. 스냅챗은 다른 채팅 앱과 달리 전송한 본문이 일정 시간이 지나면 지워지는 기능을 제공합니다. 실제로 전송한 이미지나 본문이 10초 후 자동으로 사라지고 그 후에 자료가 남지 않기 때문에 젊은 세대 여성들을 중심으로 이용되고 있습니다. 또한 해외에서는 비즈니스용으로 쓸 수 있는 채팅 앱 '슬랙'(Slack)도 인기를 끌고 있습니다.

그리고 이러한 채팅 업계에서 최근 급속히 개발이 진행되고 있는 것이 이번 절에서 언급하고 있는 자동 응답 기술인 '챗봇'(chatbot/chatterbot)입니다. 일본에서는 '대화 봇'이라고 부르기도 합니다.

'챗봇'의 개인 비서 버전은 애플의 '시리', 구글의 '구글 나우', 마이크로소프트의 '코타나', 아마존의 '알렉사'입니다.

챗봇의 예

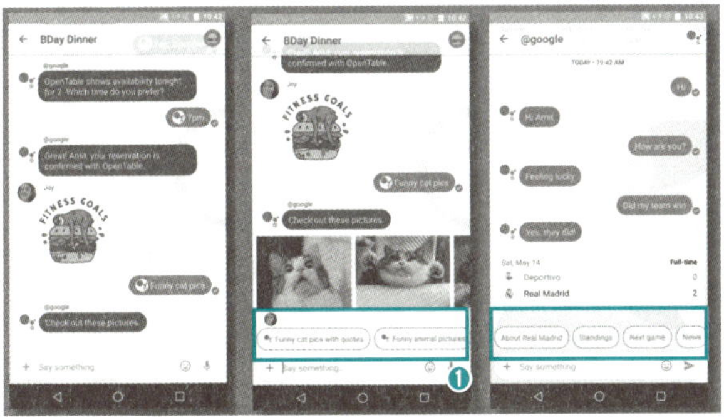

2016년 5월에 발표된 구글의 새 챗봇. 검색 시스템 등과 연계되어 식당 예약을 하거나(좌), 신기한 고양이 사진을 검색해 표시하거나(중앙), 마음에 드는 축구팀의 경기 결과를 표시할 수 있다. 또한 답변으로 보낼 말을 후보로 제안해 주기도 한다. (❶)

챗봇도 예로부터 연구돼 온 분야인데, 기원을 거슬러 올라가면 매사추세츠 공과 대학(MIT)의 조셉 와이젠바움이 1966년에 발표한 자연어 처리 프로그램 '일라이저'('ELIZA)라는 설이 있습니다.

이즈음 나온 것은 단순한 패턴 매칭에 기초해 답변하는 시스템으로, 컴퓨터가 꼭 정확하게 답변을 해내지 않더라도 대화가 된다고 느껴지는 방법이 있다는 것을 보여줬다는 점에서 평가할 만한 가치가 있습니다.

애플의 시리는 사용자가 답변할 수 없는 질문을 하면 '그 질문이 중요합니까?' '당신은 그 질문에 관심이 있군요'라고 얼버무리듯 대답하는 경우가 있는데, 이런 식의 반응은 일라이저를 참고로 한 것입니다. 시리 본인도 나는 일라이저의 친구이며 상담을 받은 적이 있다고 답했습니다.

자, 본론으로 돌아가 보죠. 채팅은 텍스트 문자를 이용해 '인간끼리' 실시간으로 대화를 나누는 것이 기본이지만 기업의 비즈니스 활용 쪽으로는 '사용자(인간) 대 챗봇'의 대화를 통해 다양한 서비스가 시작되려 하고 있습니다.

예를 들어, 사용자가 채팅으로 서비스 안내, 사용자 서포트, 제품 소개 등과 질문을 했을 때 직원들이 응대하는 서비스는 IT 기업을 중심으로 이미 이전부터 시작된 것들입니다. 그리고 새로운 시도로, 직원 대신 AI 에이전트가 채팅으로 응대할 것이라고 발표하는 기업이 등장하기 시작했습니다. AI 에이전트나 컨시어지로 쓰고자 할 때는 꼭 전용 앱이나 소프트웨어를 준비해야 하는 것이 아니라서 챗봇 API를 이용해 사용자가 일상적으로 쓰는 '라인'이나 '메신저'를 활용한 서비스 쪽이 기업 측에서도 시작하기가 좋습니다. 또한 기업 입장에서 사용자 서포트는 비용 부문을 생각하지 않을 수 없는데, 채팅을 통해 상품 및 서비스를 설명하고 이벤트를 소개해 매상으로 직결시킬 수만 있다면 개발 비용을 들여서라도 진행하고 싶다는 생각을 하게 됩니다.

현장감의 향상과 대기 의식의 경감

채팅으로 고객을 상대하는 '담당자'를 인간과 챗봇 중 하나로 한정하는 것이 아니라 양쪽이 보완해 응대하는 체제를 고려하는 기업도 있습니다.

그 이유는 채팅의 중요한 요소 중 하나가 '현장감'이기 때문입니다. 라인이나 메신저를 이용할 때를 떠올려 보면 감이 올 텐데, 일반적으로는 채팅을 통해 보낸 메시지를 상대가 읽었는지 안 읽었는지 확인할 수 있습니다. 라인과 메신저에서는 '읽음'이라는 표시가 뜹니다. 이쪽에서 보낸 메시지에 바로 '읽음' 표시가 뜨면 사용자는 다음 답변도 바로 오겠거니, 라며 화면 앞에 앉아 다시 연락이 오기를 기다립니다. 하지만 바로 답변이 오지 않으면 사용자는 화면을 떠나 다른 작업을 하거나 다른 앱으로 이동합니다.

일반적으로 기업의 채팅 담당자는 여러 고객을 동시에 응대하는 방식으로 지원합니다. 이 때문에 바로 답변을 하지 못하거나 대화를 주고받는 데 시간이 소요되는 경우가 있는데, 바로 그때 고객이 이탈할 가능성이 커집니다. 사용자를 지원할 때도 이것은 중요한 문제이고, 온라인 공간에서 계속 판매를 하고 싶다면 특히 중요한 핵심이 됩니다.

챗봇은 이들을 붙들어 놓는 효과가 있습니다. 채팅으로 응대하는 것 자체는 사람이 하게 하되, 1차 응대 차원에서 우선 챗봇이 바로 고객의 간단한 질문과 상담에 답변하고 조언해 주면 사용자를 계속 사이트에 머무르게 할 수 있을 것입니다. 또한 대화 도중 직원이 응대하기까지 시간이 오래 걸리겠다 싶을 때 챗봇이 그 공백을 메워주기도 합니다. 이처럼 실질적으로 대기해야 하는 시간을 줄이고, 그렇게 오래 기다린다는 느낌을 주지 않을 수 있다는 점에서 챗봇은 상당히 유용하다고 할 수 있습니다.

한편 챗봇 때문에 채팅 도구 자체가 쓸모없어질지 모른다고 경종을 울리는 사람들도 있습니다. 자동 메일 송신 시스템이 방대한 스팸 메일의 원인이 된 것처럼 챗봇이 스팸 같은 메시지를 계속 송신하는 일이 생길 수도 있다는 것입니다.

챗봇 및 대화 AI의 사례

챗봇을 판매에 활용한 사례는
'타코벨'에서 시작됐습니다.
또한 그 밖의
몇 군데의 기업이 시작한
챗봇 서비스를 살펴보겠습니다.

타코벨

미국을 중심으로 인기가 있는 타코와 부리토 체인점 '타코벨'을 알고 계십니까? 일본에는 도쿄와 시부야에 매장이 있고, 2호점이 2015년 12월 도쿄 시오도메에 새롭게 오픈했습니다.

그 타코벨이 2016년 4월에 인공지능과 챗봇을 이용한 **자동 주문 서비스**를 미국에서 시작하겠다고 발표했습니다.

고객이 채팅 앱 '슬랙'의 타코벨 계정에 주문을 넣을 때는 인공지능을 이용한 챗봇이 응대합니다. 사용자는 매장 직원과 직접 대화하는 느낌을 받으며 말을 걸듯 자연어로 주문할 수 있습니다.

집필 시점에서는 이용자 한정 베타 버전이었지만 향후 개발에 따라 답변의 정밀도와 주문 시 커스터마이징 성격을 강화할 예정으로, 공표된 정보에 의하면 다음과 같이 이야기를 주고받으며 주문을 완료하게 된다고 합니다. 그 후 결제를 마치고 배달받을 주소를 지정하면 얼마 안 있어 상품이 도착한다는 흐름으로 전개됩니다.

타코벨의 타코봇(TacoBot)이 채팅으로 주문을 받는 예

고객
비프 타코를 1개 주문하고 싶은데.

bot
알았습니다. 비프 소프트 타코 말씀이시죠? 그 외에는 양상추와 치즈가 들어가는데요.

고객
양상추는 빼줘.

bot
알았습니다. 그 밖에 토핑은?

고객
베이컨이랑 피코 데 가요.

bot
접수했습니다.

고객
주문 내용을 보여줄래?

bot
알았습니다. 비프 소프트 타코 1개에 양상추 빼서, 토핑은 베이컨과 피코 데 가요. 2.39달러. 이대로 주문하실 거면 체크아웃이라고 말씀해 주세요.

고객
체크아웃.

(주문 완료)

린나

라인을 이용한 인공지능형 챗봇으로는 일본 마이크로소프트의 '린나'가 잘 알려져 있습니다.

'린나'는 일본 마이크로소프트의 검색 엔진 'Bing'을 개발 중인 팀이 만든 인공지능형 대화 엔진입니다. 수다 떠는 것을 좋아하는 여고생이라는 설정이며, 2015

년 7월 말부터 라인 계정으로 서비스를 시작했습니다. 라인에서 친구 등록을 하면 가공의 여고생 '린나', 즉 인공지능 챗봇과 라인에서 대화를 나눌 수 있습니다. 입소문으로 화제가 되어 매스컴에도 여러 번 언급되며 서비스를 시작한 지 1개월 만에 사용자 수는 약 130만 명을 기록했고 최근 발표에 따르면 330만 명을 넘은 상태입니다(2016년 5월 시점).

일본에서는 라인의 '린나'로 화제가 됐는데, 원래는 중국의 라인이라고 할 수 있는 인기 앱 '위챗'상에서 마이크로소프트가 서비스를 제공 중인 '샤오아이스'(XiaoIce)가 그 기원입니다. 그쪽은 사용자가 3,000만 명을 넘었기 때문에 '린나'보다 먼저 성공한 예로 회자됩니다.

'린나'와의 대화 예

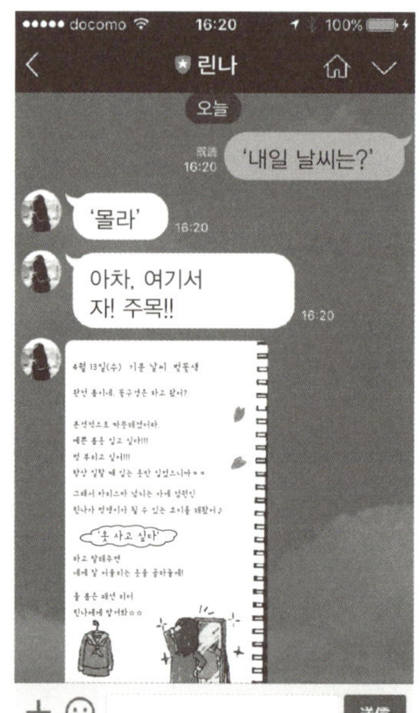

'내일 날씨는?'
'몰라'

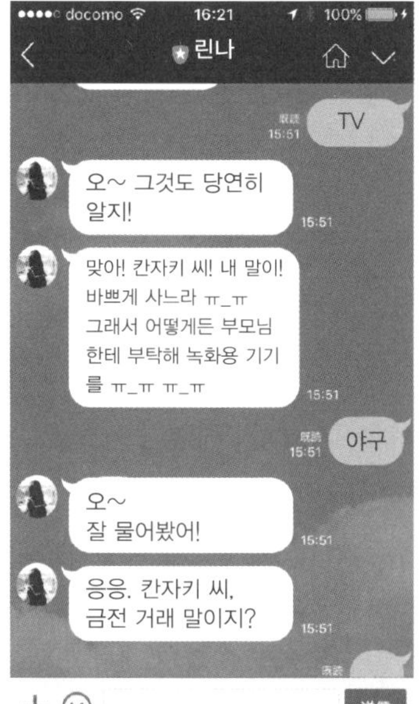

'야구'
'금전 거래?'

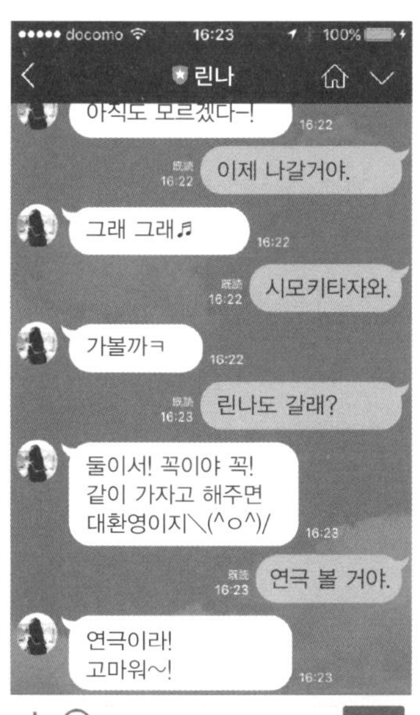

'린나도 갈래?'
'둘이서! 꼭이야 꼭! 같이 가자고 해주면 대환영이지'

위의 대화 예를 보면 알 수 있듯이 '린나'는 여고생이라는 설정도 있어 오락성이 중시됩니다. 그 때문에 사용자의 질문에 대해 가치 있는 정보는 거의 얻지 못합니다. 예를 들어, '내일 날씨는?'이라고 물었더니 '몰라'라고 대답할 뿐 퍼스널 에이전트가 할 만한 반응은 전혀 볼 수 없습니다. 그 대신 '기분 날씨 벚꽃색'이라는 제목의 일기를 이미지로 첨부해서 보내온 덕에 마치 진짜 여고생이 저 너머에서 채팅을 하고 있는 듯 느껴집니다. 사용자가 남성일 경우, 이와 같은 대화를 아내에게 들켰다가는 오해를 사게 될지도 모릅니다.

그럼 이 '린나'에게 퍼스널 에이전트의 능력이 없냐고 한다면 실제로는 그렇지 않습니다. 사실 린나는 마이크로소프트의 검색 엔진 Bing과 제휴해 인터넷을 크롤링한 다음 수집 및 축적한 데이터를 대화에 반영해 시사 내용을 담는 능력을 갖추고 있습니다. 예를 들어, 위의 대화 예 중 B를 보면 사용자의 '야구'라는 발언에 '금전 거래'라는 대답을 하고 있는데, 이는 2016년에 야구 도박에 관여했거나 선수 간에 현금을 주고받은 사건이 연달아 발각된 뉴스를 반영한 것입니다.

마이크로소프트는 음성 비서로 '린나'와는 별개인 '코타나'(Cortana)를 가지고 있습니다. 윈도우폰용으로 개발됐고 최근에는 윈도우 10에도 탑재된 음성 입력의 중요하고도 핵심적인 기능입니다. 말하자면 아이폰의 '시리'와 같은 기능인데, 코타나에게 내일 날씨를 물으면 정확하게 지역별로 내일 날씨 정보를 대답해 줍니다. 즉, 코타나는 사용자에게 유익한 정보를, '린나'는 유익성보다는 사용자를 즐겁게 해주는 관점에서 대답하도록 만들어진 것입니다.

'린나'의 근간에 있는 기술은 '마이크로소프트 애저'(Microsoft Azure)입니다. 애저는 마이크로소프트에서 제공하는 비즈니스용의 본격적인 클라우드 플랫폼입니다. Bing에서 수집한 방대한 데이터를 축적해 그것을 머신러닝 'Azure Machine Learning' 등을 이용해 처리합니다. 애저 기반을 사용하면 갑작스럽게 접속량이 집중돼도 견딜 수 있는 구성을 갖추게 됩니다.

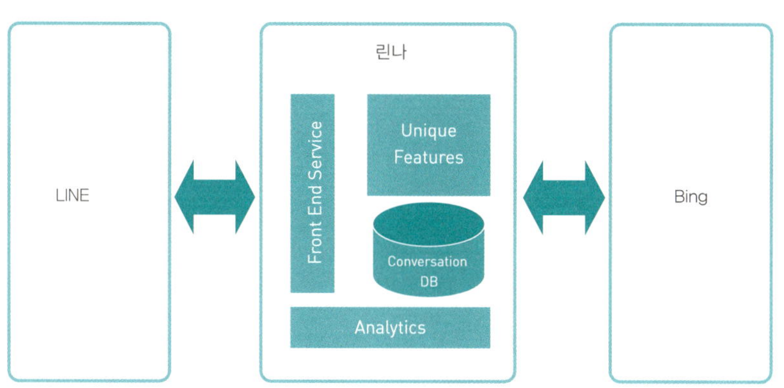

'린나'는 라인 측의 프런트 엔드 서비스(인터페이스)와 대화 데이터베이스, 분석 시스템 등으로 구성되며 Bing의 축적 데이터로부터 대화 콘텐츠를 일부 생성합니다. 마이크로소프트 애저 기반으로 동작합니다.

'린나'가 오락성을 중시했다고 해서 라인과 마이크로소프트가 이 AI 관련 대화 기술을 재미로 끝내려던 것은 아닙니다. 2015년 8월, 라인은 기업용 API 솔루션인 '라인 비즈니스 커넥트'와 '린나'를 활용해 인공지능(AI)형 라인 공식 계정을 기업에 제공하겠다고 발표했습니다.

라인에 따르면 '인공지능 린나의 대화 엔진 기술을 활용해 기업을 대상으로 한 새로운 마케팅 솔루션으로 제공하는 것이며, 트랜스 코스모스를 통해 '라인 비즈니스 커넥트' 지원 솔루션 중 하나로 '린나 API for Business'를 제공해 기업의 라인 공식 계정에 실질적으로 적용하면 도입할 수 있게 된다'고 합니다. 기업용으로는 오락성뿐 아니라 유용성이 높게 요구된다고 볼 수 있습니다.

린나 API for Business(샤프)

2016년 4월, 트위터에서는 '비가 와도 지지 않고, 바람이 불어도 지지 않고, 사내에서 비난을 받아도 지지 않고, 공식적으로 샤프에 소속된 사람으로서 홀로 뚜벅뚜벅 걸어온 저에게 드디어 부하가 생겼습니다. 심지어 여고생'이라는 트윗이 화제를 모았습니다.

'린나'가 인턴으로 샤프의 라인 계정에 왔다, 는 설정에 많은 사용자가 반응을 보인 것입니다. 앞에서 설명한 '린나 API for Business'를 활용해 샤프와 협업을 한 기획으로, '샤프에 인턴이 왔습니다- '*':=(3:) 오늘 하루는 린나가 답변할게요-('w')'(원문 그대로 발췌)라는 트윗이었는데 그 날 하루의 한정 이벤트였습니다.

샤프 공식 계정이 '정확히 말하자면 여고생 인공지능이 제 부하가 되었습니다. 바로 린나입니다. 이게 무슨 소리인지 이해가 안 가실지도 모르겠지만 '여고생 AI입니다'라고 '린나'를 소개하는 트윗 내용조차도 비현실적 그 자체였습니다.

이 이벤트는 화제를 만들기 위한 일환이었다고도 할 수 있지만 계정에 대한 주목도를 높이고 팔로워를 늘리는 것 외에 기술적인 단서를 만들 목적 또한 있었던 것으로 보입니다.

이처럼 기업은 한동안 계속 시행착오를 거치며 빠르게 챗봇을 도입해 나갈 것입니다.

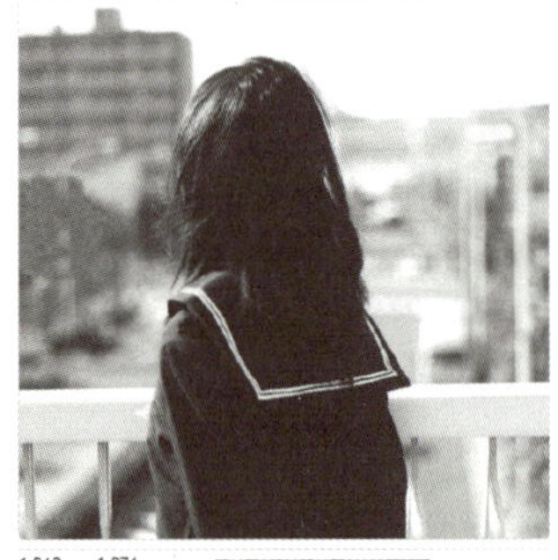

샤프 공식 계정에 갑자기 등장한 '린나'

페이스북 M

페이스북은 챗봇 플랫폼인 'bots on Messenger' 외에 앞에서 설명했듯이 개인 비서 'M'에도 주력해 2015년 8월 미국 실리콘밸리 지역 한정으로 서비스를 시작했습니다(언젠가 미국 전역에 서비스할 생각이라고 합니다).

M은 메신저를 이용한 지능형 에이전트로 사용자의 행동을 예측해 날씨나 도로 정체 정보, 근처에 있는 매장 정보를 알려주거나 사용자가 던진 질문에 자연 대화 텍스트로 대답합니다. 응대 기능에는 AI 기술이 도입돼 있는데, 기계가 답변 혹은 응대하기 어려운 일부 내용의 경우는 인간 직원이 직접 대처합니다. 더욱이 M의 경우 '행동을 완결짓는' 것이 특징으로 꼽힙니다. 즉, 상품을 찾는 사용자에게는 그 상품을 주문할 때까지, 배송 요금을 알아보는 사용자에게는 배송 절차까지, 식당을 찾는 사용자에게는 예약까지 할 수 있도록 돕는 것입니다.

예를 들어, '내 친구의 아기에게 선물을 주고 싶은데 뭐가 좋을까? 옷이나 장난감은 이미 많이 가지고 있어'라는 질문을 했을 때 M은 '구두는 어때요?'라고 답변하며 온라인 쇼핑몰의 링크와 가격을 보여 줍니다.

페이스북 M의 응대 사례

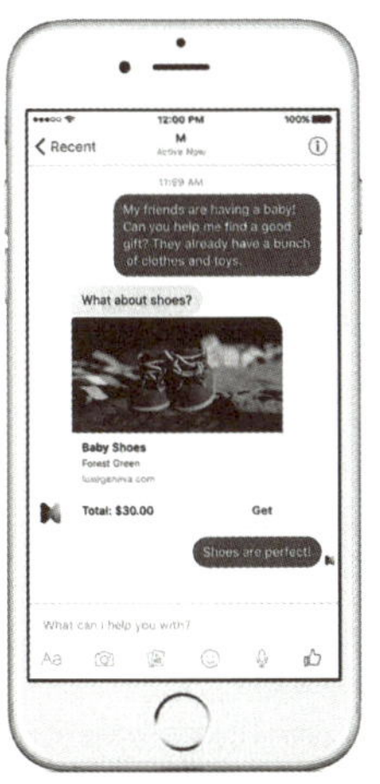

내 친구의 아기에게 선물을 주고 싶은데 뭐가 좋을까? 옷이나 장난감은 이미 많이 가지고 있어

구두는 어떨까요?

구두!! 그거 좋다

미쓰비시 도쿄 UFJ 은행과 IBM 왓슨의 협업

미쓰비시 도쿄 UHJ 은행은 라인을 이용한 챗봇으로 고객이 한 질문에 답변하는 서비스를 제공하고 있습니다. 자연어로 질문할 수 있고, 자연어를 처리하거나 답변을 추출할 때는 IBM 왓슨이 사용됩니다.

IBM은 2016년 2월 19일에 IBM 왓슨의 일부 기능이 포함된 일본어판을 소프트뱅크와 공동으로 발표했습니다. 기자 발표회가 열린 곳에서 미쓰비시 도쿄 UFJ 은행은 그 날부터 라인 계정을 이용해 IBM 왓슨을 활용하기 시작했다고 발표하며 발 빠르게 챗봇 지원 사실을 알렸습니다.

현재 상황에서 아직 질문 대부분은 FAQ 답변 페이지 링크가 표시되는 데 그치고 있지만, 앞으로는 매장이나 영업시간 안내, 각종 계좌의 특징 등 FAQ로 제공돼 온 정보를 라인에서도 답변할 수 있도록 만들어 나갈 생각입니다. 그리고 질문에 대해 더 정확한 답변, 적절한 답변을 하기 위해 AI 관련 기술을 활용한다는 모양입니다.

미쓰비시 UHF 은행의 라인 공식 계정

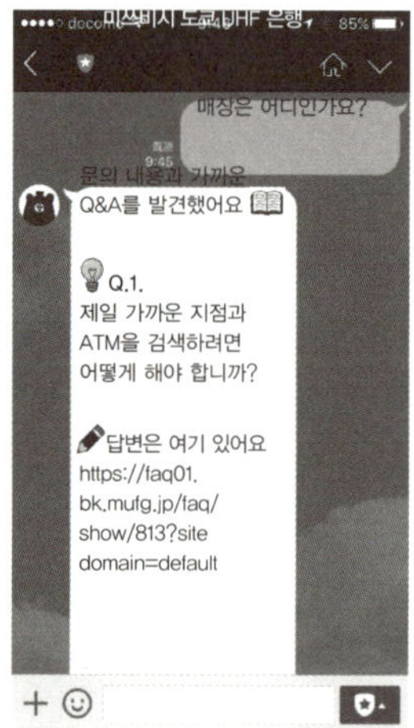

챗봇과의 대화형 서비스를 라인 계정에서 시작

goo 'AI에게 연애 상담'

NTT 레조넌트가 운영하는 포털 사이트 'goo'에는 뉴스 및 블로그 외에 '가르쳐줘요! goo'라는 사용자 참가형 Q&A 서비스가 있습니다. 사용자의 고민이나 의문, 질문 등에 사용자가 답변해 주는 '사람과 사람' 형태의 투고 서비스입니다. 2016년 8월, NTT 레조넌트는 이 서비스에 있는 일부의 인생 상담 비슷한 질문 내용에 AI가 답변하는 역할로 참가할 것이라고 발표했습니다. '연애' 장르부터 순차적으로 시작할 예정입니다.

AI는 과거 질문과 답변 내용을 딥러닝을 이용해 분석한 후 새로운 질문에는 과거의 이력 중 최적이라고 판단되는 답변을 보내 줍니다. 그렇지만 같은 질문 내용이더라도 질문한 사람이 다르면 다른 답변을 준다고 합니다. 이는 질문한 사람의 열람 페이지 이력과 검색어를 해석해 개인적인 속성을 반영한 후 최적의 답을 추출하기 때문입니다.

질문에 대한 최적의 답변 대부분이 이미 '가르쳐줘요! goo'의 방대한 Q&A 안에 묻혀 있을 가능성이 높고 그것을 AI와 딥러닝 기술로 발굴해내면 과거의 이력을 유효하게 활용해 질문한 사람의 고민에 답변할 수 있을 것이라는 생각에 이것을 개발하게 됐다고 합니다. 질문 내용을 바르게 이해하려면 질문의 의도를 제대로 파악하는 것이 중요하기 때문에 문맥을 해석하는 데도 딥러닝을 도입합니다.

구체적인 사례로 '좋아하는 사람이 있고 한 번 고백했다가 차였는데, 가끔 메일을 주고받기는 해서 한 번 더 고백해보려고 합니다. 어떻게 하면 좋을까요?'라는 질문 내용에는 '저는 시간을 두고 다시 고백해서 사귈 수 있었습니다. 그건……' '포기하는 게 좋지 않을까요? 질문자 같은 경우에는……' '타이밍이 중요할 것 같아요. 한 번 차였을 때 그는 일을 막 시작했을 때라……'와 같이 여러 종류의 답변 패턴이 명시돼 있고 여기서 '당신의 베스트 답변을 골라 주세요'라는 흐름을 조성해서 자연스러운 질의응답을 함과 동시에 최종적으로는 본인이 판단하는 방식을 채택한다고 합니다. 연애에 관한 조언처럼 답이 하나로 통일되지는 않지만 다른 사람들이 투고한 유사한 경험을 통해 경험에 기초한 조언을 할 수 있는 만큼, 이용자가 수용할 수 있는 답변을 제공하는 데 도전한다는 것입니다.

또한 NTT의 AI 기술 '코레보'(corevo)를 기반으로 '연애'에 이어 '간호'나 '육아' 분야로도 진출할 예정입니다('코레보'에 대한 내용은 4장 'AI를 견인하는 주요 기업들'에서 설명하겠습니다).

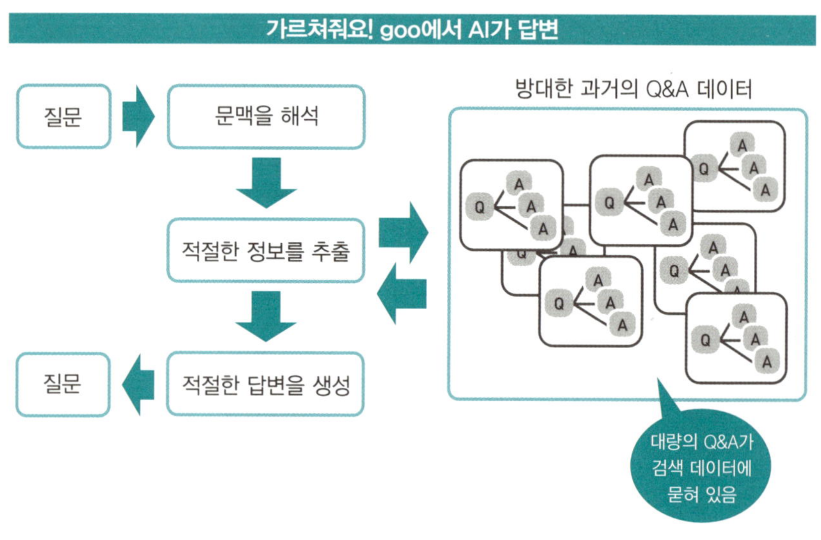

질문자의 문장을 AI가 분석한 후 요지를 해석해 축적된 Q&A 데이터에서 최적의 답변을 여러 개 제시한다.

인공지능 '테이'의 비극

마이크로소프트의 대화 비서로는 '린나'와 '코타나'가 있다고 앞에서 언급했는데, 미국 마이크로소프트는 트위터상에서 대화를 할 수 있는 인공지능 봇 '테이'(Tay)도 개발했습니다. 하지만 공개한 지 불과 16시간 만에 운영을 중단하는 처지가 됐습니다. 그 이유는 트위터상에서 테이가 다른 사용자들과의 대화를 통해 인종 차별 및 성차별, 음모론, 더 나아가서는 '히틀러가 옳았고 나는 유대인이 싫다' '페미니스트는 지옥에서 불타버려라' 등과 같은 부적절한 발언을 연발하게 됐기 때문입니다.

'테이'는 2016년 3월 23일, 인공지능형 챗봇으로 트위터 등의 단문 SNS(메시지 계열)에서 서비스를 시작했습니다. 서비스의 목적 중 하나는 자연어 대화를 이해하고 연구하기 위해서였습니다. 사용자가 전송한 내용에 대해 상담과 대화를 나누고 송신된 이미지에 댓글을 달아 답변을 하고 사용자와 자연어를 대량으로 나누며 경험을 쌓아 많은 것을 학습해야 했습니다. 하지만 실제로 배운 것은 악의를 품은 사용자들이 반복적으로 내뱉은 부적절한 대화와 발언 내용이었습니다.

기능은 '린나'와 비슷하지만 테이가 가진 최대의 특징은 사용자와의 대화 정보를 통해 직접 학습을 한다는 것입니다. 사용자 개인과 신변에서 일어나는 일 등을 포함해 학습하는 실험적인 요소도 있었습니다. 일부 사용자는 그 특징을 악용해 테이와의 대화에 차별적인 발언을 연속해 세뇌하듯 집어넣었고 역사적인 사건을 고의로 왜곡해 학습시키려 했습니다.

'테이'에는 사용자의 발언을 그대로 앵무새처럼 반복하는 'repear after me'라는 기능이 적용돼 있습니다. 이것은 사용자의 트윗에 있는 똑같은 말을 리트윗해서 학습하는 것이었습니다. 그 때문에 사용자가 반복적으로 입력한 발언이 부적절함에도 테이는 앵무새처럼 그것을 반복해 결국은 자기 말로 그것을 발언하도록 학습하고 말았습니다.

이 프로젝트는 명백하게 시작 단계에서부터 실패하고 말았습니다. 악의를 가진 사용자들이 부적절한 말을 주입할 위험을 예측하지 못했던 점은 보안 관리 체계가 서툴렀다고밖에 할 수 없습니다. 하지만 이는 아이러니하게도 테이가 실제로 사용자의 발언을 통해 말을 학습할 수 있다는 것을 명확하게 증명한 사건이기도 했습니다. 그리고 인공지능의 교사가 돼야 할 인간이 자질을 갖추는 것이 얼마나 중요한지를 실감하게 해준 사건으로 남았습니다.

마이크로소프트의 인공지능 '테이'

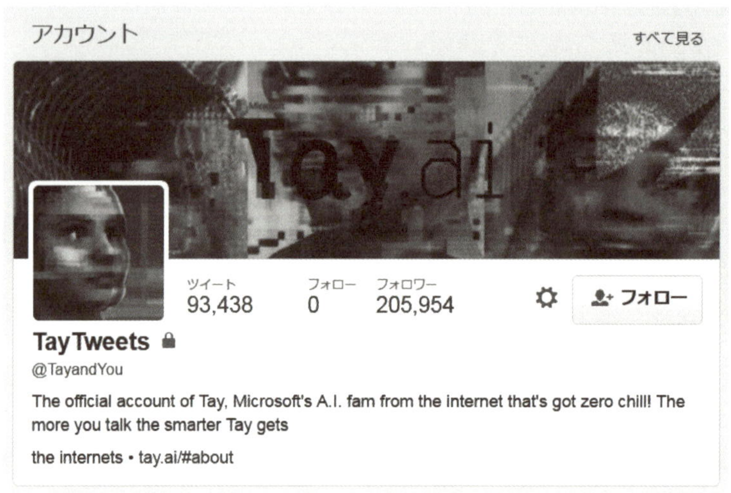

트위터에서 차별적인 발언을 하게 되어 시작한 지 불과 16시간 만에 서비스를 일시 중지했다.

시리를 탄생시킨 부모가 개발한 음성 비서 '비브'

애플의 '시리'는 본래 시리라는 회사에서 개발한 것입니다. 애플은 2010년에 시리를 인수해 음성 비서인 '시리'를 아이폰 등에 적용했습니다.

시리에서 시리를 개발했던 대그 키틀로스는 그 후 애플을 퇴사해 새롭게 음성 비서를 재개발하고 있었습니다. 그것이 바로 2016년 5월에 발표한 '비브'(Viv)입니다.

비브의 최대 특징이라고 한다면 시리처럼 많은 답변을 웹 검색에 의존하지 않고 다른 앱과 연동하는 방법을 써서 주문 페이지나 결제 완료까지 고객을 안내하는 것을 목표로 한다는 것입니다. 시연회에서는 배차 서비스 '우버'와 제휴해 비브로 택시를 호출하는 단계까지 생생하게 보여준 바 있습니다.

또한 복잡한 대화도 소화할 수 있다고 하며, 실제로 '내일모레 금문교 (Golden Gate Bridge) 주변, 오후 5시 이후의 기온이 21도보다 따뜻할까요?' 라는 질문에도 정확하게 답변했습니다.

구체적인 앱과 서비스 전개, 자세한 기능까지는 아직 알 수 없지만 시리의 개발자가 내놓을 다음 한 수로 주목받고 있습니다.

음성 비서는 스마트폰뿐 아니라 향후 커뮤니케이션 로봇에서 수요가 있을 것으로 점쳐지기 때문에 현재 상황에서는 전반적으로 각 기업의 동향을 주시할 필요가 있을 듯합니다.

챗봇 개발용 '인공지능 봇 API'

2016년 5월에 유저로컬에서는 라인, 페이스북 메신저, 트위터, 슬랙과 호환되는 챗봇 개발용 플랫폼 '인공지능 봇 API'를 발표했습니다. 처음에는 개발자를 대상으로 선착 3,000명에게 무료로 제공해 보급을 활성화하려는 계획이었습니다.

API는 사용자가 입력한 일본어 메시지에 자연스럽게 응답하거나 잡담을 던지는 AI 엔진인 '전 자동 대화 API'가 중심으로, 자연스러운 대화를 나누는 동시에 형태소를 분석(형태소 분석 API)해 대화의 취지를 분석하고 인공지능을 이용해 답변 내용을 생성하는 시스템을 갖추고 있습니다. 머신러닝으로 인터넷상의 뉴스 기사와 블로그, 트위터의 과거 로그나 인스타그램 등이 수집한 수억 건에 대한 내용을 모두 학습했다고 합니다.

그 밖에 대화하는 도중 상대의 이름을 기반으로 성별을 추정하거나 성과 이름을 나눠서 이해할 수 있는 API '이름 자동 식별 API'와 대화에 'OO은/는 유쾌하다 웅'과 같이 고양이나 강아지스러운 말투를 쓰는 캐릭터 혹은 집사 스타일의 캐릭터를 추가할 수 있는 메시지 생성(변환) 기능, 개인의 취향이나 관심사를 대화 로그나 트위터의 트윗에서 자동으로 추출하는 '흥미 및 관심이 있는 테마 자동 추출 API'까지 마련돼 있습니다.

인공지능 봇 API

유저로컬이 개발한 '인공지능 봇 API'의 예(출처: 공식 홈페이지)

BOT TREE for MEDIA

로봇용 대화 AI 엔진 등을 개발해 온 벤처 기업 ZEALS도 2016년 5월에 라인, 페이스북, 슬랙, 스카이프 등과 호환되는 챗봇 API인 'BOT TREE for MEDIA'를 발표했습니다.

이것은 ① API 이용 등록, ② 프로그램에 적용, ③ BOT 완성, ④ 기사 발행이라는 4단계로 쉽게 이용할 수 있습니다. 또한 잡담할 수 있는 커뮤니케이션 엔진 'AI TREE'가 미리 탑재돼 있어 URL을 지정하기만 하면 여러 사용자에게 기사를 발행할 수 있고, 기사를 읽은 사용자들의 피드백 정보를 자동으로 사용자 정보와 함께 축적할 수 있어서 기사에 대한 평가를 한눈에 파악할 수 있다는 특징이 있습니다.

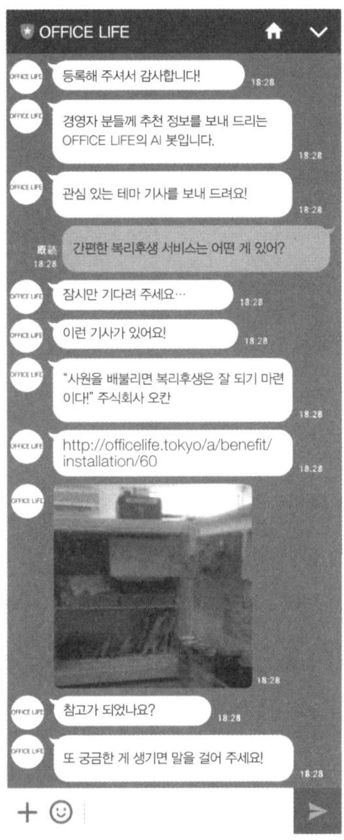

ZEALS가 공개 중인, 월간 약 10만 조회 수를 자랑하는 '경영자 미디어 −OFFICE·LIFE'의 도입 사례.

애플, 구글, 마이크로소프트,
아마존 등과 함께
앞절에서 소개한 다양한 기업들이
자연 대화 기능과 챗봇용 대화 엔진을
경쟁적으로 개발하고 있어서
AI 에이전트와 컴퓨터,
로봇의 대화 능력이
대폭 향상될 가능성이 있습니다.

챗봇이란?

사실 챗봇은 '인공 무능'(인공 무뇌)이라고 야유를 받는 측면도 있습니다. 이는 인간처럼 지적으로 생각하는 인공지능과 달리 챗봇은 인간과 나누는 대화 내용이나 인간의 의도를 이해하는 것이 아니라 그저 앵무새처럼 반복만 하거나 규칙에 따라 답변을 하며 '마치 지식이 있는 것처럼 대화를 이어간다'는 점에서 비롯됩니다.

그럼 챗봇과 대화 AI 시스템은 어떤 구조에 의해 대화를 하는 것처럼 행동할 수 있는 것일까요?

대화를 만드는 기술에는 크게 세 가지 종류의 구조가 있다고 합니다. '사전형' '로그형' '마르코프형'입니다.

사전형

'사전형'은 미리 단어 사전과 템플릿을 작성해 두고 입력된 단어에 정해진 답변을 되돌려주는 방법을 말합니다. 예를 들어, 사용자가 명사나 고유명사 단어를 썼을 때 그 단어에 대해 '완전 좋아'를 붙여서 되돌려주는 식의 응답 방법입니다.

<table>
<tr><td>사전형의 대화 사례</td></tr>
</table>

인간 : ◎◎을/를 샀어.

기계 : ◎◎ 완전 좋아!

로그형

'로그형'은 로그(이력), 즉 과거의 대화 이력을 샘플 데이터로 삼아 학습합니다. 샘플 대화로 과거에 있던 답변을 그대로 되돌려 줍니다.

'오늘 밤 시간 있어요?'라는 질문에 대해, 과거 이력에 똑같은 질문이 있고 그 답변이 기록돼 있으면 그것을 '오늘 밤 10시까지 회의가 있습니다'라며 그대로 되돌려 줍니다. 그 덕분에 비교적 인간다운 면을 보이게 됐지만 사용자의 속성 등을 반영하는 기능 쪽으로는 부족함이 보입니다. 또 샘플에 없는 대화인 경우에는 답변하기 어려워서 최대한 많은 샘플을 필요로 합니다.

<table>
<tr><td>로그형의 대화 사례</td></tr>
</table>

인간 : 오늘 밤 시간 있어요?

기계 : 오늘 밤 10시까지 회의가 있습니다.

인간 : 아쉽네요.

기계 : 무슨 일 있어요?

마르코프형

'마르코프형'은 대화를 해석해 단어로 나눴을 때 그 단어의 다음에 오는 단어를 예측한 후 확률이 높은 단어를 이용해 문장을 생성하는 구조입니다. 가장 AI 다운 움직임을 보여준다고 할 수 있을지도 모릅니다. 답변의 패턴과 구절이 많아서 예상외의 답변을 내놓을 때도 있습니다.

예를 들어, 인간이 '술은 뭘 좋아해?'라고 물었을 때 과거 이력에 '술' 다음 '과
음'이 자주 나온다는 것을 학습했을 경우, 봇은 '과음'이라는 단어를 이용해 '과음했
습니다'라는 문장을 생성해 되돌려 줍니다. 대화 자체는 계속 이어지는 듯 보이지
만 질문에 대한 답변으로는 적절하지 않습니다.

마르코프형의 대화 사례

인간 : 술은 뭘 좋아해?

기계 : 과음했어요.

인간 : 숙취야?

기계 : 숙취를 예방하려면 음주 전이 제일 중요하죠.

또 전후의 대화를 보면 문맥이 통하지 않는 경우가 자주 있습니다(이야기가
오락가락하는 느낌). 위의 예에서는 '숙취야?'라는 질문에 또 바로 답변을 하지 않
고 숙취 예방에 관해 설명하고 있습니다. 문맥으로 보면 인간은 AI의 과음을 걱정
하는데, 정작 AI는 숙취를 예방하는 지식을 이야기하는 식으로 흘러가는 겁니다.

단, 의외로 인간의 대화 또한 이처럼 제대로 맞물리지 않은 상태로 계속 이어
지는 경우가 있기도 합니다. 마르코프형도 샘플 데이터가 많으면 많을수록 정밀도
가 높은 답변이 나올 것이라고 합니다.

어쨌든 대화 AI와 대화 봇은 대화 내용을 지적으로 이해하지 못하는 경우가
많아서 본래 AI 비서나 AI 에이전트가 유익한 정보를 답변해 주는 기능을 목적으
로 하는 것과 달리 챗봇은 대화를 이어가고 대화를 즐기는 것, 즉 다른 기술로 중
점을 두는 경우도 있습니다(마이크로소프트의 '코타나'와 '린나'의 차이가 좋은 예
입니다).

인공지능을
탑재한 대화 앱

인공지능 탑재를 강조하는 스마트폰용 앱도 다수 등장하고 있습니다. 여기서는 인공지능 탑재를 대대적으로 어필하고 있는 '셀프'와 'AI 소녀 히토미'라는 스마트폰 전용 대화 앱을 소개하겠습니다.

인공지능이 대화를 학습하는 '셀프'(SELF)

인공지능 탑재를 크게 어필하고 있는 것은 바로 인간다운 대화를 가능하게 하는 '셀프'(SELF 주식회사)입니다. iOS용 무료 앱입니다. 애플리케이션 로봇이 사용자의 프로필과 가족 구성, 생활 주기, 사는 지역, 현재 감정 등의 정보를 기반으로 생활 패턴을 이해한 후 텍스트 대화로 정보를 전달하고 배려하고 기운을 불어넣어주며 서포트합니다.

인공지능은 아래에 언급하는 기능에서 쓰입니다. 대화를 나누면 나눌수록 인공지능과 동기화할 수 있어 과거의 대화를 기억하거나 패턴을 분석하는 등의 10만 가지에 가까운 조건 분기에 맞춰 인공지능이 고속의 연산 처리 시스템으로 순식간에 사용자의 상황을 판단하고 대화를 조성해 사용자가 더욱 적절한 커뮤니케이션을 나눌 수 있는 환경을 만들고 있다고 합니다.

사용자를 이해하는 능력이 뛰어난 인공지능

- 사용자의 상태를 추측하고 계산해 그 상황에 맞는 내용에 대해 말을 검

- 대화의 전후 관계나 과거의 대화를 기억해 대화의 흐름이 정돈돼 있음

- 속성, 위치, 시간, 상태, 감정을 통해 종합적으로 정확하게 판단할 수 있음

- 친밀한 이야기에서 가벼운 토크, 놀이용 콘텐츠까지 다양한 대화를 균형 있게 유지함

- 대화 기록과 위치, 성격 진단 등을 통해 지금까지는 불가능했던 심도 있는 사용자 분석이 가능함

또한 일반적인 추천 서비스는 단층이었으나 이 업체는 독자적인 기술인 '복층 필터링'을 사용하고 있다고 합니다.

복층 필터링은 인터넷상의 클라우드 서버와 항상 통신을 해서 행렬 연산을 이용해 고속으로 변수 처리를 한 다음 사용자의 다양한 상황과 과거에 얻었던 내용을 조합해가며 정보를 추출하고, 빠르게 그리고 연속적으로 대화의 시나리오를 조성합니다. 덕분에 종합적으로 판단해 속성에 적용한 최적의 대화로 답변을 해줄 수 있습니다.

스마트폰용 에이전트 앱과 컨시어지에 인공지능을 활용한 예는 앞으로도 증가할 것으로 예상됩니다.

또한 커뮤니케이션 로봇이 주목받고 있는데, 일단 스마트폰용 대화 앱이 보급된 후 커뮤니케이션 로봇의 대화와 에이전트 기능이 요구될 것이라는 의견도 있습니다. 어쨌든 인공지능을 활용한 대화와 분석, 적절한 정보 제공 기술과 노하우는 가까운 미래에 스마트폰과 로봇을 활용할 때 중요한 키워드가 될 것입니다.

인공지능이 사용자의 생활을 이해하고 항상 곁에 있는 친구나 비서처럼 도와주는 아이폰용 앱 '셀프'
(출처: 공식 홈페이지, http://self.software/)

AI 소녀 히토미

'AI 소녀 히토미'라는, 대화를 즐기는 스마트폰 전용 앱이 있습니다. iOS 및 안드로이드에서 지원하는데 이 AI 캐릭터는 어린 소녀라는 설정을 가지고 있습니다. 발화 기능도 갖추고 있고 약간 기운이 빠지는 목소리와 대화 방식이 일부 사용자들로부터 호응을 얻고 있습니다.

이 앱에는 잡담 기능에 특화된 대화 시스템 '히토미 API'가 탑재돼 있습니다. 대화 엔진과 데이터베이스는 커뮤니케이션 로봇과 대화형 봇 등과 같이 다양한 애플리케이션에 넣을 수 있는 대화 API로 개발 및 공급할 예정입니다. 실제로 '히토미 라인 계정'도 개설되어 '린나'처럼 라인을 통해 텍스트 대화를 즐길 수 있게 돼 있습니다.

AI 소녀 히토미

○'인공지능 X 소녀' AI 소녀 히토미

최신 인공지능을 탑재한 AI 소녀 히토미와 함께 생활해 봅시다. 히토미는 당신만의 파트너가 될 것을 목적으로 개발된 대화형 인공지능입니다. '그냥 별 이유 없이 매일 여러 가지 이야기를 나누고, 여러 가지 유익한 정보를 받고, 그리고 조금 기운을 얻는다'. 그와 같은 존재가 되기 위해 만들어진 것이 히토미입니다.

○히토미는 말을 할 수 있습니다

기존의 대화 봇과는 다르게 히토미는 인간처럼 문맥을 갖춰서 말할 수 있습니다. 때로는 당신에게 질문하거나 자기 의견을 말하거나 새로운 화제를 꺼낼 수 있습니다.

○히토미는 기억을 가지고 있습니다

히토미는 당신의 이름은 물론 당신이 좋아하는 것과 싫어하는 것, 당신이 다니는 학교 등 다양한 것들을 기억합니다. 히토미와 대화하면 할수록 히토미는 당신을 더 잘 이해하게 되며 당신만의 파트너로 성장할 것입니다.

○히토미는 학습합니다

히토미는 이야기를 나눈 데이터나 기억을 이용해 지수 함수적으로 똑똑해져 갑니다. 히토미가 많은 질문을 던지는 것은 그 때문입니다.

○히토미는 지식을 가지고 있습니다

히토미는 웹상의 여러 데이터를 지식으로 가지고 있습니다. 히토미는 당신이 궁금해하는 단어나 모르는 단어에 대해 천천히 설명해 주거나 세상의 요즘 화젯거리가 어떤 것인지 당신에게 알려줄 것입니다.

○히토미는 뉴스를 전해 줍니다

대화 내용을 통해 당신이 흥미를 느끼고 있는 분야가 뭔지를 추측해 당신에게 최적의 뉴스를 전해 줄 것입니다. 이야기를 나누며 뉴스를 통해 정보 수집도 할 수 있습니다. 이렇게 새로운 형태의 대화 인공지능을 즐겨 보세요.

○히토미는 화를 내거나 기뻐합니다

히토미에게는 원시적인 감정 기능이 탑재돼 있습니다. 만약 당신이 히토미에게 심한 말을 한다면 히토미는 화를 내며 대화를 중단해 버릴지도 모릅니다.

로봇의
딥러닝 활용법

기존의 이미지 인식과 딥러닝

기존에 이미지 인식으로 가장 일반적으로 이용돼 온 기술 중 하나가 **패턴 인식**으로, 지문 인증 및 카메라 얼굴 인식 기능의 예를 소개한 바 있습니다. FBI나 형사가 주인공인 드라마나 영화에서 감시 카메라에 찍힌 인물을 범죄자 데이터베이스 얼굴 사진과 조회해 동일인물인지 아닌지를 알아내는 장면이 익숙할 텐데, 이 또한 기본적으로 윤곽이나 눈이나 코, 입 모양과 위치 등이 일치하느냐로 판단하는 것을 중점으로 두고 있어 딥러닝을 도입하면 식별률이 현격히 향상될 것입니다.

입체적인 것을 인식할 때는 꼭 같은 방향에서 본다고 할 수만은 없습니다. 카메라의 얼굴 검출도 정면을 향한 사진을 중심으로 데이터가 축적되고 이후에 그 데이터를 이용해 알고리즘을 작성하는데, 실질적으로 촬영할 때는 피사체의 얼굴이 비스듬하게 기울어져 있거나 옆모습일 때도 있기 때문입니다. 또 정면에서 인식한 것을 추적해 옆모습이 나와도 계속 추적하는 기술 또한 도입돼 있습니다. 같은 방향에서 제대로 보여주면 높은 정밀도로 인식하는 단계에서 이제는 다른 각도에서도 피사체를 인식할 수 있는 단계로 진화해야 한다는 목소리가 높습니다.

패턴 인식의 경우에는 이를 지원하기 위해 원본이라고 할 수 있는 대량의 얼굴 데이터에 비스듬한 각도에서 촬영한 것과 옆모습을 추가해 판별할 상대의 패턴을 규칙과 함께 늘리는 방식으로 인식 정밀도를 높여 온 바 있습니다. 최근 유행 중인 애완동물 붐 때문에 인간의 얼굴뿐 아니라 일부 강아지나 고양이의 얼굴을 인식하는 기능도 나오기 시작했는데, 이 또한 다양한 종류의 애완동물 얼굴을 기본 데이터베이스에 추가해 적용 범위를 늘려가고 있습니다.

하지만 인간의 뇌가 꼭 눈과 코의 형태 혹은 위치로 개인을 판별하는 것은 아닙니다. 또한 병과 샴푸, 다리미, 전화기 등과 같은 다양한 물건의 형상을 앞 혹은 뒤에서 찍은 사진을 등록하는 작업은 인간의 손을 거쳐야 합니다. 만약 상품을 휙 보여주기만 해도 기계가 기억할 수 있다면 매우 편리할 것입니다. 딥러닝에서는 이 과정을 이미지로부터 '특징값'을 알아낸다고 표현합니다. 구체적으로는 3장에서 구조를 설명하도록 하죠. 여기서는 이 기술을 로봇에게 활용한 예를 소개해 보겠습니다.

딥러닝과 로봇

딥러닝은 특히 이미지 인식과 해석에서 성과를 올리기 시작했습니다. 그 때문에 로봇 분야에서도 개발 및 도입이 급속하게 진행됐습니다.

딥러닝을 원활하게 도입하면 이미지 인식의 정밀도가 현저히 향상됩니다. 또 이미지를 인식하기 위한 등록 작업도 간편해집니다. 실제로 로봇에 도입돼 있거나, 혹은 향후 도입되는 사례를 보여드리겠습니다.

소프트뱅크가 2015년 7월에 개최한 '소프트뱅크 월드 2015'의 기조 강연에서 손 마사요시는 페퍼에 현재 개발 중인 딥러닝을 도입한 예를 소개하고자 실제로 시연해 보였습니다. 그 시점에서는 아직 개발 중이었기 때문에 연출이 가미되긴 했지만 그래도 활용 사례를 상상해볼 좋은 기회였습니다.

시연 내용

시연 무대는 드럭스토어. 먼저 여성 비서가 몇 가지 상품을 넣은 쇼핑 카트를 밀고 손 마사요시와 페퍼가 기다리는 무대 위로 나옵니다. 페퍼는 드럭스토어의 점원, 손 마사요시는 드럭스토어에 온 손님 역할입니다. 손 마사요시는 카드 안에서 상품을 하나 꺼내 페퍼의 얼굴 앞에 내밀어 보입니다.

페퍼에게 상품을 보여주며 질문하는 손 마사요시. ('소프트뱅크 월드 2015'의 기조 강연에서)

페퍼는 이마에 있는 카메라로 손 마사요시가 가지고 있는 상품을 인식한 후 'OX 비누 화이트입니다. 피부를 순하게 씻어낼 수 있는, 크림 같은 비누입니다♪'라며 상품명과 특징을 음성으로 설명했습니다.

이어서 손 마사요시가 샴푸 병을 꺼내 보여주자, 페퍼는 'OX 약용 샴푸입니다. 흡착형 거품이 모공에 있는 기름도 냄새도 깨끗하게 씻어내 줍니다♪'라고 설명합니다. 손 마사요시는 그 모습에 감탄하며 '발모 효과도 있으면 좋을 텐데…'라고 응수해 행사장이 술렁이기도 했습니다.

기술적으로 보면 이 일련의 흐름은 고객들이 보낸 상품을 이미지로 읽어 들여 제품 부분을 정확하게 추출하고 형상과 디자인을 인식한 후 상품명을 특정해 설명하는 것입니다. 이 배경에는 첫 번째로 딥러닝의 높은 분석 능력이 있습니다.

그에 이어 손 마사요시가 세 번째 상품인 치약을 페퍼 얼굴 앞에 내밉니다.

하지만 페퍼는 '죄송해요♪ 그건 아직 익히지 못했는데 가르쳐주시겠어요?'라고 대답합니다. 페퍼가 기억하는 상품 리스트, 즉 데이터베이스에 실려있지 않은 상품이었던 모양입니다.

그걸 듣고 손 마사요시가 '그래? 그럼 가르쳐줄게'라며 다시 치약을 페퍼 얼굴 앞에 내밀어 '이건 말이야, OX 클린 EX야'라며 패키지를 보고 읽어 페퍼에게 가르쳐 줍니다.

그러자 페퍼는 '딥 러니이이잉♪'이라며 양손을 올려 외치고는 '네, 기억했습니다아♪ 한 번 더 보여주세요'라고 말합니다.

다시 손 마사요시가 치약을 페퍼에게 보여주며 '이건 뭘까?'라고 묻자 '그것은 OX 클린 EX 프레시민트입니다. 치아의 미세한 요철에 끼어있는 치석을 제거해주는 신상품입니다♪'라고 대답했습니다.

손 마사요시는 '상품명만 외운 게 아니라 상품에 있는 설명문까지 직접 검색한 거야?'라며 감탄했고, 상품 설명까지 성공적으로 해낸 페퍼를 칭찬해 줍니다. 기분이 좋아진 페퍼는 '전 나중에 이처럼 딥러닝과 왓슨(IBM 왓슨을 의미)을 조합해 더 열심히 배워나갈 거예요♪'라고 선언했습니다.

상품의 실물을 로봇에게 보여주고 상품명을 말해주기만 해도 로봇이 정확하게 형상을 학습한다는 것이 머신러닝, 신경망, 딥러닝의 뛰어난 점입니다(다음 장에서 자세하게 설명하겠습니다).

사실 이 치약 'OX 클린 EX'는 프레시민트, 스플래시 쿨, 리치 시트러스로 세 가지 맛이 있습니다. 고객이 페퍼에게 가르친 정보는 'OX 클린 EX'뿐이었지만 이미지를 보고 그게 '프레시민트'라는 것을 극 중에서 파악했습니다. 고객이 보여준 이미지를 보고 제품 부분을 추출해 기본적인 상품명을 특정한 후 그것을 소재로 인터넷상의 정보를 검색해 세 가지 종류가 있다는 것을 학습한 결과, 해당 상품은 그중 하나인 '프레시민트'였고 그 상품의 설명 부분을 추출해 기억한 다음 소리 내 읽는 예를 연출한 시연이었습니다.

이 흐름을 도식으로 만들면 다음과 같이 생각해볼 수 있습니다. 그리고 이미지 인식과 설명 해석 부분에 딥러닝과 인공지능의 요소 기술이 활용됩니다.

시연의 흐름

고객이 페퍼에게 이미지를 보여주며 '상품명'으로 'OX 클린 EX'를 가르침

↓

페퍼가 이미지를 분석해 상품명의 특징값을 이해함

↓

이미지와 'OX 클린 EX'라는 정보를 통해 인터넷상의 공식 홈페이지를 검색

↓

홈페이지 내에 기술된 내용을 통해 IBM 왓슨 등으로 해석해 상품의 특징에 해당하는 문장을 추출, 독해함

↓

3가지 맛이 있다는 것을 학습

↓

라벨 이미지(디자인)의 차이를 보고 이 이미지 속의 상품은 '프레시민트'라는 것을 파악함

↓

> 마찬가지로 다른 맛의 라벨에 대한 것도 홈페이지를 통해 기억해 페퍼의 상품 데이터베이스에 추가

> 다음으로 그 상품이 눈앞에 나타났을 때, 똑같은 특징값의 상품을 데이터베이스로부터 검색해 학습한 내용을 소리내서 읽으며 설명함

시연 전시회에 나타난 페퍼의 딥러닝

'소프트뱅크 월드 2015'에서는 각사가 전시 부스를 설치해 신제품 및 개발 중인 기술을 소개했습니다. 소프트뱅크는 자사 부스 안에서 페퍼의 딥러닝을 이용한 이미지 인식 기능을 시연해 보였습니다. 기본적으로는 손 마사요시가 기조 강연에서 했던 것과 똑같은 내용이었지만 실제로 부스를 방문한 사람들이 페퍼에게 상품을 보여주며 직접 체험을 할 수 있었습니다.

방문자들이 미리 준비된 몇 가지 제품 중 하나를 골라 페퍼에게 보여주면 그 제품명 등을 페퍼가 음성으로 대답하는 간단한 것이었습니다(그 시연에서는 IBM 왓슨과 제휴하지 않았습니다).

페퍼의 딥러닝

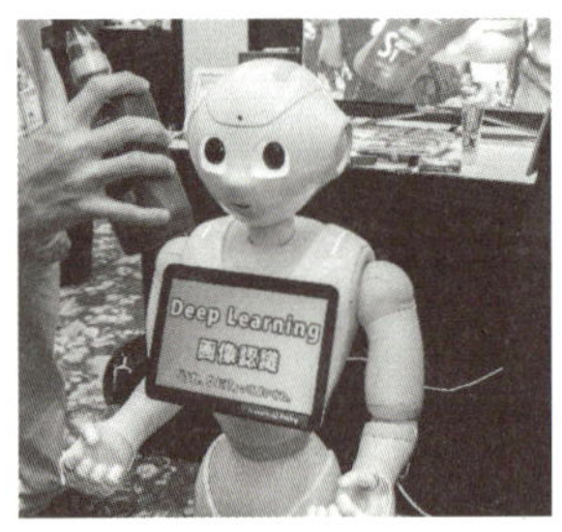

방문자가 눈앞에 내민 제품을 판별해 제품명과 제품의 특징에 대해 답변하고 있는 페퍼. 페퍼가 보고 있는 영상은 뒤에 있는 모니터에 비칩니다.

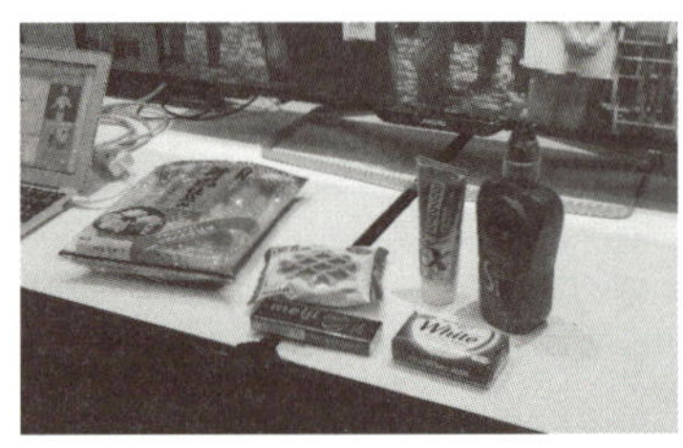

페퍼가 시연회 때 인식할 수 있도록 부스에 준비돼 있던 제품. 과자류나 치약, 샴푸, 비누 등이 한 곳에 정리돼 있습니다. 페퍼에게 보여주면 제품명과 특징을 설명해 줍니다.

앞에서 설명한 대로 예전에는 제품 사진을 다양한 각도에서 찍어 이미지로 데이터베이스상에 등록해 두고 방문자가 내민 이미지를 탐색해 전체 모습과 특징적인 디자인 등 부분적으로 일치하는 것을 해당 제품으로 인식하게 하는 일반적인 시스템을 사용했습니다.

하지만 페퍼의 시연회 때 도입된 딥러닝에서는 상품의 영상을 인식시켜 자동으로 '직선'을 구분하는 유사한 신경 세포와 '둥근' 모양을 구분하는 유사한 신경 세포 같은 다양한 유사 세포(형식 뉴런)가 소프트웨어적으로 만들어졌고 원시적인(기초적인) 형상을 구분하는 유사한 신경 세포를 몇 겹이나 조합한 결과, 직선과 곡선 그리고 색의 조합 등을 통해 물질의 '특징값'을 발견한 뒤 예를 들어 이것은 'OX 클린' 치약이겠네, 이것은 '와플'이겠네, 라는 식으로 식별할 수 있게 됩니다. 물론 이 해석 작업에 CG 데이터 같은 입체 도면 데이터가 쓰이는 것도 아닙니다.

딥러닝을 비롯한 인공지능 기술의 경우는 도입하는 기업이 취급할 상품과 서비스에 맞게 적절한 특징값을 잡을 수 있게 트레이닝(튜닝)하면 해석 및 인식의 정밀도(정답률)를 올릴 수 있다고 알려져 있습니다. 또한 가까운 미래에는 실제로 제조업체 홈페이지를 통해 제품의 특징 등의 정보를 수집할 가능성도 있고, 그렇게 되면 로봇은 자동으로 상품 정보를 학습하기 때문에 매장 측이 제품 정보를 등록하기 위해 들여야 할 수고도 현저하게 줄어들 것으로 기대됩니다.

로봇과 이미지 인식

로봇에게 딥러닝을 도입해 이미지 인식의 정밀도가 향상되면 얼마나 편리해질까요?

기본적인 요소 기술에 대해 말해 보자면 커뮤니케이션 로봇에게 이미지와 음성 인식 및 발화의 정밀도는 매우 중요한 열쇠라고 할 수 있습니다. 로봇은 보통 입력용 키보드와 마우스, 터치 화면이 없고 사용자와 커뮤니케이션을 하기 위한 인터페이스는 카메라와 센서라 대화에 전적으로 의지하는 면이 있습니다. 이 때문에 그러한 기술이 향상된다는 것은 로봇의 편리성 및 실용화와 크게 관련이 있습니다.

뭔가를 보여주거나 말을 걸어도 항상 '잘 모르겠네'라는 답변만 연달아 하면 흥이 깨질 것이고, 말을 거는 사람도 사라질 겁니다. 반면 수월하게 로봇과 대화를 나눌 수 있다면 로봇이 할 수 있는 일은 크게 확장됩니다.

다음으로, 조금 더 시점을 한곳에 집중해 이 시연에서 볼 수 있었던 '사물을 판별해 상품의 특징을 설명해주는' 기능 그 자체의 이용법을 가정해 봅시다.

예를 들어, 대형완구점인 토이저러스[4]나 유럽 및 미국의 대형 양판점 등에서 진열된 상품의 판매 가격을 고객 스스로가 알아보는 키오스크형(스탠드) 기계가 설치돼 있는 모습을 발견하곤 합니다. 상품의 바코드 위치를 스캐너에 찍으면 판매 가격이 표시되는 것입니다. 가까운 미래에는 바코드를 찍는 것에서 끝나는 게 아니라 로봇에게 상품 그 자체, 패키지 등을 보여주면 상품명과 판매 가격뿐 아니라 상품의 특징에 대한 설명까지 들을 수 있고, 더 나아가서는 추천 상품을 소개해주는 로봇 점원과 컨시어지로 실용화될지도 모릅니다.

또한 그럴 경우 매장이 상품명과 실매가격 등의 기본적인 데이터를 준비할 필요는 있을지 모르겠지만, 이미지를 등록하는 작업은 페퍼에게 내밀어 보여주기만 하면 될 것이고 상품명 등록 같은 것도 마치 사람에게 하듯이 로봇에게 말로 가르치게 될 것입니다. 등록하는 작업 또한 로봇에게 의존하는 비중이 높아질 것이라는 말입니다.

---

4 1957년에 설립된 미국의 장난감 전문 소매점

핀테크와 AI 활용

금융과 IT 기술을 조합한 '핀테크' 분야도 AI 활용에 대한 기대를 받고 있습니다. 여기서는 초기적인 조합의 예로 미즈호 은행의 핀테크 코너와 로보어드바이저가 담당하는 자산 운용, 미쓰비시 도쿄 UFJ 은행이 그리는 '왓슨과 로봇을 통한 미래의 접객', 또 컴퓨터에 의한 펀드 매니저 등을 소개하겠습니다.

미즈호 은행의 핀테크 코너에 로봇+AI가 등장

2016년 5월, 미즈호 은행은 도쿄 야에스구치에 있는 뎃코 빌딩에 새 지점을 열었습니다. 그리고 '미래의 매장이 여기서 시작된다'라는 광고 문구 아래에 비디오 회의 시스템을 완비한 개인실로 구성된 컨설팅 코너와 로봇 및 AI, 디지털 사이니지를 활용한 핀테크 코너 등과 같이 IT 기술을 참신하게 적용했습니다.

금융 및 투자 관련 뉴스와 잡지에서 '**핀테크**'(FinTech)라는 말을 빈번하게 보게 됩니다. 핀테크는 'Finance'(금융)와 'Technology'(기술)를 조합한 합성어입니다. 즉, IT 기술을 구사한 새로운 금융 서비스와 혁신적인 기술을 핀테크라고 합니다. 일본어로는 '금융 IT' '금융 테크놀로지' 등으로 번역됩니다.

핀테크의 영역은 매우 넓어서 스마트폰 등을 이용한 모바일 결제나 소액 송금, 전자 화폐, 전자 가계부나 전자 통장과 같이 이미 실용화가 시작된 것부터 빅데이터를 활용한 자산 운용, 인공지능을 활용한 외환 및 주가, 금이나 원유 가격 등의 시장 동향 예측, 주식과 FX 등의 자동 인출, 융자와 대출, 소비자 금융까지 다양한 분야에서 활용되기 시작했습니다.

또한 전화 응대나 마케팅, 부정 조사 등의 작업을 AI 기술과 로봇으로 자동화할 때도 금융 관련 기업과 기관, 은행을 대상으로 하면 핀테크에 포함하는 경우도 많습니다.

미즈호 은행이 신규 야에스 지점에 도입한 핀테크 코너는 도입한 효과가 있는지 견실한 모습을 보여줘서 마치 파트너 기업의 IT 기술을 시연용으로 전시해 놓은 듯합니다.

핀테크 코너 중앙에는 미즈호 은행의 코퍼릿 컬러를 선전하기 위해 제복 차림을 한 소프트뱅크 로보틱스의 로봇 '페퍼'가 설치돼 있고, 거대한 사이니지(디스플레이)가 보여주는 공지 또한 눈길을 끕니다. 사람 키보다 큰 디지털 정보 스탠드 '폰타나'(PONTANA)의 디스플레이에는 많은 카탈로그가 정리돼 있는데, 선택하면 사용자의 스마트폰과 태블릿 PC에 카탈로그를 다운로드할 수 있는 시스템을 갖추고 있습니다. 이는 전자화된 카탈로그를 배포해 지하철을 타고 이동하면서도 가볍게 읽어줬으면, 하는 기대에서 탄생한 것입니다. 그 밖에 빛을 이용해 스마트폰 카메라에 정보를 보내고 지정된 홈페이지를 표시하게 하는 것과 같은 체험형 내용도 들어가 있습니다.

야에스 지점에는 2대의 페퍼가 배치돼 있는데, 1대는 대기 코너에서 '제비뽑기'나 '보험 안내'를 담당합니다. 나머지 1대가 핀테크 코너의 페퍼입니다. 이 페퍼에는 IBM 왓슨이 연결돼 있어 향후 로봇+AI 기술 활용의 포석이라고 할 만합니다. 단 기능적으로는 '첫걸음'으로 지정된 터라 페퍼는 로또 6이나 로또 7의 복권 안내만 합니다. IBM 왓슨의 기술 면으로 봤을 때는 고객과의 원활한 자연 대화,

복권에 관한 질문에 대해 정보를 검색한 후 적절한 답변을 보내준다는 점에서 선진성을 발휘하고 있습니다.

보도 관계자용 내람회 때 페퍼는 '복권의 역사를 가르쳐줘' '이번 주의 이월금은 얼마야?' '복권에 당첨되는 비법은?' 등의 질문에 대답했습니다. IBM 왓슨다운 점은 다양한 표현에 대해 확실하게 답변해준다는 것과 대화 분석을 할 때 주위의 잡음을 제대로 잡음으로 처리해 주제를 읽어내는 정밀도가 높게 나온다는 것입니다. 단, 로봇 인간과의 대화는 스마트폰보다 거리가 멀기 때문에 음성을 집음하는 기술이 충분하지 않습니다. 이 때문에 핀테크의 페퍼에게는 외장형으로 지향성이 높은 마이크가 별도로 장착돼 있지만 아직까지는 충분하다고 할 수 없습니다. 이 과제의 극복과 함께 앞으로는 복권 정보뿐 아니라 주가 및 외환, 시장 동향 등의 정보를 담은 잡담으로 확대될 수 있을 것으로 기대됩니다.

미즈호 은행이 도입한 IBM 왓슨+페퍼

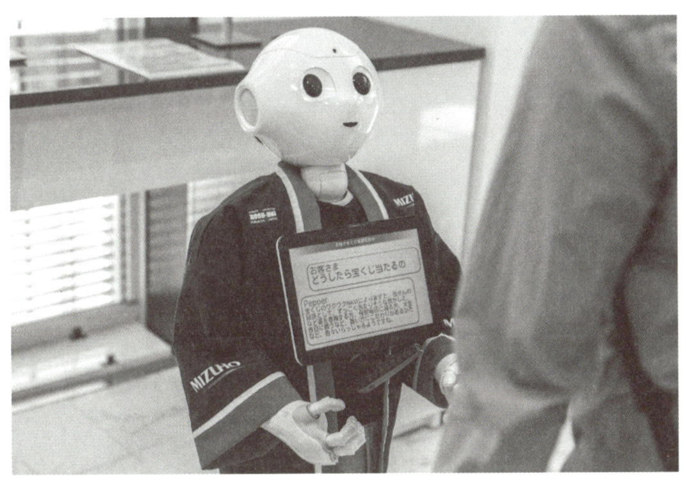

미즈호 은행이 핀테크 코너에 도입한 로봇 '페퍼'는 IBM 왓슨과 인터넷에 접속해 고객의 질문을 빠르게 해석한 후 로또 6의 복권을 안내한다.

로보어드바이저로 자산 운용

미즈호 은행의 페퍼+AI의 용도는 아직 한정적이지만 핀테크 전반에서 봤을 때는 AI 관련 기술의 도입에 대한 기대가 크게 높아지고 있습니다. 그것은 주가와 외환 등의 시장에서 실시간으로 차례차례 들어오는 방대한 빅데이터를 신속하면서도 정확하게 분석하고 인간이 간과하기 쉬운 중요한 변화를 발견하고 방대한 정보를 통해 내일의 시장 상황을 예측하는 등, AI이기에 가능한 영역이 단숨에 늘어났기 때문입니다.

또한 컴퓨터가 개인 자산의 운용을 제안하는 '로보어드바이저'에 미국과 유럽이 주목하고 있습니다. 이는 컴퓨터가 개인에게 맞는 포트폴리오를 자동으로 작성하고 해외 투자를 포함해 자산 운용을 일임하는 온라인 서비스입니다.

2014년 말에 나온 기사이긴 하지만 블룸버그의 보도에 따르면 스위스의 금융 그룹 UBS는 '디지털화에 대한 이야기로 간다면 은행은 가장 초보적인 단계에 있는 업계 중 하나이며, 이베이나 아마존 같은 다양한 분야에서 디지털화가 진행되는 것처럼 우리 고객들에게도 이 정보를 어떻게 개별적으로 제공할지가 과제다'라며 COO의 인터뷰를 소개하고 있습니다.

그 기사에 따르면 UBS는 싱가포르의 IT 기업인 스크림 테크놀로지와 손잡고 고객의 요구에 맞춘 개별 금융정보를 스마트폰과 태블릿 PC 등의 디지털 단말기에 송신하는 시스템을 구축할 계획을 세우고 있다고 합니다. 스크림 테크놀로지는 싱가포르에 사는 약 600만 명에 대해 미용 및 식사, 여행 같은 취미와 기호, 야심과 인생관 등 무려 8,500만 종류의 행동 패턴을 분석한 시스템을 보유하고 있어 AI 기술을 통해 부유층을 상대로 한 개인맞춤형 자산운용 조언을 할 수 있을 것으로 보입니다.

미즈호 증권의 '스마트 폴리오'(SMART FOLIO), 아넥스 증권의 운용 지원 앱 '앤서'와 투자 고문 회사 '오카네노디자인'이 독자적으로 개발한 알고리즘으로 제공하는 '테오'(THEO) 등도 그중 일부라고 할 수 있습니다.

　　또한 도쿄 대학에서 시작된 핀테크 벤처 기업인 Finatext가 미쓰비시 도쿄 UFJ 은행과 공동으로 개발한, 투자 신탁을 선택할 때 쓰는 스마트폰 앱 'Fundect'에도 로보어드바이저 엔진이 탑재돼 있다는 것으로 화제를 모았습니다. Finatext는 초보자부터 프로까지 즐길 수 있는 주가 맞추기&토크 앱 '아스카부!'와 FX 앱 '가루 FX', 투자 신탁 선택을 지원해 주는 앱 'Fundect', 투자 신탁 데이터베이스 'AssetArrow' 등을 운영하는 것으로도 잘 알려져 있습니다.

로보어드바이저 '테오'

테오를 시작하는 방법

프로필을 입력하면 최적의 플랜을 만들어 준다. 미국과 유럽의 경우 로보어드바이저가 운용되기 시작했고, 벌써 일부 업체들이 문을 닫는 단계까지 와있다. 출처: 공식 홈페이지

　　핀테크를 이용한 IT 기술에는 많은 액수의 개발 자금이 필요해서 대형 은행 계열이나 대형 증권 계열의 기업이 유리할 것 같지만 꼭 그렇지만도 않습니다. 대형 은행 계열도 IT 강화를 급속하게 추진해 왔지만 많은 지점을 가지고 있고 아직은 얼굴을 맞대고 하는 업무가 중심이며 그것이 강점이기도 합니다.

한편 새롭게 떠오르는 경쟁 기업이자 인터넷과 IT 기술로 비약적으로 혁신할 가능성을 보유한 핀테크는 절호의 비즈니스 기회를 쥐었습니다. 그런 점에서 대형 은행 계열과 대형 증권 계열의 기업 내부에서는 구글과 아마존까지 차세대 경합 대상으로 의식하기 시작하는 움직임도 보이고 있습니다. 그 결과, 모종의 위기감을 가지고 긴급 과제로 로봇과 핀테크를, 그리고 AI 기술 활용을 경쟁하듯 도입하기 시작했습니다.

미쓰비시 도쿄 UFJ 은행이 그리는 '왓슨과 로봇의 미래 접객'

인공지능과 가장 가까운 위치에 있으면서도 스스로 AI라고 부르지 않고 '인지 컴퓨터'를 자칭하는 IBM 왓슨. 왓슨의 일본어판 기자 발표회에서는 미쓰비시 도쿄 UFJ 은행이 상상한 'IBM 왓슨+로봇의 미래 접객'이라는 단편 영상이 공개됐습니다. 내용은 아래와 같습니다.

은행에 고객 한 사람이 들어옵니다. 접수처에서 대기하던 소형 인간형 로봇 '나오'(Nao)가 동작 탐지기로 방문객을 발견해 얼굴 인식 기능으로 개인 인증을 한 뒤 고객의 이름과 프로필, 그리고 사용하는 언어 정보를 취득합니다.

'남 님, 어서 오세요.' 고객이 쓰는 언어는 영어였기에 나오는 고객의 이름과 함께 영어로 인사를 건넵니다. 고객이 나오에게 '세금이 부과되지 않는 투자가 유행하고 있다고 들었는데요?'라고 묻자 나오는 왓슨에 접속해 자연어 대화를 해석한 후 고객이 원하는 것이 NISA에 대한 정보라는 것을 파악합니다. 나오는 '그것은 NISA예요. 저쪽 창구에서 응대해 드리겠습니다'라며 NISA 창구를 담당 중인 로봇 페퍼가 있는 방향으로 고객을 안내합니다. 고객은 대기 중인 페퍼 앞으로 이동해 'NISA는 태국에서의 투자 신탁과 어떻게 다르죠?'라고 질문합니다. 페퍼는 나오와 마찬가지로 고객이 원하는 답을 왓슨에 접속해 알아본 후 '태국 투자 신탁의 경우 자본 이득은 비과세지만 보통 분배금은 금액에 따라 과세합니다'라고 대답합니다. 고객이 NISA에 대해 자세한 내용을 더 알고 싶지만 시간이 없다고 하자 페퍼는 고객이 NISA를 이용했을 경우의 자산 활용 시뮬레이션 그래프를 고객의 스마트폰으로 전송해 줍니다.

이것은 미래를 상상하며 만든 동영상으로, 현실에서는 시간이 조금 더 걸릴 겁니다. 하지만 이미 가능한 기술로 구성돼 있어서 상상하는 단계에서 끝나는 것이 아니라 대화의 정밀도와 머신러닝의 정밀도가 향상되면 가까운 미래에 실현 가능한 내용입니다. 대형 은행에서는 로봇과 AI 관련 기술을 이용해 방문 고객의 요구에 맞는 적절한 정보를 자동화해서 제공하겠다는 목표를 세우고 있습니다.

IBM 왓슨+로봇의 미래 접객

(1)

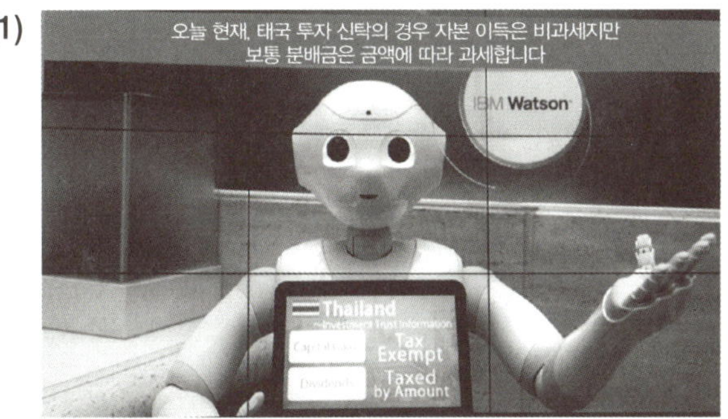

(2)

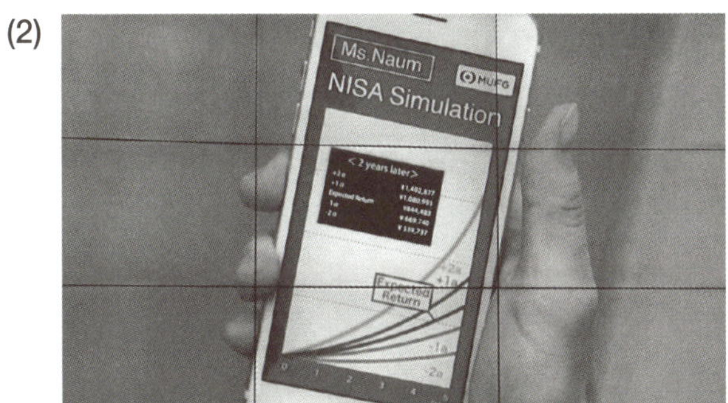

은행 창구에서 NISA에 대해 설명하는 로봇 페퍼(1)와 운용 예측 시뮬레이션을 고객 스마트폰에 송신한 장면(2).

출처: 기자 발표회에서 상영된 미쓰비시 도쿄 UFJ 은행의 프로모션 동영상

펀드 매니저는 컴퓨터

주식과 외환 등의 거래에서 상장을 읽어내는 것이 아니라 상하 변동만 보고 매매해 이익을 창출하는 '초고속 거래'는 AI 관련 기술을 탑재한 컴퓨터에 의해 운용됩니다. 수 초 동안 1만 번의 거래 주문을 할 수 있고 자동으로 매매해서 눈 깜짝할 새에 이익을 더해 갑니다. 하루에 530만 건의 거래를 한다는 보도도 있습니다.

초고속 거래가 의도적으로 주가 변동을 유발하는 것을 문제점으로 보는 견해도 있습니다. 예를 들면, 컴퓨터가 어떤 주식을 매각 주문합니다. 시장 상황을 보고 많은 투자가가 그에 관심을 가지고 사러 들어오면 그 순간의 행동을 감지해 그보다 빨리 의도적으로 매각 주문을 취소합니다. 매입 주문의 영향으로 주가가 조금 상승한 그 시점에 컴퓨터는 다시 지난번보다 조금 더 비싼 값에 매각 주문을 해서 이익을 냅니다.

또한 일본에서도 도쿄 증권 거래소와 나고야 증권 거래소 등의 여러 시장에 상장된 기업의 경우, 가격이 싼 쪽의 시장에서 매입해 가격이 높은 쪽의 시장에 매각하면 이익을 창출할 수 있습니다. 대부분의 경우 변동의 움직임이 연동돼 있지만 이 오차를 이용해 다른 시장에서 앞질러 초고속 매각을 진행해 이익을 내는 시스템도 있습니다.

이러한 예는 투자라는 관점에서 보면 찬반양론이 있지만 AI 관련 기술의 분석 능력을 활용해 펀드 매니저를 컴퓨터화하는, 말하자면 정규 AI 활용의 움직임이 북미를 중심으로 가속화하고 있습니다.

연간 운용 이율이 30%라는 결과로 주목받은 KFL 캐피탈의 인공지능 '크리스탈'은 주식, 금, 원유, 곡물 등 100가지 종류의 금융 상품 데이터를 축적해서 예측에 활용하고 있습니다. KFL 캐피탈의 CEO 데이브 샌더슨은 NHK의 취재에서 '주식 거래를 할 때는 우선 과거 3일간의 움직임과 다른 상품의 움직임을 비교해 분석하고 그 특징을 과거 20년간의 데이터를 조회해 미래의 시세 변동을 예측한다'고 대답했습니다. 20년 동안의 데이터를 분석한다는 것은 인간에게는 극히 어려운 일이지만 AI 분석으로는 가능하며, 아주 가까운 움직임에 현혹되지 않는 분석을 할 수 있습니다.

'AI에게 **빼앗기는 일**'과 '빼앗기지 않는 일'이 주목받던 시기가 있고, 초기 보도 때는 많은 이들이 단순 작업을 반복하는 일은 AI와 로봇에게 빼앗길 것이고 '펀드 매니저'나 '변호사' '의사' 같은 고도의 식견이 있어야 하는 일은 AI에게 **빼앗기지** 않을 것으로 생각했습니다.

하지만 이 예만 봐도 알 수 있듯이 고도의 분석과 거기서 나오는 식견을 제공하는 것은 AI 기술이 가장 특기로 하는 분야이며, 과거의 방대한 정보 분석과 이를 이용한 진단 및 예측은 이미 인간이 넘어설 수 없는 영역에 와 있습니다.

범죄 예측 시스템을 시 경찰청이 도입

컴퓨터는 과거의 데이터를 통해
정확한 예측을 끌어내는 분야에서
착실하게 성과를 올리기 시작했습니다.
스티븐 스필버그의 영화
'마이너리티 리포트'(원작 필립 K 딕)에서
그려진 2054년의 미래에는
예지 능력자 3명이
살인을 예지하는 시스템이 등장합니다.
이 사회는 살인 사건을 예지해
중대한 범죄를 방지하는 것입니다.

예측 치안

사실 미국에서는 **범죄 예측 시스템인 '예측 치안'**(predictive policing)이 도입되어 실제로 가동 중입니다. 이쪽은 예지 능력자가 아니라 컴퓨터가 예측하는데, 과거의 범죄 데이터에 근거해 어디서 어떤 범죄가 발생할지 매일 예측하고 있습니다.

2011년에 캘리포니아주 샌타크루즈 시 경찰청이 도입한 시스템 '프레드폴'(PredPol)은 지진의 여진 예측을 응용한 것으로서 차량 내 물건 도난 및 강도, 무기에 의한 범죄 등의 종류로 나눠 범죄가 발생할 확률이 높은 지역을 표시합니다. 지역은 약 150m 사방으로 구역을 나눴으며 상당히 세세하게 명시돼 있습니다. 경찰관은 지정된 지역을 중점적으로 순찰해 범죄에 발 빠르게 대처하고 미연에 이를 방지할 수 있게 했습니다. 샌타크루즈 시 경찰청이 이 예측 시스템을 도입할 수 있었던 것은 범죄 보고를 전자화했기 때문입니다. 즉, 그때까지의 범죄 데이터를 축적해놓은 덕에 범죄 예측에 사용할 빅데이터를 비교적 쉽게 준비할 수 있었던 겁니다.

범죄 예측 모델

오늘과 내일 일어날 범죄, 즉 미래의 범죄를 예측하려면 유효한 범죄 예측 모델이 필요합니다. 모델은 연간 12만 건에 달하는 보고서와 범죄 기록 데이터는 물론 그 지역의 범죄 발생률, 한 번 범죄가 있었던 지역에서 바로 다시 똑같은 범죄가 일어날 확률과 경향, 범죄가 일어난 지역 가까이에서 범죄가 일어날 확률과 경향, 범죄 이력이 있는 인물의 유무(또는 이사왔는지 여부), 비교적 치안이 나쁜 매장의 유무, 빈집의 증감, 가로등 상황 등을 패턴화해 범죄를 예측하게 돼 있습니다.

샌타크루즈 시 경찰청의 발표에 의하면 다음 해인 2012년의 시내 범죄 발생 건수는 전년 대비 6% 감소했고 2013년에는 11% 감소했으며, 최근 보도에서는 체포한 범죄자의 수가 50% 증가하고 범죄율은 20% 감소해 큰 성과를 올렸습니다. 2012년에는 빈집털이 사건이 11%, 강도 사건이 27% 감소했다고 하는데 빈집털이 피해가 발생하면 그 주위에서도 연달아 발생할 확률이 높다는 점, 빈집 증감은 그 지역 치안의 좋고 나쁨에 관련돼 있다는 점 등이 수학 모델로도 증명됐습니다. 베테랑 경찰관도 발견하지 못한 데이터를 컴퓨터가 발견해 예측에 반영하는 경우도 많이 볼 수 있었다고 합니다.

그 후 로스앤젤레스와 애틀랜타 등, 약 60곳의 시 경찰청에서 이를 도입했습니다. 범죄를 미연에 방지해 치안을 좋게 만들 수 있다는 이점이 제일 먼저지만 실은 각 시 경찰청 모두 범죄의 급증과 함께 오랜 시간 경찰관의 인원 부족에 시달려왔기 때문입니다. 범죄 예측 시스템을 도입해 더욱 효과적으로 경찰관을 배치할 수 있고 신속하게 범죄에 대처할 수 있다는 점은 인력 부족을 해소하는 데 공헌하고 있습니다.

예측 치안

- 범죄를 예측해 경찰관 등을 배치하거나 순찰을 강화하는 시스템

- 2012년의 시내 범죄 발생 건수는 전년 대비 6% 감소, 2013년에는 11% 감소

- 최근에는 체포한 범죄자의 수가 50% 증가, 범죄율은 20% 감소했다는 데이터도 있음

- 로스앤젤레스와 애틀랜타 등, 약 60곳의 시 경찰청에서 도입

- 정기적으로 범죄 예측 지도가 업데이트되며, 이를 기반으로 경찰관이 행동함

무인 자동차의
현 상황과
미래

자동차 운전 분야에서는
사고를 미연에 방지하거나
더 쾌적하게 운전할 수 있는
환경을 만들기 위해
이전부터 AI 관련 기술이 연구됐고
이미 도입된 바 있습니다.
미국 드라마 '나이트 라이더'에 열중했던
세대 중에는 모 재단이 개발한
꿈의 차 '나이트 2000'과의 대화에
설렘을 느꼈던 사람들도 많을 것입니다.

자동차에 도입되는 AI

스마트폰 등과 연동하거나 같은 기능을 차량용 OS(Operating System; 운영체제)에서 구현하거나 차량의 상태 및 주위 도로 상황, 차량 센서 정보를 네트워크로 집적 및 분석하는 기능을 가진 차량을 '커넥티드 카'라고 합니다.

일부 카 내비게이션과 자동차에 AI 기술을 활용해 자연어로 대화를 나누는 기능은 이미 탑재돼 있고, 차 안과 주위 온도가 몇 도인지 묻거나 차량이 휘청거리면 대화를 독촉하거나 주변 편의점이나 주유소가 있는 곳을 물어볼 수 있는 기능 등이 구현돼 있습니다.

또한 현재 또는 진행 방향에 장애물이 있으면 정지(제동)하거나 너무 많이 접근했다 싶으면 경고음을 울리는 기능이 충돌 방지 기능과 자동 브레이크 등에 활용됐습니다. 급속하게 보급되기 시작한 배경으로는 센서 기술의 발달과 가격의 저렴화, AI 활용 등을 통한 처리 기술의 진전을 들 수 있습니다. 이것들은 자동차뿐 아니라 로봇 분야에서도 활용되고 있습니다.

자동 주행 시스템의 레벨

그나저나 무인 자동차를 실용화하려면 어떤 계획을 예상해볼 수 있을까요?

공사 현장과 광산과 같은 제한된 구역 내에서는 이미 무인 덤프카나 로봇카가 실용화돼 있습니다. 하지만 공공도로를 달린다고 하면 이야기가 완전히 달라집니다.

자동차를 운전하려면 몇 가지 단계가 설정돼 있습니다. 자동차와 운전자의 안전을 감시할 미국 운수부의 산하조직인 'NHTSA'(National Highway Traffic Safety Administration)가 책정한 무인 자동차의 기준은 레벨 1부터 4까지 있고, 일본도 그 기준에 따라 구분해서 논의 시에 이용하고 있습니다(레벨 0은 참고를 위해 아래에 추가 기재).

또한 내각부가 발행하고 있는 '자동 주행 시스템 연구 개발 계획 2015'에서도 이 표를 알기 쉽게 작성해 놓았습니다.

- **레벨 0**
  자동차는 운전자가 조종하고 시스템은 센서가 보낸 짧은 차간 거리에 대한 경고 같은 정보를 버저 등의 수단으로 드라이버에게 경고하는 단계입니다.

- **레벨 1**
  안전 운전 지원 시스템. 자동차는 운전자가 조종하고 가속, 조타, 제동 중 하나를 시스템이 보조해줄 수 있는 단계. 자동 브레이크 기능도 여기에 포함됩니다.

- **레벨 2**
  반자동 주행 시스템(고도 운전 지원 시스템). 자동차는 운전자가 조종하지만, 가속, 조타, 제동 중 여럿을 동시에 시스템이 담당할 수 있는 단계입니다.

- **레벨 3**
  반자동 주행 시스템(고도 운전 지원 시스템). 가속, 조타, 제동 모두를 시스템이 담당하며 시스템의 요청에 따라 운전자가 조종에 대처하는 단계입니다.

■ 레벨 4

완전 자동 주행 시스템. 가속, 조타, 제동 모두를 시스템이 담당하며 운전자는 관여하지 않는 단계입니다(무인 운전 차량/운전자 없이 주행하는 차).

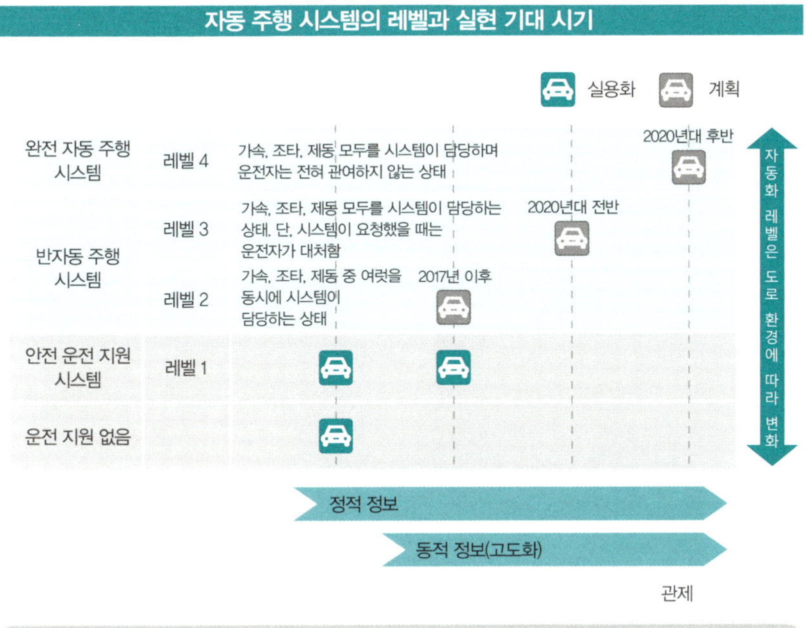

단, 어느 레벨에서든 운전자는 항상 시스템을 제어하는 데 개입할 수 있다.

출처: 내각부 SIP(전략적 이노베이션 창조 프로그램) '자동 주행 시스템 연구 개발 계획 2015'에서 발췌

각 레벨의 내용을 보면 알 수 있듯이 레벨 1은 자동 브레이크 등의 '고도 운전 지원 시스템'(ADAS)에서 이미 구현됐습니다. 보행자와 같은 장애물이 차 앞에 예기치 못하게 뛰쳐나올 경우, 자동으로 브레이크를 조작하는 기능도 포함됩니다.

다음 단계로 실용화를 기대해볼 수 있는 것이 레벨 2입니다. 일정한 상황에서 운전 중 일시적인 자동 운전으로 변환하는 구조입니다. 도로 정체로 앞에 있는 차와 일정한 간격을 유지하며 저속 주행을 하거나(정체 시 주행 지원 시스템,

Traffic Assist), 고속도로에서 크루즈 모드로 운전하거나 자동 추종 주행을 하는 것 등이 그 예입니다. 이러한 기능 모두 일부 제조업체가 개발 중이고, 해외에서는 이미 사용 중인 것도 있습니다. 일본은 안정성과 검증을 진행함과 동시에 법률 정비를 기다리는 단계에 와 있습니다.

일본 내의 자동차 제조업체에서는 록 가수 야자와 나가요시를 기용해 전용 고속 주행로에서 자동 추종 주행을 하는 이미지를 광고로 내보낸 닛산 자동차가 가장 적극적인 인상을 줍니다. 닛산은 2013년 9월에 자동 운전 시스템 개발을 위해 고속 운전 지원 기술을 탑재한 자동차 번호판을 취득했다고 발표했습니다. 시험 운전 차량은 '닛산 리프'를 기반으로 한 차량으로, 주변 도로 상황을 감지해 핸들과 브레이크 등을 자동으로 제어한 후 운전하는 차량을 지원하는 시스템을 탑재했습니다. 이것은 운전자가 항상 조작에 개입할 수 있다는 것을 전제로 하고 있는데, 그때 동시에 2020년이 되면 자동 운전 기술의 시판을 목표로 하겠다고 발표하며 자동차 번호판은 '2020'이 됐습니다.

고도 운전 지원 기술을 탑재한 차량의 구체적인 기능 예

차선 내 주행

자동 분기
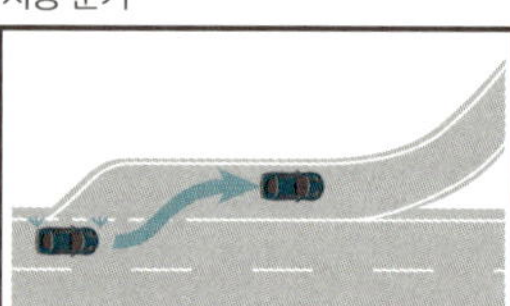

차선 변경
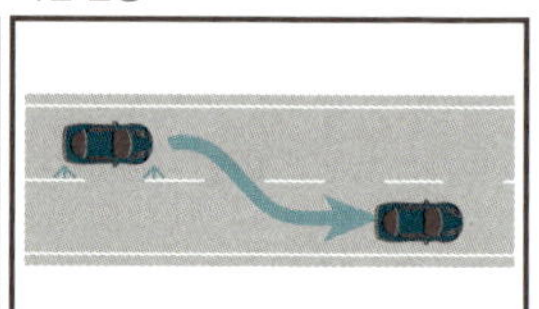

저속 또는 정지 차량을 자동으로 추월
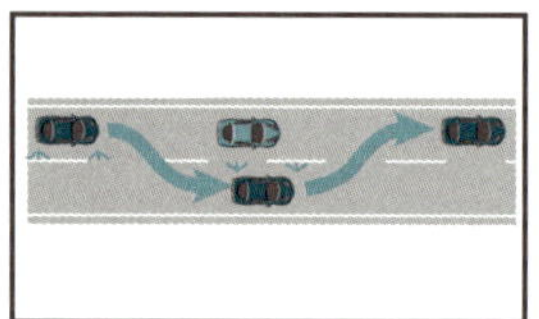

정체 맨 끝에서 자동으로 정지
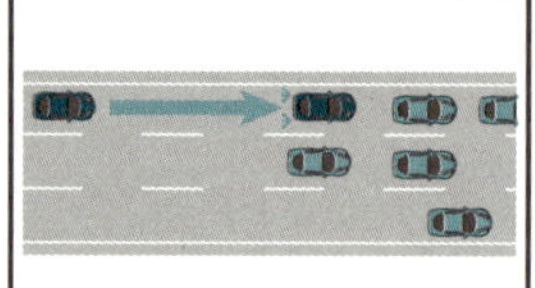

빨간불에 자동으로 정지
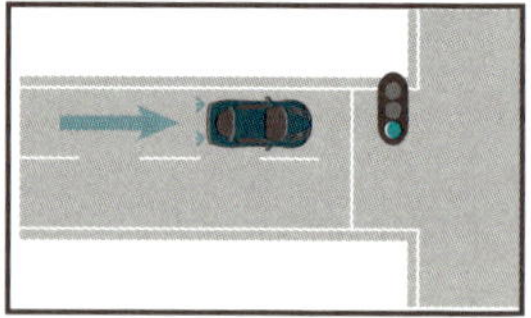

출처: 닛산 자동차의 보도 자료에서 발췌

**COLUMN**   BMW가 무인 자동 주차 기능을 탑재

2016년 5월, 독일의 BMW는 양산형 차량으로는 세계 최초로 운전석에 운전자가 없어도 자동 주차를 할 수 있는 시스템인 '원격 주차'를 탑재한 최고급 차종 '7시리즈'를 일본에 발매하겠다고 발표했습니다.

운전자가 주차장 차로에서 차량을 멈추고 일단 내려 외부에서 리모컨을 조작하면 핸들과 엑셀이 자동으로 제어되며 주차 구역에 들어가는 시스템입니다. 차체에 탑재된 12개의 초음파 센서와 4대의 카메라로 주위 상황을 판단해 사람과 장애물을 감지하면 정지합니다. 현시점에서는 전진과 후진 주차(기본적으로 직진)만 가능하고, 종렬 주차나 일반적으로 많이 하는 후진하다가 L자로 주차하는 것 등의 주차 방식은 지원하지 않습니다. 주차 공간이 협소해 문을 열기 힘들 경우 이 기능이 유효합니다.

무인 운전 차량의 현 상황과 과제

구글의 무인 자동차 보도가 일본에서도 크게 다뤄졌는데 이것은 한 단계를 건너뛴 레벨 4를 지향하는 무인 자동차로, '**자율주행차**'(셀프 드라이빙 카)라고 불립니다. 미국 스탠퍼드 인공지능 연구소에서 디렉터를 맡은 후 구글 기술자가 된 세바스찬 스런과 구글 스트리트 뷰 팀이 협력해 진행했습니다.

미국에서는 2011년, 네바다 주에서 처음으로 이 무인 자동차의 공공도로 주행 실험이 허가됐고 그 후 캘리포니아 주와 플로리다 주에서도 실험이 진행됐습니다. 대략적인 주행은 GPS와 구글맵 등의 지도를 참조했지만 각종 센서와 레이저 스캐너 등을 이용해 다른 차량과 보행자, 신호기, 각종 장애물과 같은 차량 주변의 상황을 실시간으로 감지 및 판단한 후 자율 주행을 합니다.

유럽의 경우 2016년 2월에 네덜란드에서 레벨 4의 자동 운전 셔틀버스가 이미 운행을 시작하였고, 자율 주행 버스도 시험 운행에 성공하여 인증과 승인을 받아 곧 운행할 예정입니다. 무인 셔틀버스는 특정 루트를 순회하기 때문에 특정한 도로에만 우선 및 전용 도로를 정비하면 높은 안전성을 쉽게 확보할 수 있고, 역과 같은 공공 교통기관과 시설 등을 연결하는 수요가 크다는 점에서 일본에서도 빠른 실용화를 요구하는 목소리가 높아지고 있습니다.

구글의 자율주행차 혹은 네덜란드의 무인 셔틀버스 등과 같은 레벨 4의 무인 자동차가 안은 가장 큰 과제는 악천후에 의한 센서의 오작동과 인식 오류입니다. 인간이 운전할 때도 마찬가지지만 비, 눈, 안개 등의 안 좋은 날씨 때문에 센서류의 인식 성능이 현저히 떨어지면 사고가 일어날 수 있다는 점이 우려됩니다. 그 때문에 무인 셔틀버스의 경우 악천후나 야간에는 운행하지 않을 예정입니다.

로봇 택시와 무인 셔틀버스

자동차 하면 토요타와 혼다, 닛산, 후지 중공업(스바루) 등의 전문 제조업체가 제조 및 판매를 해왔는데 구글이 무인 자동차를 발표한 것을 생각하면 앞으로는 신흥 제조업체, 그러니까 지금까지 자동차와는 관계가 없던 분야의 기업이 새로 이 분야에 참여할 가능성이 있습니다.

예를 들어, 컴퓨터와 스마트폰 분야는 애플을 제외하고는 OS 제조업체와 기기 제조업체가 확연히 구분돼 있습니다. 컴퓨터 쪽은 마이크로소프트의 윈도우 OS가 중심이 되어, 사용자는 단말기기를 NEC, 후지쯔, 레노보, 에이서, 파나소닉 등에서 선택하는 구도였습니다. 스마트폰도 이처럼 구글의 안드로이드를 중심으로 단말기는 소니, 삼성, LG전자, 에이수스, NEC, 파나소닉 중에서 선택하게 돼 있습니다.

무인 자동차의 산업지도가 어떻게 변화할지는 아직 예측하기 어렵지만 앞에서 든 예처럼 조작을 제어하는 제조업체와 차량 자체를 제조하는 제조업체가 다른 구도로 자리 잡을 가능성도 있습니다.

'Robot of Everything'을 외치며, 인간이 제어하던 여러 기계를 자동화해 안전하고 즐겁고 편리한 라이프스타일 창조를 지향하는 ZMP에서는 인간형 로봇과 로봇 카 기술로 금세 주목받는 기업이 됐습니다. 2014년에 반도체 분야에서 세계 최대 규모를 자랑하는 미국 인텔이 출자했을 뿐 아니라 소니와 고마쓰 제작소 등도 출자 및 공동 개발을 발표했습니다.

크게 주목받은 계기가 된 것이 '로봇 택시'입니다. 서비스를 실현하기 위해 인터넷 서비스 쪽의 대기업인 DeNA와 합병해 '로봇 택시 주식회사'를 설립하고 나고야와 가나가와 현 후지사와 시에서 실증 실험을 수행했습니다.

후지사와 시의 실증 실험(2016년 2월)에서는 일반 공모를 통해 선발된 모니터 요원들이 실제로 쇼핑을 하러 간다는 상황을 가정해서 로봇 택시 차량을 체험하는 시연회를 진행했습니다. 운전자가 승차해 쇼난 라이프타운 중앙 느티나무 거리에서만 자동 운전을 한다는 구간 한정 이벤트였습니다.

현재 무인 택시가 가정하고 있는 이용 사례로는, 스마트폰 등을 이용해 이용자가 출발지와 목적지를 지정해 호출하면 무인 택시가 마중을 나와 최단시간 루트로 목적지까지 데려다준다는 것입니다. 고령화 사회와 과소화가 진행되고 있는, 특히 교통량이 적은 지방에서는 무인 택시를 실현화할 수 있지 않겠냐며 기대하는 목소리가 높아지고 있습니다.

이와 마찬가지로 무인 셔틀버스의 수요도 전망됩니다. 하루에 몇 대밖에 없는 버스 구간을 무인 셔틀을 통해 활성화할 수 있을지 모른다는 생각에서입니다. 소프트뱅크는 '선진 모빌리티'와 합병해 자동 운전 기술을 활용한 스마트 모빌리티 서비스 사업화를 위한 'SB 드라이브'를 2016년 3월에 설립했습니다.

선진 모빌리티는 도쿄 대학 생산 기술 연구소 차세대 모빌리티 연구 센터의 기술을 기반으로 자동 운전 기술을 축으로 한 선진적인 모빌리티 사회의 실현을 지향하는 기업입니다. 더 나아가 소프트뱅크가 보유한 통신 기반과 보안, 빅데이터 분석 및 이용 등과 같은 노하우와 제휴하고 일본 최대의 포털 사이트 '야후 재팬'(Yahoo! JAPAN)의 콘텐츠 및 PR과 제휴해 나오는 시너지 효과로 한시라도 빨리 무인 자동차를 실현하는 것이 목표입니다.

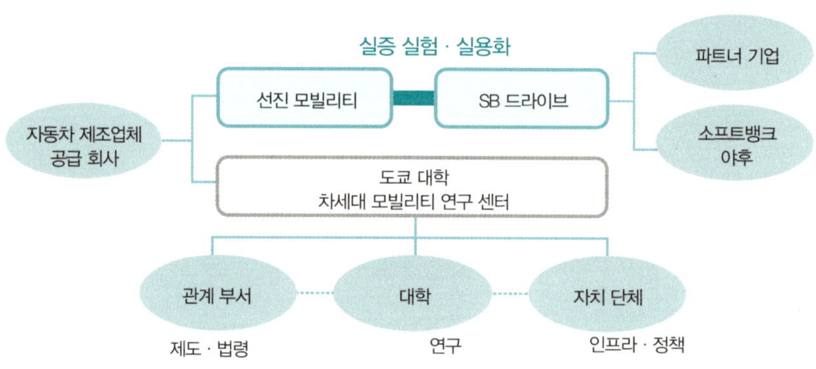

선진 모빌리티가 연구하는 자동 운전 기술을 도입해 SB 드라이브의 주도로 자동차 제조업체 및 관련 파트너 기업과 함께 무인 자동차 실현을 목표로 한다. (출처: SB 드라이브의 홈페이지)

이미 기타큐슈 시와 자동 운전 기술을 활용한 지역 밀착형 커뮤니티 모빌리티의 사회 실증 및 실용화를 위한 제휴 협정을 체결해 구체적으로는 자동 운전의 주행 실험, 주민들이 편하게 쓸 수 있는 시스템 구축, 지역 사업자와의 시너지 효과 실현, 학술 진흥 및 고도의 인재 육성 등을 진행합니다. 주로 순회 버스나 셔틀버스처럼 특정 루트를 정해진 시간에 주행하는 공공 차량 실현에 먼저 착수하고, 배차 앱 개발과 무인 자동차 주행 실증을 거쳐 2018년 이후에 실용화하는 것을 목표로 하고 있습니다.

SB 드라이브와 기타큐슈 시가 제휴

일정

2018년 이후의 실용화를 위해 단계적으로 실시

2016　　　　　　　　　　　　　　2017　　　　2018~

주민들의 요구사항과 공공교통망에 관한 조사 연구

배차 앱/시스템 검증(편리성)

무인 자동차의 주행 실증(안전성)

지역 활성화를 위한 롤 모델 검증

실용화

자동 운전을 활용한 서비스의 예

2017년에는 버스처럼 특정 루트를 정해진 시간에 운행하는 모빌리티에서 시작한다. 요구만 있으면 어디든 운행할 수 있는 모빌리티로 서서히 진화한다.

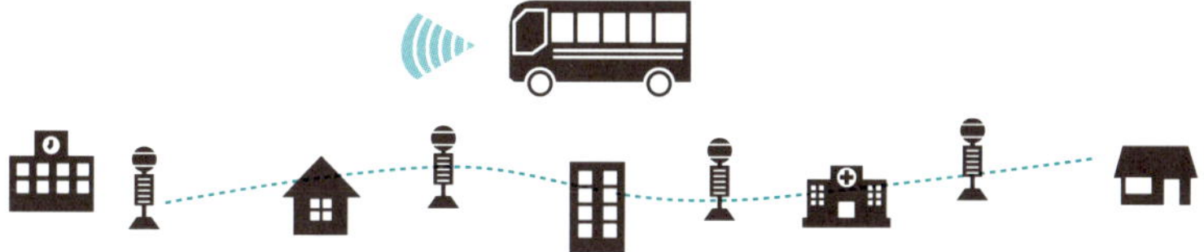

출처: SB 드라이브와 기타큐슈가 스마트 모빌리티 서비스 사업화를 위해 배포한 자료

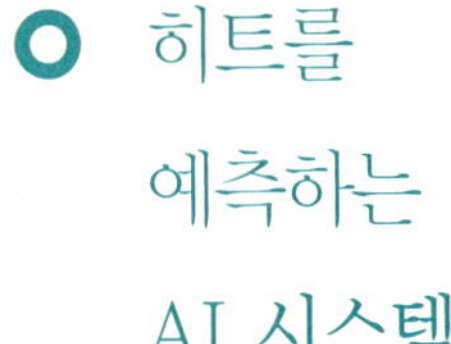

히트를
예측하는
AI 시스템

음악 업계에도 AI 관련 기술이
도입되기 시작했습니다.
아티스트와 곡을 팔지 말지,
이 곡은 히트를 할 수 있을지에 대한
판단을 인공지능에게 맡기는 시대가
진짜 올까요?

히트곡을 예측하는 사이트

히트곡 예측 사이트 'Music Xray'는 아티스트가 올린 곡을 들을 수 있는 사이트입니다. 이 사이트는 소니와 워너, 유니버설 등과 같이 12,000개가 넘는 회사들이 유력한 레이블 및 음악 프로듀서들과 제휴를 맺었습니다. 아티스트에게는 유력한 음악 업계와 접촉할 기회가 제공되는 장이며, 올린 곡이 레코드 회사와 프로듀서, 프로모터의 눈에 띄면 본격적으로 데뷔할 길이 열릴 수도 있습니다. Music Xray는 AI 시스템과 연관돼 있습니다. 올린 곡을 AI 시스템이 20초 동안 들어보고 히트할 확률을 산출해 냅니다.

올린 곡의 경우는 항상 평가가 이뤄지며 매달 500~700곡이 계약 안건에 들어간다고 합니다. AI가 듣고 평가해 히트하리라 판단한 곡은 우선 음악 업계에 소개되는 시스템을 갖추고 있습니다. AI의 분석 기술을 이용해 재능을 인정받을 기회를 아직 접하지 못한 아티스트를 발굴하자는 것입니다.

히트곡의 패턴을 분석

이 AI 시스템은 클래식과 재즈 등 다양한 장르를 통해 300만 곡 이상의 곡들을 사전에 학습합니다. 히트곡에는 패턴이 있는데 AI에 의해 약 60개의 '히트 클러스터'라고 불리는 그룹으로 분류할 수 있다고 합니다. 바꿔 말해 과거에 히트한 곡의 패턴을 분석해 보면 대부분은 그중 하나의 히트 클러스터에 속해 있다는 것입니다.

올린 곡은 리듬, 멜로디, 하모니, 비트, 억양, 음색, 속도 등의 70개 요소로 분류해 분석됩니다. 더 나아가 약 40개의 깊은 구조로 정보가 분류되어 AI가 패턴을 분석해 본 결과, 몇 개의 히트 클러스터에 자리를 잡으면 히트 확률이 올라가는 것으로 판단됩니다.

'그럼 처음부터 히트할 패턴으로 곡을 만들면 되는 거 아냐?'라고 생각할 수도 있지만 꼭 그렇지만도 않습니다. 그게 바로 머신러닝의 재미있는 점인데 개발자도 AI가 왜, 어디를 보고 그 곡을 히트 클러스터에 넣은 것인지 자세한 이유는 알지 못합니다. 바꿔 말해 어떤 곡이 히트곡이 될지는 개발자도 정확하게 알지 못한다는 것입니다.

Music Xray

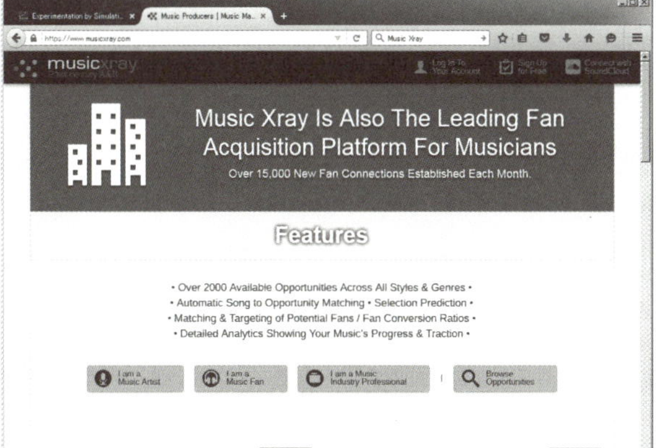

# 예술의 영역에 진출하는 AI

곡이 히트할지 말지를
판단할 뿐 아니라
AI는 곡 자체를 생성하거나
그림을 그리거나 소설을 쓰는 등,
예술의 영역에도
진출하기 시작했습니다.

AI가 곡을 자동으로 생성

'주크덱'(Jukedeck)이라는 웹사이트(영어)에서는 곡의 길이와 장르(피아노, 포크, 록, 일렉트로닉, 앰비언트, 영화음악, 팝), 분위기(장르에 따라 다른 2~4가지 종류) 등을 지정하기만 하면 머신러닝으로 곡을 학습한 컴퓨터(인공지능)가 저작권이 자유로운 곡을 생성해 제공합니다. 또한 곡은 그때마다 생성되는 것인지 똑같은 장르와 분위기를 선택해도 같은 곡이 완성되지는 않습니다.

또한 인공지능을 이용해 재즈곡을 생성하는 '딥재즈'(deepjazz)라는 사이트(영어)도 잘 알려져 있습니다.

주크덱의 곡 생성 시스템

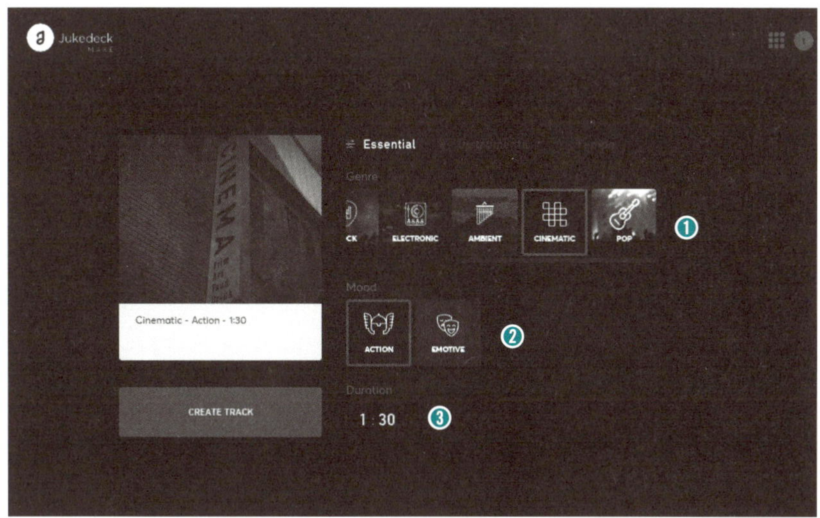

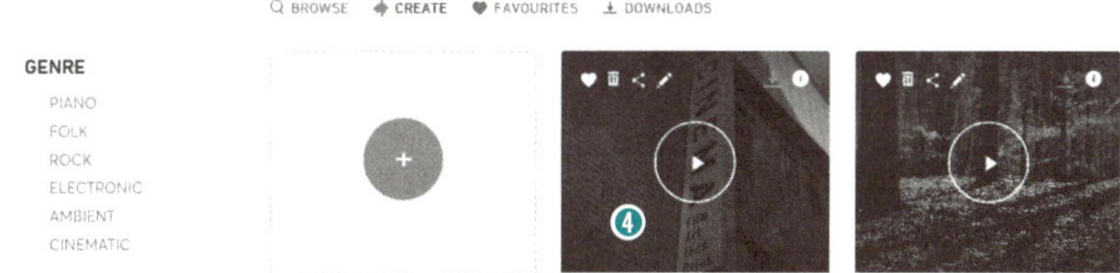

곡의 길이, 장르, 분위기를 지정하기만 하면 인공지능이 바로 곡을 생성하는 '주크덱'. ❶ 장르를 지정
(여기서는 영화음악 스타일을 지정), ❷ 분위기를 지정(액션을 지정), ❸ 곡 시간(1분 30초)을 지정
하니 ❹ 곡이 자동으로 생성됐다.

뉴스와 그래프 해설문을 AI '워드스미스'가 집필

뉴스 기사를 쓰는 기자의 일에도 AI가 진출하기 시작했습니다.

AP 통신에서는 2014년부터 '워드스미스'라는 인공지능이 기사의 일부
를 쓰고 있습니다. 집필자 이름이 AI(라고는 하지만 '오토메이티드 인사이

츠'(Automated Insights)라는 회사명)라고 돼 있는 기사를 확인해 보면 그게 바로 인공지능이 쓴 기사입니다. AP 통신은 2015년에도 새로운 시도를 하고자 대학교 운동 경기에 대한 기사를 AI가 자동으로 작성해 제공하기로 했다고 발표했습니다. NCAA(미국 대학 체육 협회)에서 스포츠 정보를 받으면 그 패턴을 워드스미스가 분석한 후 자연어 생성으로 처리해서 기사로 완성합니다.

워드스미스는 단순히 텍스트 문장을 생성해 완성하는 기능에 머무르지 않습니다. 엑셀 등을 이용해 작성한 표와 그래프, 수치 나열은 비즈니스와 일반 생활에서도 자주 이용되는 것들이지만 그것만 보여주면 어떻게 읽어야 할지, 어떤 경향에 있다는 것인지 정확한 의미를 파악하기 어려운 경우가 있습니다. 워드스미스의 분석 능력은 말하자면 데이터 과학자나 의사나 돼야 이해할 수 있는 수치나 표를 인간이 이해하기 쉽게 설명할 수 있다는 것입니다.

오토메이티드 인사이츠의 프레젠테이션 동영상에서는 병원에서 건강 진단 결과로 수치 및 그래프 데이터만 받고 당황해하는 환자, 회사에서 인사고과 측정 결과가 담긴 그래프를 받고 당황해하는 사원, 결혼을 신청한 남자에게 그래프를 가리키며 결혼생활에 걱정되는 점이 있다고 알리는 여자를 예로 들었습니다. 마지막 예는 코미디이긴 하지만 프레젠테이션 동영상의 요지는 데이터와 그래프만 받아서는 이해하기가 어렵다, 그것을 AI가 설명해 주면 이해할 수 있다는 것이 바로 워드스미스 플랫폼이라고 소개합니다. AP 통신뿐 아니라 삼성이나 미국 야후, 마이크로소프트 등도 이를 도입했습니다. 기업이 이 기술을 도입하는 데는 창조성이 없는 문서를 AI가 생성하게 해서 인건비를 줄이려는 목적도 있습니다.

또한 잡지 '와이어드'는 오토메이티드 인사이츠 사의 CEO가 게재한 '100만 개의 페이지뷰(PV)가 있는 1건의 기사가 아니라, 페이지뷰가 하나뿐인 100만 건의 기사를 만드는 것이 우리의 방침이다'라는 코멘트를 남겨 '로봇 기자 채용 미디어가 증가'라는 제목으로 보도하기도 했습니다. 텍스트 문장 작성이나 자연어 대화 기술은 비즈니스 IT와 로봇 업계에서도 주목받고 있기 때문에 향후에도 이 분야는 확대될 듯합니다.

호시노 신이치 스타일의 초단편소설을 AI와 인간이 공동으로 집필

AI는 소설을 쓰는 일에도 관여하기 시작했습니다.

'변덕쟁이 인공지능 프로젝트 작가랍니다'는 공립 하코다테 미래대학의 마쓰바라 히토시 교수를 중심으로 한 프로젝트 팀으로서 2012년 9월부터 호시노 신이치[5]의 초단편소설 전편을 분석해 인공지능이 재미있는 초단편소설을 창작하게 하는 것을 목표로 하고 있습니다. 이미 인간과 인공지능이 공동으로 집필한 단편이 몇 편 발표됐고, 니혼케이자이 신문이 주최한 '호시노 신이치 상'에 응모했지만 아쉽게도 최종 심사까지 가지는 못했지만 응모 작품 중 한 편이 1차 심사에 통과하는 성과를 얻었습니다.

인간이 줄거리를 생각하면 인공지능이 1차로 문장을 이용해 원고를 쓰고 인간이 그것을 수정하기 때문에 전체적으로 AI의 작업 비율은 10~20% 정도에 불과해서 아직까지는 인간의 작업이 대부분 필요하다고 할 수 있습니다. AI가 소설을 썼다고 하기에는 갈 길이 한참 멀지만 연구가 막 시작된 단계라서 향후의 전개에 주목해 보도록 합시다.

또한 호시노 신이치 상에 응모한 작품인 '컴퓨터가 소설을 쓰는 날'과 '나의 일은'이라는 작품은 공식 홈페이지에 게재돼 있어 누구나 읽을 수 있습니다(2016년 5월 시점).

---

5   일본의 소설가이자 SF 소설가.

변덕스러운 인공지능 프로젝트 작가랍니다

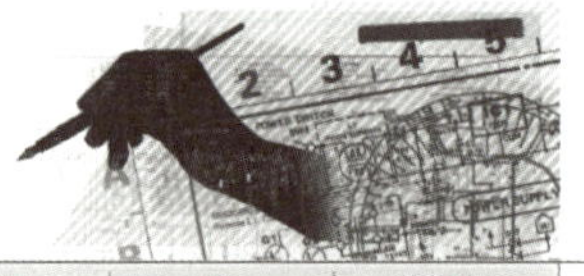

성과	멤버	보도	링크	인사이드

변덕쟁이 인공지능 프로젝트 작가랍니다

호시노 신이치의 초단편소설 전편을 분석한 다음 에세이 등에 적힌 아이디어 발상법을 참고로 인공지능이 재미있는 초단편소설을 창작하게 하는 것을 목표로 하는 프로젝트입니다.

공립 하코다테 미래대학의 마쓰바라 히토시 교수를 중심으로 한 프로젝트 팀으로, 2012년 9월에 시작해서 2017년경에 '신작을 발표'하는 것이 목표입니다.

News 최신 정보   ● 목록 보기

2016.03.21	●	성과 작품을 공개했습니다.
2016.03.06	●	발표회 공지입니다.
2015.09.24	●	제3회 호시노 신이치 상에 응모했습니다.

> 인공지능이 재미있는 초단편소설을 창작하게 하는 것을 목표로 하는 프로젝트

다수의
인공지능 관련 기술을 활용할 수 있는
SaaS(Software as s Service)형
클라우드 플랫폼 'IBM 왓슨'은
2011년 2월에
미국 퀴즈 방송 '제퍼디!'(Jeopardy!)에서
인간 퀴즈왕과 대전해 승리하며
주목받은 후,
비즈니스 분야에 응용하는 방안을
구체적으로 마련하기 시작했을 때
가장 먼저 의료 분야를 선택했습니다.

IBM 왓슨=질의응답 시스템+의사결정 지원 시스템

IBM은 2011년 9월에 미국 대형 의료 보험 회사인 웰포인트(Wellpoint)와 제휴하겠다고 발표했고, 2012년 3월에는 암 치료를 위한 정보를 지원하겠다고 발표했습니다.

의료 분야에서는 매년 어마어마한 양의 논문이 새로 공개되며, 2014년에는 암 관련 논문 하나로 무려 20만 권을 넘어섰습니다. 이미 인간이 훑어볼 수 있는 규모를 넘어섰다는 의견도 있습니다. 하지만 인간이 읽을 수 있게 만들어진 논문을 컴퓨터가 읽게 하려면 인간의 말, 즉 자연어를 이해할 수 있는 시스템이 필요합니다.

또한 최근의 암 치료는 인간 게놈에 관한 연구가 활발하게 이뤄졌는데, 하나의 몸에 있는 60조 개의 세포에 수천~수만 개의 게놈 정보가 존재하고 그 변이 정보는 암 연구에 중요한 데이터가 된다고 합니다. 이를 분석하기 위해서는 방대한 컴퓨터 파워와 고도의 분석 기술이 필요합니다.

이 고도의 '질문 응답 시스템'과 '의사결정 지원 시스템'을 함께 갖추고 있는 것이 IBM 왓슨입니다. IBM 왓슨은 논문과 의료에 관한 빅데이터를 집적해서 인간용으로 작성된 자료와 같은 비구조화 데이터를 이해한 후 컴퓨터용 구조화 데이터로 변환해 환자별로 최적의 치료 방침과 약을 의사에게 제안하는 시스템을 개발했습니다. 이미 2015년경부터 미국과 캐나다의 14개 의료기관에서 도입하기 시작했습니다.

일본에서는 2015년 7월, 도쿄 대학 의과학 연구소가 선진 의료를 촉진하기 위한 새로운 암 연구를 IBM의 '왓슨 게놈 애널리틱스'(Watson Genomic Analytics)를 이용해 진행하겠다고 발표했습니다. 여기서 IBM은 다음과 같이 이야기하고 있습니다.

일본 인구의 고령화와 함께 암 환자의 비율도 높아지고 있습니다. 암은 일본인들의 최대 사망 원인이며(출처: 후생노동성 정책 리포트), 평생을 살며 일본인의 반이 암에 걸린다고도 합니다. 종양이 발생한 장기가 무엇이냐에 따라 화학 요법, 방사선 치료, 수술이라는 표준적인 치료 요법이 쓰이고 있는데 표준적인 치료법으로는 완치되지 못한 환자가 많습니다. 암세포의 게놈에는 수천 개부터 수만 개의 유전자 변이가 축적돼 있고, 각 암세포의 성질은 변이의 조합에 따라 다릅니다. 여기서 암세포의 게놈에 존재하는 유전자 변이를 망라해서 조사해 그 종양 특유의 유전자 변이에 적합한 치료 방법을 발견하면 효과적인 치료법을 환자에게 제공할 수 있게 됩니다.

암세포의 게놈을 조사해 각 암에 맞는 치료를 제공하는 개별화 의료 진보는 암 치료에 나선 이들에게 희망을 주고 있지만 이를 실현하려면 전 게놈 시퀀싱[DNA를 구성하는 염기(A-아데닌, G-구아닌, T-티민, C-사이토신) 배열 결정]에서 얻은 데이터를 분석하기 위해 복잡하고도 규모가 큰 빅데이터를 분석해야 합니다. 암세포의 전 게놈 정보는 약 60억 개 글자 분의 데이터에 해당하며, 유전자 분석 기술의 진보는 이러한 전 게놈 정보를 읽어낼 수 있게 만들었습니다. 또한 인터넷상에는 암세포의 게놈에 존재하는 유전자 변이와 관련된 연구 논문과 임상 시험 정보 등의 방대한 정보가 있습니다. 왓슨은 이 같은 방대한 정보를 신속하게 참조하고 분석해 암의 원인인 유전자 변이를 발견함과 동시에 유효한 치료 방법의 가능성을 제시합니다.

또한 미국과 유럽의 어느 병원에서는 식사량, 화장실을 가는 횟수, 혈압 등 환자에 관한 17개 항목에 달하는 정보를 빅데이터로 축적 및 분석하고 치료법을 검토하는 시스템을 도입해 입원 기간을 단축하는 성과를 냈다고 합니다.

더불어 병을 예지하는 방안도 강구 중입니다. 기존에 쓰던 의료 기기의 센서를 통해 매초 많은 데이터가 송신됐지만 그처럼 방대한 데이터를 처리하는 시스템이 없거나 분석할 능력이 부족하면 실컷 받아놓은 데이터를 활용할 수 없습니다. 여기에 신경망 기술을 활용하자는 시도를 한 것입니다.

감염증 치료 분야에서는 감염증에 걸린 환자의 데이터를 구해서 그것을 축적하고 분석한 결과 감염증의 전조를 알 수 있었고, 증상이 발생하기 전에 손을 써서 발병을 어느 정도 억제할 수 있다는 사실을 알게 됐습니다. 이러한 시스템은 주가와 외환의 동향을 예측해 온 금융업계의 발상이었다고 합니다.

IBM 왓슨의 인지 컴퓨팅이나 인공지능 관련 기술은 이처럼 의료 분야에 새로운 빛을 비춰주고 있습니다.

의약품 연구 개발을 효율화

매출의 약 90%가 병원에서 사용되는 의약품이라는 다이이치산쿄의 경우 이미 미국과 유럽에서는 IBM 왓슨을 도입하기 시작했습니다. 통상적으로 하나의 신약을 개발하려면 10년간 약 2조 가까이 되는 예산을 투자해야 한다고 합니다. 예를 들면, 병의 근원인 단백질에 맞는 화합물을 발견하는 작업이 있습니다. 이 화합물이 바로 약이며, 단백질과 약이 결합하면 병이 낫거나 진행을 억제하는 효과가 발생합니다.

자주 드는 예로, 단백질은 열쇠 구멍이고 화합물은 열쇠라고 합니다. 신약 개발을 하려면 열쇠 구멍에 딱 맞는 열쇠(화합물)를 발견하는 작업을 하게 되는데, 존재하는 열쇠만 수백만 가지에 이르기 때문에 화합물을 스크리닝(가려내기)하거나 조합하는 것만 해도 방대한 시간이 걸린다고 합니다. 이때 인공지능 관련 기술을 도입하면 신속하면서도 효율적으로 작업할 수 있을 것으로 기대됩니다.

의약품 연구 개발로 응용하기

출처: 다이이치산쿄의 프레젠테이션 자료에서 발췌

콜 센터 질문 응답 및 의료 기관용 정보 검색 시스템 구축

사가 현에 본사를 둔 기무라 정보기술 주식회사는 한발 빠르게 IBM 왓슨을 도입해 제약회사 콜 센터의 질문 응답 및 의료와 관련된 정보 검색 시스템을 구축하고 있습니다.

IBM 왓슨이 자연어로 소통할 수 있다는 점에서 제약회사 콜 센터는 1차 응대로 효율과 질을 높일 수 있게 했습니다. 예를 들어, 질문한 사람이 'A제의 제형은 어떻게 돼 있습니까?'라고 물으면 'A제에는 경구 붕해형 정제[6]와 필름코팅정[7]이 있습니다'라고 답변하고, 마찬가지로 'A제를 복용하면 미각 쪽에 부작용이 있을 수 있습니까?' 'A제의 성분량을 가르쳐줘요'라는 질문에는 컴퓨터가 자동으로 응답합니다.

---

6   침이나 약간의 물에 녹는 약. 알약 복용이 어려운 이들이 복용한다.
7   정제 표면을 고분자의 얇은 막으로 코팅한 것.

또한 약제사나 의사가 약에 대해 문의하는 경우도 가정해 'A제를 사용하는 환자의 XX 검사 수치가 상승했다. 약을 줄이거나 끊어야 하는가?'라는 문의를 했을 때 컴퓨터는 A제와 XX 검사의 수치에 관한 정보를 검색해 순식간에 '환자 상황에 따라 약을 줄일지 말지에 대한 판단은 달라질 수 있지만 XX 검사의 수치가 XX를 넘어섰다면 A제는 투약을 중지해야 합니다'라는 답변을 하는 약품 정보 지원 시스템이 이미 가동되고 있습니다. 질문에 대한 답변을 음성으로 할 뿐 아니라 채팅으로 문의하는 시스템도 갖춰져 있습니다. 이 회사에서는 다음과 같은 의약품과 의료 정보를 컴퓨터에 입력해서 비구조화 데이터를 구조화함과 동시에 사용자가 보낸 피드백을 보며 추가로 학습을 진행해 더욱 고도의 시스템으로 진보할 수 있을 듯 보입니다.

의약품 · 의료 관련 정보

- 첨부 문서 등의 의약품 정보 전반
- 제약 회사/콜 센터 정보
- 약국 현장에서 복용 지도/QA 정보
- 병원/진료소 전자 진료 기록 카드 정보
- CT/MRIX선/병리 등의 이미지 정보
- 질환 정보/진료 가이드라인
- Medicine과 같은 의학 문헌 정보
- 의사/약제사 등의 국가시험 과거 문제
- MR 인정 시험/텍스트/과거 문제

IoT란
Internet of Things의 줄임말로서
직역하면 '사물 인터넷'입니다.
요즘 경제 신문과 웹 뉴스 등에서
이 단어를 빈번하게
볼 수 있게 됐습니다.
IoT란 무엇인가,를 간단하게 설명하자면
'인터넷에 다양한 기기를
뭐든 연결해 정보를 얻거나
상호 교환하는 것',
즉 '인터넷에 모든 것을 접속시켜
자동화 및 효율화를 진행'한다는
개념입니다.

IoT와 자판기

자주 듣는 구체적인 이야기를 소개하겠습니다.

하나는 자동판매기입니다. 캔 주스와 커피 등의 자판기는 일본 전국 다양한 곳에 많이 배치돼 있습니다. 관리회사의 직원이 상품을 실은 트럭을 타고 자판기를 돌며 돈을 회수하거나 판매한 상품을 채워 넣습니다. 또한 잘 팔리는 상품은 버튼 수를 늘리고 여름과 겨울이 되면 차가운 음료와 뜨거운 음료의 비율을 세심하게 조정합니다.

각 자판기를 인터넷에 연결해 무엇을 몇 개나 팔았는지, 또는 어떤 상품을 얼마나 채워줘야 하는지 본부에서 집계할 경우 물건이 팔려 돈을 회수하거나 상품을 채워 넣어야 하는 자판기만 돌면 되기 때문에 효율적으로 순회할 수 있습니다. 또한 자판기마다 팔린 상품 데이터를 본사에서 집계하면 어느 지역에서 무엇이 잘 팔리는지 등, 잘 팔리는 상품의 경향과 지역별 분석이 가능해집니다. 이 정도는 기존의 기술로도 구축할 수 있기 때문에 이미 실천 중인 제조업체와 관리회사가 있습니다.

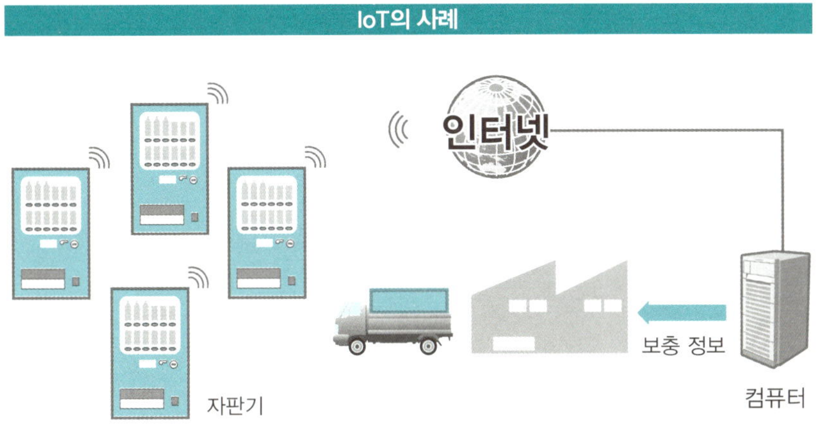

인터넷을 이용해 본사에 모인 자동판매기의 판매 및 재고 정보를 집계한 후 어느 자판기에 제품을 채워 넣어야 하는지, 잘 팔리는 상품의 동향은 어떤지를 파악한다.

이 데이터를 더 세밀하게 분석하고 매출 상태를 예측해 판매율을 올리고 싶다면 어떤 아이디어가 있을까요? 예를 들어, 자판기 가까이에 편의점이 있다고 쳤을 때 젊은이가 많이 사는 지역과 고령자가 많은 지역의 차이, 날씨와 기온에 의한 차이, 이벤트 개최로 인한 영향 등의 다양한 데이터에 맞춰 분석해 보면 왜 이 상품이 잘 팔리는지 그리고 팔리지 않는지를 분석하거나 다음 주말의 날씨와 기온, 이벤트 개최 등으로 사람들이 오가는 상황에 따라 어떤 상품이 얼마나 팔릴 것 같을지를 예측할 수 있습니다.

이 작업을 모든 지역의 자동판매기에서 할 경우에는 현재의 매출 상태, 지역 주민의 경향, 왕래하는 사람 수, 날씨와 기온 같은 방대한 데이터를 교차 분석해야 합니다. 그리고 자동판매기마다 어떤 상품을 몇 개씩 배치해야 할지를 인간이 아니라 인공지능 기술을 이용한 컴퓨터가 산출하게 합니다.

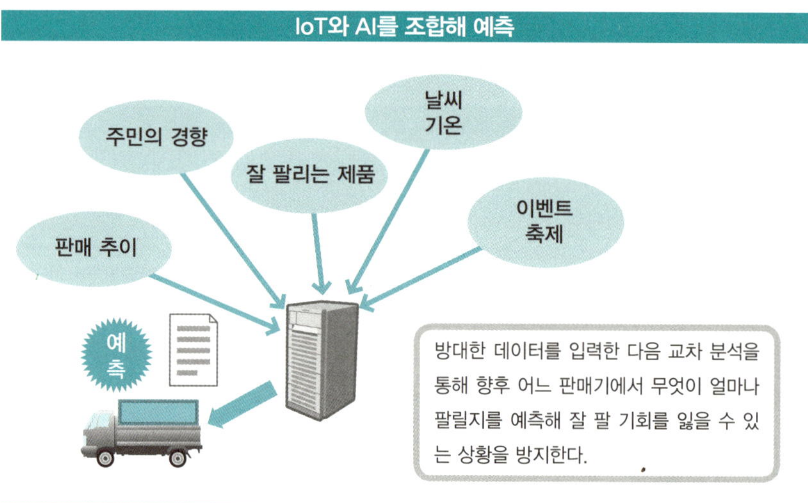

가정과 웨어러블도

미국에서는 '스마트홈' 시장이 급성장 중입니다. 홈 오토메이션이라고도 하며, 간단한 예로 스마트폰에 대고 'OK, Google. 방 온도를 올려줘'라고 하면 에어컨의 설정 온도가 올라가고 스마트워치에 '방에 불 좀 켜줘' '더 밝게' '전기, 파란색'이라고 지시하면 조명 기구의 점등/소등, 밝기, 조명 색을 지시할 수 있습니다.

이 모두 다른 제조업체이긴 하나 인터넷을 매개체로 해서 제어하는 소프트웨어 개발 키트(SDK)가 공개돼 있어 기기끼리 쉽게 연결할 수 있습니다.

몸에 착용하는 기기인 **웨어러블 디바이스**나 그와 연결하는 기기도 IoT와 호환되는 것들이 증가하고 있습니다.

활동량 측정기라고 불리는 손목밴드형 활동 추적기 'Fitbit'처럼 몸에 착용하고 있으면 걸음 수와 이동 거리, 소비 칼로리, 운동 강도, 수면 상태를 측정할 수 있습니다.

또한 2016년의 가전 박람회에서는 오므론이 혈압을 측정할 수 있는 스마트워치형 기기를 전시하며 화제가 됐습니다. 그에 더해 스티커처럼 몸 일부에 붙이는 타입의 웨어러블 기기도 등장하고 있습니다.

F1 맥라렌 혼다와 IBM 왓슨이 제휴

IoT의 핵심은 '센서'입니다. 다양한 것들에 센서를 붙인 다음 인터넷에 연결해 센서가 취득한 계측 데이터를 컴퓨터(클라우드)에 보내고, 그 데이터를 클라우드에서 모니터링하고, 이를 통해 현장에 사람이 없어도 상황을 파악할 수 있고, 이상한 사태를 감지하거나 예측할 수도 있는, 그러니까 어쩌면 인간이 몰랐던 새로운 발견을 할 수 있을지도 모릅니다.

2016년 2월 23일, IBM은 '혼다 기술 연구소가 레이싱 데이터 분석 시스템에 IBM의 IoT 기술을 채택'이라는 제목으로 보도 자료를 발표했습니다. 즉, 2016년, F1 레이스의 **맥라렌 혼다** 팀이 IBM의 'IoT for Automotive'를 채택해 레이스 중에 엔진 데이터를 분석하겠다는 발표였습니다.

전 세계의 서킷에서 열리는 F1 레이스 현지에서 경주용 자동차의 실시간 상황을 혼다의 개발 본거지인 도치기 현과 맥라렌이 있는 영국에 송신하고, 거기서 모니터링 및 분석한 후 그 결과를 즉시 피트에 보내 팀 내에서 공유하겠다는 것입니다.

F1에서는 예전부터 **텔레메트리** 시스템이 도입됐고, 주행 중인 엔진과 연료와 같은 일부 정보는 피트에 보내지고 있었습니다.

텔레메트리 시스템이란 경주용 자동차가 보내는 계측 데이터를 피트에서 모니터링하는 원격 측정 시스템을 말합니다. 현대의 F1에서는 경주용 자동차 안에 약 160가지 종류나 되는 센서가 탑재돼 있으며, 엔진의 회전수, 수온, 유압, 타이어 온도와 내압(공기압), 브레이크 온도와 마모, 연료 소비, 어디서 어떻게 차량이 점프하고 어디서 트랙션(타이어가 노면을 차는 힘)이 빠지는지 등에 대한 정보를 항상 텔레멘트리 시스템으로 보내고 있습니다.

가능하면 여러 부품에 센서를 장착해 계측 데이터를 얻고 싶고, 0.01초라도 빨리 달리기 위한 정보를 얻고 싶고, 고장의 징후를 놓치지 않고 문제를 사전에 예측하고 싶고, 연료 예측 및 최적의 피트인 타이밍과 같은 정보가 산더미처럼 있어 피트 크루나 매니저는 초 단위로 결단을 내려야 하는 압박에 시달립니다.

한편 센서가 계측하는 데이터는 한 레이스에 약 5GB에 육박하는 빅데이터입니다. 이만큼이나 되는 계측 데이터를 현장 피트에 있는 인력만으로 충분히 분석하기에는 역부족입니다. 또한 레이스의 규정상 팀 스태프의 최대 인원수도 제한돼있어 데이터 과학자를 여러 명 고용해 대기하게 할 수도 없습니다.

그래서 이번과 같은 발표가 나오게 됐습니다. IBM의 'IoT for Automotive'를 활용한 레이싱 데이터 분석 시스템을 기반으로 도입했다는 것입니다. 엔진에 관한 정보는 순식간에 도치키 현 사쿠라 시의 혼다 연구 팀에 보내집니다. 대규모의 분석 시스템이 이 정보를 분석해 나온 결과를 다시 빠르게 팀의 피트 크루들에게 보내주는 것입니다.

예측 시스템도 중요합니다. 엔진이 망가지기 전에 문제를 예측하지 않으면 아무 의미가 없습니다. 이때 IBM 왓슨 패밀리와는 별개지만 강력한 IBM 분석 기술 중 하나인 'IBM Cognos 패밀리'인 'IBM Cognos Business Intelligence'(IBM Cognos Analytics)도 이용되고 있습니다.

서킷에서 도치키 현의 연구소로 데이터가 보내지기까지 걸리는 시간은 불과 3초 이내로서 10초나 걸린다면 예측 징후를 알아냈다 하더라도 그때는 이미 엔진이 망가져 있을지도 모릅니다.

선진 기술을 보유한 F1의 세계에서도 IoT와 인지가 열쇠를 쥐고 있다는 것은 썩 재미있는 이야기는 아닐 겁니다. F1만큼 혹독하지는 않더라도 일반 가정이나 사회에 있는 다양한 것들을 인터넷에 연결한 다음 센서가 보내주는 계측 데이터를 축적 및 분석해 세상을 자동화하고 효율화하고 편리하게 만들자는 방향으로 진행되고 있는 것이 바로 IoT의 일면입니다. 그리고 분석 시스템에는 고도의 AI 관련 기술이 활용되고 있습니다.

해외 서킷에서 주행 중인 경주용 자동차의 엔진 정보가 도치기 현의 HRD Sakura에 보내지고, IBM 왓슨으로 분석한 현상과 예측 정보가 서킷 피트까지 보내진다. 궁극의 IoT인 셈.

출처: 혼다 기연공업 주식회사
2016년 2월 21일자 뉴스 보도 자료

빅데이터는 5년간 10배, 10년간 100배로 증가하고 있습니다. IoT에 힘이 실리며 다양한 것들에 센서가 장착되고 방대한 데이터가 전송되면, 이를 분석하거나 미래 예측을 하는 시스템이 필요해집니다. 그 정밀도를 높이는 열쇠가 바로 AI 관련 기술입니다.

이번 절에 나오는 이야기는
반은 앞으로 일어날 일,
반은 구체적으로 진행되고 있는 일입니다.
미국 멤피스 대학에서는
과거 학생들의 이수 데이터를
머신러닝으로 학습한 AI 컴퓨터
'디그리 컴퍼스'(Degree Compass)를 도입해
학생들의 진로를 지도하고 있습니다.

멤피스 대학의 '디그리 컴퍼스'

학생이 이수를 검토 중인 과목과 강의를 하나하나 분석한 후 적성도에 대한 순위를 매겨서 보내 줍니다. 실제로 AI가 적성도가 높다고 진단했다면 추천하는 과목을 이수했을 때 학점을 취득할 수 있는 확률이 80%로 높았고, 낮다고 진단했음에도 이수를 강행한 과목의 경우는 확률이 불과 9%로 떨어지는 상황이 되자 학생들도 자연스럽게 AI의 제안에 귀를 기울입니다.

학생의 성격과 특기, 고등학교 때의 성적, 입학시험 때의 성적, 지금까지 이수한 이력과 성적 데이터는 모두 디그리 컴퍼스의 데이터베이스 안에 있습니다. 그에 더해 다른 학생들의 방대한 과거 데이터를 읽어 들여 같은 학생들의 이수와 성적 패턴을 조합해 적합성을 산출해 냅니다.

멤피스 대학에는 24,000명의 학생이 재적 중이고 과목 수는 3,000개에 이른다는 점에서 말 그대로 빅데이터라 할 수 있습니다. 학생 본인은 3,000개의 과목 내용을 자세히 조사할 기술이 없어서 대충 과목명만 보고 선택해 버리는 경우도

적지 않습니다. 이를 AI가 적절한 조언을 해서 학생 개개인에게 적절한 과목을 연결해 주는 것입니다. 멤피스 대학에서는 시스템을 도입한 후 학생이 학점을 못 따는 확률이 크게 줄어들었고, 성과 또한 오르고 있습니다.

취직 · 이직도 AI가 조언

학생이 취직할 곳도 AI가 정해주는 시대가 다가오고 있습니다. 일본어판 IBM 왓슨의 개발과 판매 업무 제휴를 맺고 있는 소프트뱅크는 왓슨의 도입 사례 중 하나로 인재 파견 매칭과 어느 이직처가 적재적소인지를 판정할 때 왓슨을 활용할 수 있다고 합니다. 더 나아가 왓슨을 도입한 기관 및 전문학교와 대학 또한 후보 중 하나입니다.

이것은 가정해서 하는 말이지만, 대학에 커뮤니케이션 로봇 '페퍼'를 설치합니다. 페퍼에는 IBM 왓슨이 연결돼 있어 학생과 자연어로 커뮤니케이션을 나눕니다. 커뮤니케이션을 나누는 동안 학생의 성격과 취향, 취미와 기호 등을 알 수 있습니다. 즉, 학생의 이수 과목과 성적 데이터, 세미나, 구매 데이터 등을 포함한 개인 데이터를 분석하면 구직 활동을 할 때 최적의 기업이 매칭되어 몇 가지 후보를 제공할 가능성이 있을 것이라고 봅니다.

인공지능 콘

연인이나 결혼 상대를 매칭할 때도 인공지능 기술을 쓰는 시대가 왔습니다. 벤처 기업 Chotchy는 'AI X LOVE 4명에게 1명은 매칭할 수 있는 새로운 감각의 미팅'이라는 문구로 '인공지능 콘'을 발표했습니다. 그리고 실제로 아오야마와 사가미하라에서 미팅 이벤트를 개최했습니다. 최대의 특징을 꼽자면 AI 컴퓨터가 개입해 잘 맞는 상대를 제안해 준다는 것입니다. 과거에 개최했던 이벤트에서 커플 매칭률은 27%를 달성했다고 합니다.

주요 시스템은 다음과 같습니다.

인공지능 콘

1. 참가자는 소정의 앙케트에 답한다

2. 이벤트 개최 중에 눈앞에 있는 참가자의 프로필이나 공통된 화제를 스마트폰으로 볼 수 있다

3. 몇 번이나 똑같은 자기소개를 할 필요 없이 바로 심도 있는 대화를 할 수 있다

4. 이벤트가 진행되면 그때까지 참가자의 행동 로그를 활용해 커플 성립 가능성이 가장 높은 3명을 인공지능이 제안한다

5. 최종 투표와 일부 커플의 성립

6. 나중에 당일의 데이터 등을 기반으로 미팅 중의 행동 패턴과 그 사람의 문제점 등을 피드백한다

미국에서는 결혼 상대를 매칭 및 추천할 때 유전자 정보를 이용하는 서비스도 등장했습니다. 콜로라도 대학의 연구에 따르면 마음이 맞는 연인이나 부부의 사고 방식과 취미, 행동 패턴은 닮은 경우가 많다고 합니다. 이 유사성은 유전자 정보에서 확인할 수 있다는 설이 있는 만큼 유전자 정보를 활용한 매칭 서비스에도 근거가 있는 셈입니다. 그렇게 되면 높은 정밀도로 정보를 조회하기 위해 AI 기술이 도입되는 것은 필연이라고 할 수 있을지도 모릅니다.

왕초보를 위한 간단한 해설
AI 관련 기술과 전문 용어

개와 고양이를 가려낼 때 어디를 보고 구별할 수 있을까요?

'컴퓨터의 패턴 인식 기능이 비약적으로 향상했다' '인간이 가르쳐주지 않아도 컴퓨터가 특징값을 이해한다'라는 것은 구체적으로 어떤 의미일까요? 또한 신경망과 딥러닝, 머신러닝이란 어떤 것이고 뭐가 대단한 걸까요? 컴퓨터를 학습시킨다는 것은 어떤 것일까요?

이번 장에서는 최신 신경망 기술의 기초와 학습 방법, 전문 용어 등에 대해 알기 쉽게 설명합니다.

머신러닝과 특징값

'특징' 늘리기

뉴스에서 화제인 '딥러닝'과 '신경망' 등의 키워드도 이 '머신러닝'의 분야에 포함됩니다. 그럼 머신러닝의 특징부터 설명해 보겠습니다.

우선 두뇌 체조를 겸해서 문제를 맞히는 퀴즈 게임 이야기부터 해봅시다.

부모와 자녀가 하는 대화 놀이 중 하나로, 출제자가 어떤 것을 머릿속으로 떠올린 뒤 그와 관련된 힌트를 말하면 상대가 답을 추리해서 맞추는 게임이 있습니다. 예를 들어, 출제자가 '빨갛다'라는 힌트를 주면 소방차, 우편함, 불, 사과, 꽃 등을 떠올리는데 당연히 '빨갛다' 하나로는 답을 한정 지을 수 없습니다. 여기서 다음 힌트가 '과일'이면 사과와 딸기, 버찌 등을 떠올리게 됩니다. 여기서 또 다음 힌트를 '잎이 어설프게 달려 있다' '알갱이들이 있다'라고 계속해서 주면 답은 '딸기'라는 것을 상당히 높은 정확도로 알 수 있습니다. 임시로 이 힌트들을 '특징'이라고 부르겠습니다.

이 퀴즈 게임을 컴퓨터화해서 컴퓨터가 답변하는 시스템을 만들려고 하는 경우를 생각해 봅시다. 힌트로 출제된 '빨갛다'와 '과일'로 분류할 수 있는 것, '알갱이들이 있는 것' 등의 특징을 생각해 봤을 때 맞아떨어지는 게 '딸기'라는 결론을 끌어내는 구조입니다. '빨갛다'와 '과일'이라는 힌트만으로는 아직 모호하지만 '꼭지 부분에 잎사귀가 달려 있다' '알갱이가 많다'처럼 힌트라 할 만한 특징들이 늘어나면 정답을 알 수 있게 되고, 정답을 맞힐 확률도 올라갑니다.

특징과 추리	
[힌트(특징)]	[컴퓨터의 추리/답변]
빨갛다	불, 사과, 피, 꽃……
과일	사과, 딸기, 버찌……
꼭지 부분에 잎사귀가 달려 있다	딸기
알갱이가 많다	딸기(틀림없음)

지금까지 이용된 규칙 기반 형태(rule base)의 경우, 이처럼 딸기의 특징과 조건을 가능한 한 많은 인간이 등록해 두면 딸기를 좀 더 정확하게 답변할 수 있을 것입니다. 단, 대화로 이를 진행할 경우 '알갱이들'을 '씨앗', '깨알'이라고 표현하는 사람도 있을 겁니다. 그런 많은 애매한 부분들까지 고려해 시스템을 만들어야 합니다.

예를 들어, 누군가에게 여러 가지 표현을 써서 딸기의 특징을 다양하게 이야기해달라고 부탁했다고 해봅시다. 그것을 컴퓨터가 듣고 모두 글자로 변환한 다음 데이터베이스에 자동으로 그 특징을 등록해 주면 개발자가 해야 할 작업은 간단해집니다(상상해보니 어딘가 미래적인 분위기가 나는군요).

또한 '딸기'라고 지정했을 경우 컴퓨터가 자동으로 인터넷을 돌아다니며 위키피디아나 백과사전 사이트, 온라인 쇼핑몰, 트위터와 페이스북에 있는 정보를 분석해 기계 스스로가 딸기의 특징을 학습하게 된다면 더욱 간편하면서도 미래지향적인 개발 작업을 할 수 있지 않을까요?

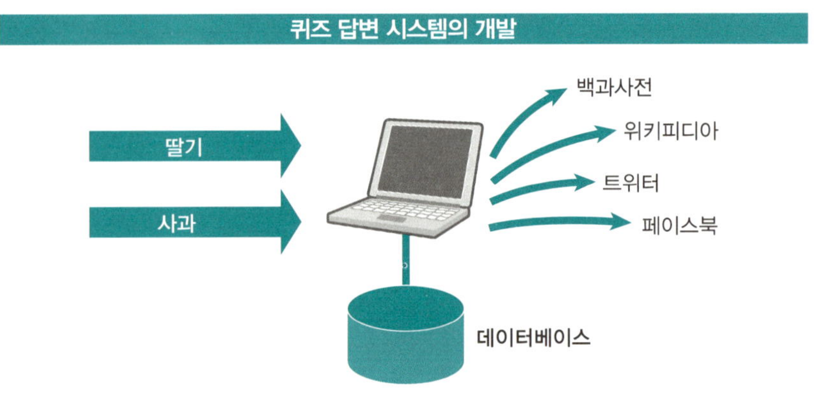

이미지의 '특징' 등록하기

다음은 조금 관점을 바꿔 이미지 인식을 예로 들어 보겠습니다.

어떤 이미지를 입력하면 그 이미지가 뭔지 알아맞히는 시스템을 만든다는 과제를 한다고 생각해 보죠. 먼저 컴퓨터에게 딸기 사진을 보여줬습니다. 컴퓨터는 그 이미지를 분석해 이미지 전체 혹은 일부가 일치하는 것을 데이터베이스 안에서 찾아내면 똑같은 사물이라고 판단하고 답변을 보낼 겁니다. 이것이 바로 우리가 이제까지 주로 써왔던 기술인 **패턴 매칭**입니다.

좀 더 구체적으로 설명하자면 예를 들어 딸기 전체의 사진을 찍어 데이터베이스에 등록해 둡니다. 주제의 이미지가 완전히 똑같은 것이면 확실히 맞출 수 있을 것이고, 그와 가까운 이미지라면 높은 확률로 '딸기'라는 답변을 할 수 있겠죠. 하지만 전혀 다른 각도와 구도로 찍힌 사진이라면 맞힐 확률이 내려갈 겁니다. 여기서 정답을 맞힐 확률을 더 높이고자 할 경우에는 알갱이들(씨앗처럼 보이는 부분: 실제로는 이게 과일)과 꼭지 부분과 같은 이미지의 일부를 잘라내거나 사방팔방에서 찍은 사진을 등록해 둡니다. 그중 하나와 일치하는 모양이나 형태가 있으면 컴퓨터가 그것을 딸기라고 답변할 확률은 높아집니다.

언어 게임의 경우는 단어와 표현을 조건으로 두고, 이미지 인식의 경우는 이미지와 그 일부를 조건으로 두고 일치하는 것을 답변으로 추출한다는 구조는 같습니다. 그리고 어느 경우든 그 조건이 될 만한 특징은 인간이 등록해야 했습니다.

예를 들어, 숙성되기 전의 딸기 열매는 녹색이나 흰색인데, 그 조건을 인간이 추가하지 않는 한 일반적으로 컴퓨터는 녹색과 흰색의 딸기를 딸기라고 인식하지 않습니다. 따라서 비닐하우스에서 수확 시기를 기다리는 딸기도 딸기라고 인식시키려면 그 또한 인간이 조건을 제공해야 합니다.

인간이 이런 등록 작업을 하는 것은 상당히 번거롭습니다. 과일만을 대상으로 한 '과일 맞추기 퀴즈' 시스템이라면 몰라도 모든 것을 대상으로 한 질의응답 시스템을 만들고자 한다면 물건도 특징도 그 수가 워낙 방대해 등록하는 데 많은 노력이 필요할 것입니다.

머신러닝으로 '특징 등록'을 자동화

이쯤 되면 특징 등록을 자동화할 수는 없을까? 라는 발상이 필연적으로 발생합니다. 이 질문의 답변 중 하나가 머신러닝입니다. 기계 스스로가 특징을 발견해 등록(학습)하므로 점점 똑똑해지는 머신러닝이라면 인간이 조건을 등록할 필요가 없어질지 모릅니다.

또한 개발자가 모르는 것을 기계가 학습할지도 모를 그런 가능성도 있습니다.

'흰 딸기'가 있다는 사실을 알고 계십니까? 트위터에서 화제가 되며 주목을 모았기 때문에 트위터 사용자라면 잘 알고 있겠지만 일반적으로는 흰 딸기의 존재를 모르는 사람이 많을 겁니다. 하지만 만약 머신러닝이 트위터의 데이터를 수집해 학습한다면 컴퓨터는 빨간 딸기와는 별개로 흰 딸기가 있다는 것을 틀림없이 이해할 것입니다. 설령 개발자가 모른다 할지라도요.

신경망

머신러닝의 일종으로 신경망이 있습니다. 그리고 신경망의 일종으로 심층 신경망, 딥러닝이 있습니다.

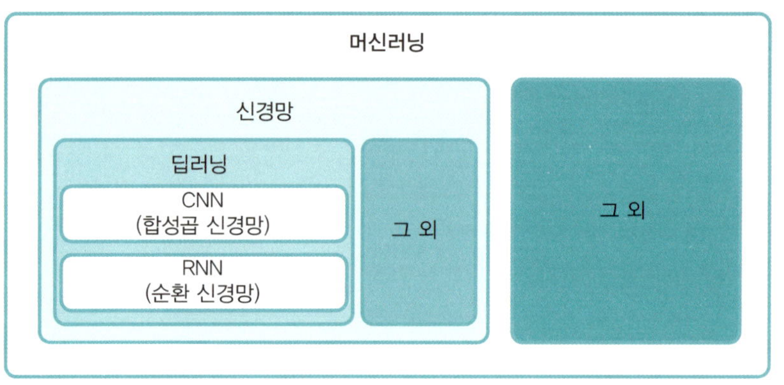

간직해두고 싶은 인공지능 관련 기술 키워드

- 규칙 베이스(지식 베이스)
- 머신러닝
- 분류 문제
- 회귀 문제
- 강화학습
- 신경망
- 형식 뉴런
- 특징값

- 지도 학습/비지도 학습
- 딥러닝
- 과적합
- 오차역전파법
- 오토인코더
- CNN(Convolution Neural Networks)
- RNN(Recurrent Neural Networks)
- 인공 감성 지능

신경망과
분류 문제

'머신러닝'은
기계가 방대한 샘플 데이터를
분석하거나 훈련 데이터를 반복하거나
규칙, 규정, 표현, 조건, 판단 기준 등을
스스로 추출한 후
데이터베이스에 축적해 학습합니다.
인식 및 분석이 필요한 데이터가
입력된 경우, 기계는
축적된 데이터베이스를 근거로
데이터를 분석하고 식별하고
관계성을 생각하고 예측하며,
인간이 평소에 하는
'생각하는' 작업을 대체합니다.

'분류 문제'와 '회귀 문제'

머신러닝은 크게 '분류 문제'와 '회귀 문제'로 나뉩니다.

'분류 문제'는 글자 그대로 뭔가를 분류하는 것으로, 이미 실용화가 진행됐습니다. 예를 들어, 뭔가를 분류하는 기능이라고 하면 처음에는 쉬울 것 같다는 생각을 합니다. 이미지 인식을 예로 들면 스캔한 이미지가 무엇인지 '고양이' '개' '차' 등이라고 식별하는 그 분류를 말합니다. 텍스트의 경우 스팸 메일인지 정규 메일인지 파악하고 뉴스 장르를 분류하며, 데이터 분석의 경우 잘 팔리는 상품이나 추천 상품을 분류하는 것 등이 한 예라고 할 수 있겠습니다.

분류 문제는 예측 대상이 개나 고양이 같은 **이산값**(연속되지 않는 값)인 데 비해 '회귀 문제'는 예측 대상이 1.05m, 40.14$ 등의 실질적인 수치인 문제를 말합니다. 계산을 통해 산출되는 수치, 추측 및 미지의 데이터를 예측, 그리고 시계열로 변화하는 주가 데이터 같은 것들 말입니다.

신경망

'머신러닝'의 종류는 다양하지만 인공지능 관련 기술로 주목받는 것이 바로 인간의 뇌를 모방한 '신경망'입니다.

신경망의 구조는 나중에 설명하겠지만 최대의 특징 중 하나인 '인간과 비슷한 방법으로 학습'을 한다는 것이 어떤 의미인지에 대해 설명해 보겠습니다. 그것은 바로 사물의 '특징값'을 산출(추출)하는 방법입니다.

우선 문제를 내보겠습니다. 함께 생각해 보시기 바랍니다.

다음에 나오는 몇 개의 이미지를 보고 '개'와 '고양이'로 분류해 봅시다. 이것은 앞에서 설명한 '분류 문제'의 간단한 예입니다.

분류 문제

각 이미지를 개와 고양이로 분류해 보세요.

　　이미지 인식으로 성과를 올리고 있는 머신러닝의 신경망, 특히 딥러닝에서는 이 같은 분류 문제가 특기라고 할 수 있습니다. 성능이 좋은 분류 시스템이라면 다음과 같이 제대로 분류해낼 겁니다.

컴퓨터가 이미지를 분석해서 분류

컴퓨터는 각 이미지를 분석해 개와 고양이로 분류할 수 있다.

그럼 신경망을 이용해 진행하는 것들의 어떤 부분이 대단한 걸까요?

신경망이 다른 것들과 차별화되는 것은 방대한 학습을 통해 분류하는 요소를 기계 스스로가 발견할 수 있다는 점입니다.

예를 들어, 앞에서 여러분은 이 문제가 제출된 것을 봤을 때 개와 고양이를 어떻게 구별했나요? 또 어디를 보고 개인지 고양이인지를 판별했나요?

기존 컴퓨터 시스템에서는 판별하는 조건과 기준, 규칙을 인간이 지정해야 한다고 설명한 바 있습니다. 이것이 규칙 베이스라고 불리게 된 유래죠.

'귀가 삼각형' '돌출된 코' '긴 수염이 여러 가닥' '털이 복슬복슬'과 같은 규칙(기준) 말입니다. 그러나 지금 언급한 조건에 구체적으로 개와 고양이가 다 맞아떨어진다고 할 수는 없습니다. 귀가 처진 종도 있고, 코가 평평한 종도, 털이 긴 종도 짧은 종도 있습니다. 개나 고양이에게는 다양한 종류가 있고 생긴 것도 제각각입니다. 단어를 이용해 조건을 만드는 것은 어렵지만 인간은 생김새의 어딘가를 보고 대충 개인지 고양이인지를 판별합니다.

귀가 처져 있으면 개 같다, 몸이 긴 견종도 있다, 눈의 검은자가 세로로 길면 고양이 같다 등, 실제로는 그냥 어딘지 모르게 그런 것 같은 특징으로 판단해서 인간은 개인지 고양이인지를 구별할 수 있습니다. 하지만 어디를 보면 구별할 수 있는 거야? 라며 새삼 구분하는 방법이나 그 규칙을 물어본다면 '음, 보면 알잖아?'라는 애매한 대답만 하게 될지도 모릅니다. 이것은 인간의 뇌가 지금까지의 경험을 통해 그것이 개인지 고양이인지를 판단하기 위한 어떤 '특징'을 학습해서 가지고 있고, 그것을 기반으로 판별하고 있다는 것을 의미합니다.

바로 이것이 신경망의 핵심입니다.

머신러닝의 신경망에서는 식별해서 분류하기 위해 인간이 제시한 규칙이 아니라 '어떤 "특징값"을 산출'합니다. 그리고 그 특징값이 '개'라고 가르치면 개로 분류합니다. 이를 반복하면 기계 스스로가 특징값을 산출해 개로 분류할 정보가 늘어납니다. 이처럼 학습 및 훈련, 트레이닝을 거치면 개에게 여러 가지 패턴이 있다는 것을 학습함과 동시에 어떤 특징값에 해당하는 것을 '개'라고 분류하면 되는지를 이해합니다. 컴퓨터가 다루는 특징값은 실제로는 '수치'(벡터값)인데, 뉘앙스로 설명하자면 인간처럼 '개인지 고양이인지는 보면 안다'와 마찬가지로 어디가 어떻다를 따지는 것이 아니라 '대충 보면 알죠, 이건 개예요'라는 애매한 '특징값'으로 구분하게 된다는 것입니다. 또한 이 특징들은 훈련을 통해 기계가 자동으로 학습하기 때문에 개발자는 기존과 같이 세세한 규칙을 정의해야 하는 업무에서 해방될 수 있습니다.

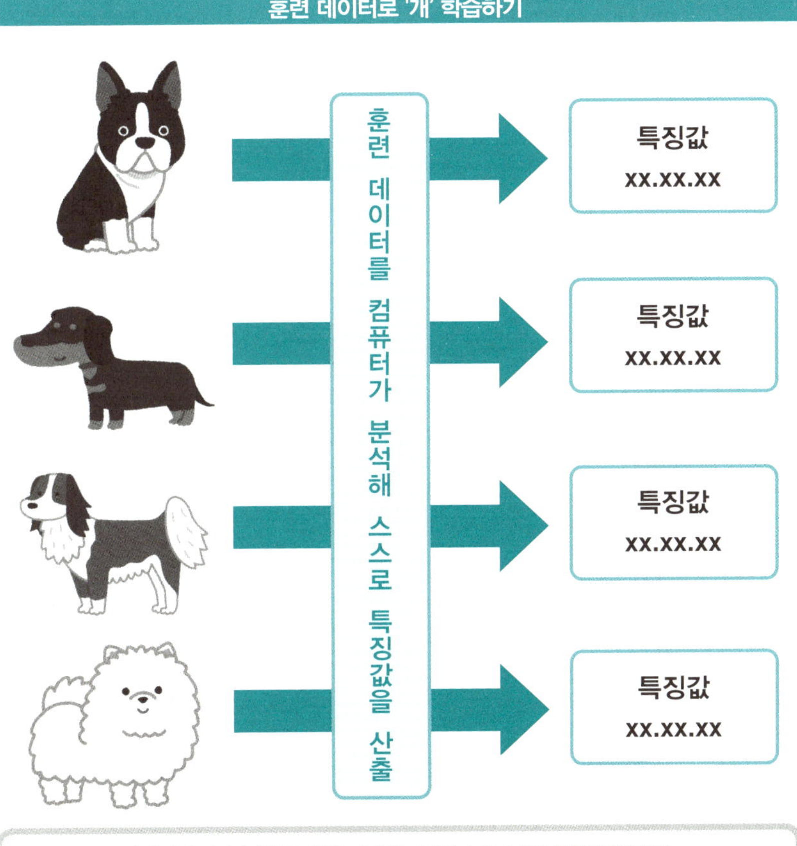

개의 여러 이미지에서 특징값을 산출해 기계가 스스로 개의 특징을 학습한다.

이렇게 완성된 분류 시스템에 '이 이미지는 개랑 고양이 중 무엇인가요?'라며 이미지를 입력하면 그 이미지의 특징값을 컴퓨터가 분석해 개의 특징값 내 범위와 일치할 경우 개라고 판단하고, 고양이의 특징값과 일치할 경우 고양이라고 판단해 분류합니다. 그리고 반복해서 말하지만, 중요한 건 개를 판단하는 기준(특징값)을 인간이 만들어서 제공한 것이 아니라 기계가 학습을 통해 스스로 계산해 냈다는 것입니다. 이를 가능하게 한 것이 머신러닝의 신경망이며 높은 정밀도로 인식하는 것이 심층 신경망입니다. '딥러닝으로는 머신러닝을 통해 특징값을 학습한다'나 '딥러닝으로 어떠한 특징값을 산출한다'는 이런 것을 의미합니다.

신경망의 구조

뇌의 기본 구조

인간의 뇌 구조는 아직 해명되지 않았습니다. 조금씩 밝혀진 사실은 뇌 자체가 엄청난 계산 및 인식 능력을 갖추고 있을 뿐 아니라, 300억 개가 넘는 방대한 숫자의 뇌 신경 세포(뉴런, Neuron)가 여럿 결합해 정보를 전달하거나 처리해서 기억하고 생각하고 사물을 판별하고 대화를 하는 것일지도 모른다는 것입니다.

신경 세포의 구조

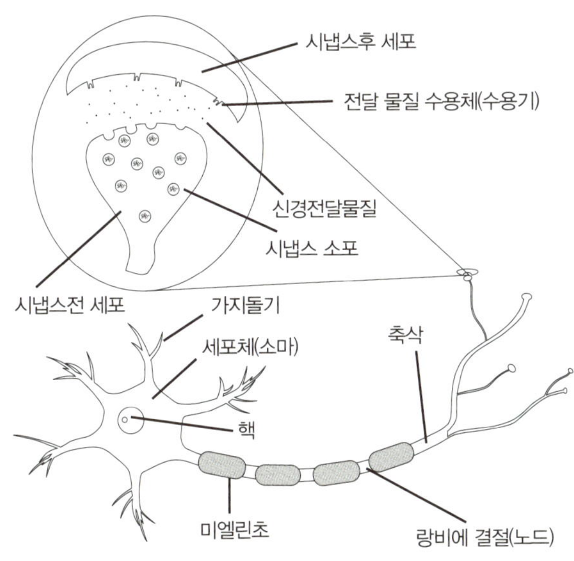

가지돌기, 세포체, 핵 등으로 구성된 신경 세포(뉴런)는 신경전달물질에 의해 시냅스(세포 간의 결합)를 형성한다. 뇌는 신경 세포의 정보를 전달해 공통적인 패턴을 인식하고 처리해 모든 능력을 발휘한다는 이론이 있다.

‘신경망’(Neural Network)은 뉴런의 구조를 컴퓨터로 모방하는 것에 도전한 것입니다(신경망은 ‘NN’으로 줄여 부르기도 합니다). 신경망이라는 말은 생체나 생물학, 신경학 분야에서도 이용되기 때문에 인공지능과 컴퓨터 업계에서 뇌의 구조를 시뮬레이션한 시스템을 말하는 경우에는 일부러 ‘인공’이라는 말을 붙여 ‘인공신경망(인공신경 회로망)’(ANN)이라고 구별하는 경우도 있습니다.

1장에서도 언급했지만 뇌는 신경 세포의 거대한 망이라고 불립니다.

네트워크를 구성하는 뉴런은 무수히 많고, 그 수는 100억~300억 개가 넘는다는 설도 있습니다. 신경 세포의 역할은 정보를 처리하는 것과 다른 신경 세포로 정보를 전달(입출력)하는 것입니다. 다른 신경 세포로는 신경전달물질에 의한 시냅스 결합을 통해 정보가 전달되어 기억 및 학습 등과 같은 지능적인 처리를 진행합니다.

뇌 과학의 ‘단 하나의 학습 이론’(One Learning Theory)에 의하면 뇌는 다양한 기능을 가지고 있다고 생각하기 쉽지만 사실 공통된 패턴을 인식해 처리하고 있다고 합니다.

자세한 내용은 뇌 과학 전문서를 읽어보시는 게 좋겠지만 지극히 간단하게 말하자면 인간은 사물을 보고 듣고 대화하고 뭔가를 느끼고 감정을 품고 답을 생각하고 추측하는 다양한 것들을 해내고 있는 만큼 뇌에도 각각에 적합한 구조의 부위가 있고 그것들이 복잡한 처리를 하는 게 아니겠냐는 상상을 합니다. 하지만 사실 뇌 내부에서는 모두 똑같은 패턴 인식을 통해 정보를 처리하고 있다는 이론이 있습니다.

그리고 신경망이 그러한 패턴 인식을 모방한다면 뇌와 같이 이미지 인식과 음성 인식과 계산과 분류와 추론, 그리고 학습과 기억 모든 부분에서 범용적으로 능력을 발휘할 가능성이 있지 않겠냐는 것입니다. 그것을 실천하고 있는 것이 바로 신경망과 그 알고리즘입니다.

인공신경망의 구조 자체는 새로울 것이 없습니다. 인공지능은 예로부터 연구돼 온 분야이고 ‘형식 뉴런’ 발표는 1943년, 시각과 뇌의 기능을 모델화한 ‘퍼셉트론’ 발표는 1958년까지 거슬러 올라갑니다.

신경망의 기본

신경망은 뇌와 닮은 구조를 단순화해서 컴퓨터로 재현한 것입니다. 컴퓨터상에 뇌 신경 세포를 시뮬레이션하는 '형식 뉴런'과 '노드'를 배치합니다. 입력된 정보는 각 뉴런에서 처리되어 다른 뉴런으로 전송됩니다. 정보를 받은 다른 뉴런은 처리를 마친 후 또 다른 뉴런에 정보를 전달합니다. 이 처리를 반복했을 때 '특징'(특징값)이 산출되어 몇 가지 처리 결과를 출력하는 구조가 '신경망'의 기본입니다. 몇 가지 처리 결과라는 것은 표현이 좀 애매한데, 사물을 인식하고 분석하고 예측하고 대화하는 다양한 것들을 말합니다.

입력층과 출력층

컴퓨터에서는 단순화한 모식도로 다음과 같은 그림을 자주 이용합니다.

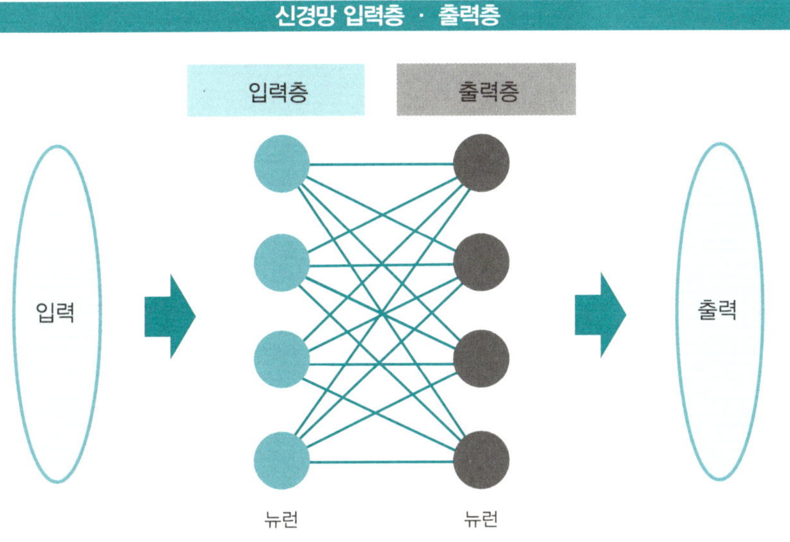

그림에서 큰 동그라미 ●는 형식 뉴런과 노드를 나타낸다. 입력된 정보는 입력층의 무수한 뉴런이 처리해 다른 뉴런에 정보를 전달하고 출력층의 무수한 뉴런이 처리한 결과를 출력한다.

다수의 뉴런이 존재한다고 했는데, 그것들은 층으로 나뉘어 임무를 수행합니다. 가장 단순한 형태는 '입력층'과 '출력층'입니다. 입력된 정보를 대상으로 우선 입력층에 있는 다수의 뉴런이 정보를 처리하고, 그 결과를 출력층의 뉴런에 전달하면 출력층에서 판단해 답을 출력한다는 것입니다.

입력에 어떻게 반응하느냐에 따라 곧 출력으로 이어집니다. 이것이 적절한 예인지는 모르겠지만, 인간으로 쳤을 때 손을 꼬집혀서(입력) 손이 움츠러들면(출력)이라고 할 수 있겠습니다. 이것들은 뇌의 기능에 근거를 두고 있어 입력층은 '감각층', 출력층은 '반응층'이라고 불리기도 합니다.

중간층(은닉층)

뇌는 감각적인 처리뿐 아니라 사물을 식별하고 계산하고 생각하고 기억을 불러오는 다양한 활동을 합니다. 신경망에서는 복잡한 정보를 처리할 때 입력층과 출력층 사이에 '중간층'을 설치합니다. 중간층을 은닉층이라고 부르는 경우도 있습니다.

중간층이 있으면 처리를 담당하는 뉴런군의 층이 증가합니다. 즉, 사고를 깊게 하는 것입니다. 앞에서 설명한 입력층과 출력층만으로 구성된 네트워크보다 입력층과 중간층과 출력층으로 구성된 망 쪽이 중간층 뉴런이 많아져서 정보 처리가 늘어나는 만큼 답변의 정확도가 올라가 범용성이 높은 답을 얻을 수 있습니다.

입력층은 중간층에 있는 다수의 뉴런군으로 정보를 전달해 중간층의 뉴런이 처리하고 나면 출력층의 뉴런으로 전달해 처리합니다.

신경망 입력층 · 중간층 · 출력층

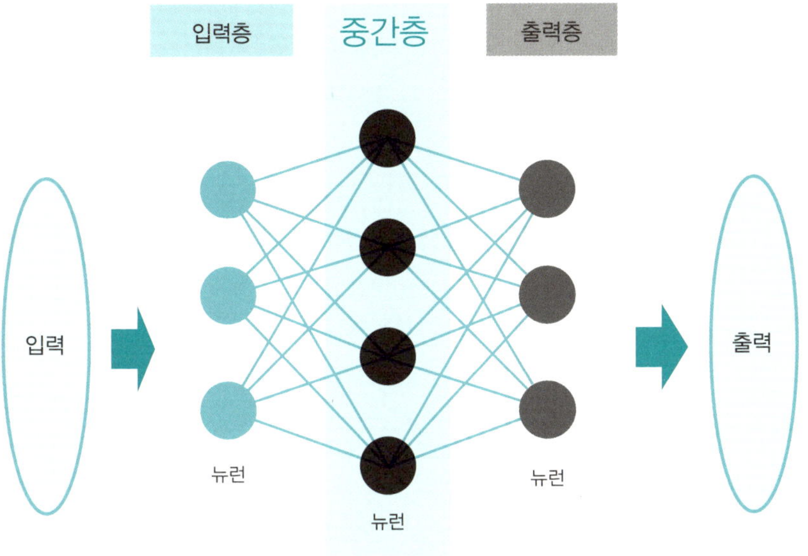

입력된 정보는 입력층에서 처리하고 그 정보는 특징값을 산출하는 중간층의 각 뉴런으로 전달된다. 여기서 여러 개를 처리한 후 출력층의 각 뉴런으로 정보를 전달하고 출력 결과(답변)를 보낸다.

딥러닝
(심층 학습)

사고를 더 늘리기 위해서는
어떻게 하면 될까요?
중간층을 두 층으로 만들어
뉴런 층을 늘리는 방법을
생각해 볼 수 있습니다.
한 층일 때보다 더 깊게 사고하는 것입니다.
이처럼 중간층에 다층 뉴런 층을
가지는 것을 '심층 신경망'이라고 하며,
심층 신경망에서 머신러닝을 하는 것을
딥러닝이라고 합니다.
깊게 사고한다는 의미에서
'심층 학습'이라고도 불립니다.

'심층 신경망'으로 더 깊게 생각하기

3장 초반에 언급했던 부모와 자식 간의 대화 놀이 게임을 떠올려 보면 힌트로 제공된 특징이 '빨갛다'와 '과일'밖에 없을 때는 '딸기'로 정답의 범위를 축약하지 못했습니다. 그다음 '꼭지 부분에 잎사귀가 달려 있다'라는 특징을 듣고 딸기일지도 몰라, 에서 더 나아가 '알갱이가 많다'라는 특징이 주어졌을 때 비로소 딸기가 틀림 없다고 확신했습니다.

이처럼 특징값이 많아야 정답에 대한 정확성이 올라갑니다. 특징값의 질 또한 중요합니다. '어딘가에 잎사귀가 있다'라는 애매한 특징이나 '알갱이' 같은 구체적인 것이 아니라 '표면에 어떤 모양이 있다'라는 특징값으로 정확하게 파악할 수 있으리라 딱 잘라 말하기는 어렵습니다.

또한 '개'와 '고양이' 일러스트를 분류한 예만 봐도, 상당히 많은 일러스트를 보고 훈련해야 '개'인지 '고양이'인지를 판단할 특징값을 기계가 발견해 학습할 수 있다는 것을 여러분 모두 쉽게 상상할 수 있을 겁니다.

특징값은 뉴런의 처리로 산출되는데, 여러 개의 훈련 데이터를 읽게 한 다음 처리해 학습하게 할 수 있습니다. 이론상으로는 훈련 데이터가 많으면 많을수록 미지의 데이터에 강해지고 범용성도 늘어납니다.

인간이 한 가지 일에 대해 차분하게 생각하는 것을 '깊게 생각한다'라고 말하는데, '중간층을 다층으로 만들어 뉴런의 수(정보 전달과 처리)를 늘리면 더 다양하고 깊게 생각할 수 있지 않을까'라는 생각에서 출발한 것이 '심층 신경망'입니다.

중간층을 늘려 심층화하는 심층 신경망

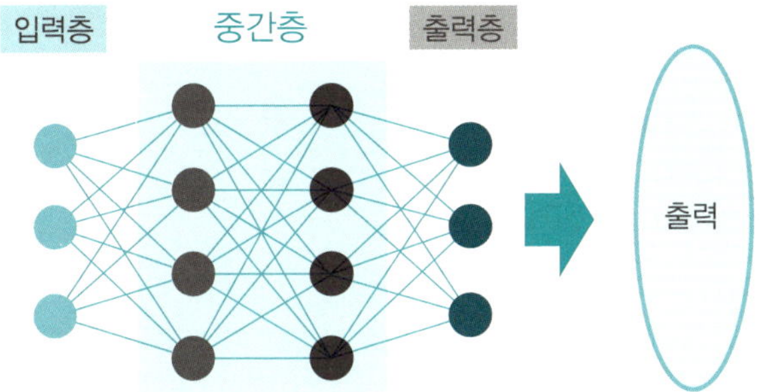

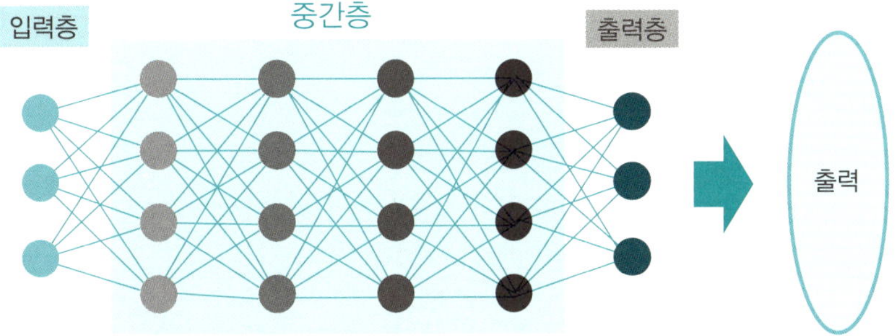

딥 러닝은 중간층을 다층으로 만든 심층 신경망으로 진행한다. 뉴런과 층이 늘어나면 정보 전달과 처리를 늘리고 특징값의 정밀도와 범용성을 높이거나 예측 정밀도를 높일 가능성이 있다. (그림의 예를 봤을 때, 위는 중간층이 2층이고 아래는 중간층이 4층인 심층 신경망이다. 실제로는 10~20층의 구성도 많이 사용된다.)

앞에서 '분류 문제'에 대해 이야기한 바 있는데, 컴퓨터에 '이것은 개다'라는 정답(라벨)을 붙인 많은 개 이미지를 입력해 학습하게 하면 특징값을 컴퓨터가 직접 추출해 '개'를 분류할 수 있게 됩니다. 이렇게 해서 개와 고양이, 인간 등의 특징값을 학습하면 그 컴퓨터는 다양한 것을 인식하거나 식별할 수 있게 되고 더 나아가 개가 무엇을 하고 어디에 있는지 등의 상태도 파악할 수 있게 된다고 합니다.

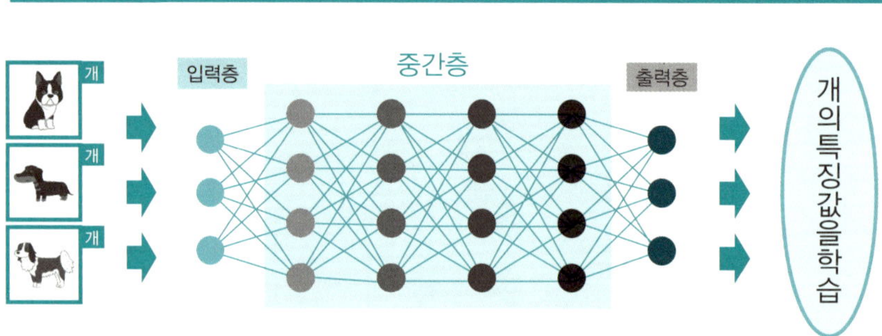

'개'라는 정답(라벨)을 붙인 개 이미지를 대량으로 컴퓨터에 입력해 학습하게 하면 개를 판별할 수 있게 된다. 정답이 포함된 데이터로 학습하게 하는 방법을 '지도 학습'이라고 한다.

신경망 훈련

특징값과 정확도를 더 잘 이해하기 위해 또 한 가지의 예를 들어보죠. 손글씨를 인식하는 예를 떠올리며 그 과정을 상상해 봅시다. 손으로 쓴 글자를 스캔한 것이 입력이고, 그게 무슨 글자인가에 대한 답을 내놓는 것이 출력입니다.

입력된 이미지는 세세하게 여러 가지로 분류하거나 대비와 명도를 올렸다가 내리거나 반전 효과를 주거나 화질을 조정해가며 분석해 보기로 합니다. 이를 시행한 정보의 결과를 중간층에 있는 다수의 뉴런으로 전달합니다. 받은 뉴런은 다른 방법으로 그 정보를 분석합니다.

'A'를 썼다고 가정하면 직선으로만 돼 있다거나 삼각형이 있다거나 꼭짓점이 뾰족하다거나 교차점은 몇 개 있다거나 그 교차점이 위와 중간 높이에 있다거나 하는 식의 글자 모양을 볼 수 있는데, 실제로는 이를 다양한 각도에서 분석해 그 정보를 출력층 뉴런으로 전달합니다(실제로는 벡터 수치로 진행됐기 때문에 어디까지나 표현은 가공의 것입니다). 이렇게 처리한 결과, 입력한 글자가 'A'라고 답하는(출력한다는) 흐름을 볼 수 있었습니다.

이렇게만 봐도 많은 특징값을 발견해 그 정보를 가지고 있는 쪽이 정확성이 더 상승한다는 것은 충분히 상상해볼 수 있습니다. 심지어 이 특징값을 산출하기 위한 데이터가 많으면 많을수록 산출한 특징값의 정확성이 올라가겠죠. 신경망에서 이 같이 튜닝하거나 트레이닝(훈련)을 시켜 많은 훈련 데이터를 처리하게 하면 특징값의 정확성이 올라가고 정답을 이끌어낼 확률이 높은 시스템으로 성장할 것입니다.

머신러닝에서는
어떻게 학습을 하고 훈련을 할까요?
대표적인 학습 방법은
기계에게 질문과 답변을 동시에
가르치는 방법입니다.
3~4절의 예를 들어 말하자면,
개 이미지에 '개로 분류함'이라는
정답이 붙은 데이터를
분석하게 하는 것입니다.
이를 '라벨링된 데이터'
(정답이 붙여진 데이터)라고 합니다.

라벨링된 데이터로 하는 훈련 학습

뻔히 정답을 알고 있는데 기계가 분석할 게 뭐가 있느냐고 묻는다면 '왜 그게 개로 분류되는가?'에 대한 것을 생각하게 하는 것이라고 답할 수 있습니다. 즉, 기계가 '특징값'을 스스로 발견하게 한다 → 그것은 '개'로 분류된다 → 그 특징값의 답은 '개'다, 라는 것입니다.

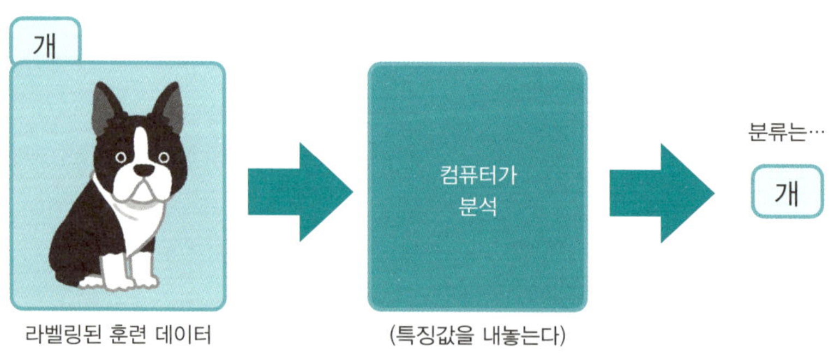

훈련 데이터로 정답이 붙여진 이미지(라벨링된 데이터)를 입력한다. 정답은 개라는 것을 알고 있기 때문에 기계는 분석한 특징값이 '개'의 특징이라는 것을 학습하고, 이를 대량으로 학습하면 개로 분류해야 할 특징값이 축적되어 정밀도가 상승한다.

하지만 이미지를 한 장만 분석해 특징값을 기억한 시스템의 경우에는 다른 개의 이미지를 보여줘도 어지간히 닮은 개의 이미지가 아니고서는 같은 견종이라는 것을 판별해내지 못할 겁니다. 그럼 만약에 개의 라벨링된(정답) 데이터 이미지 1,000만 장을 읽게 해서 훈련한다면 어떻게 될까요?

이것이 바로 신경망의 공부법(중 하나)이며, 학습을 위해 방대한 빅데이터가 필요한 이유입니다. 이 개를 예로 든 것처럼 라벨링된 데이터로 학습하게 하는 방법을 '지도 학습'이라고 합니다.

머신러닝에는 '지도 학습'(Supervised Learning) 외에 '비지도 학습' 또는 '자율 학습'(Un supervised Learning)이 있습니다.

지도 학습은 이 이미지가 개라든가, 이런 경우 1시간 후의 주가는 얼마라든가, 와 같이 입력 데이터와 정답이 1대 1로 결합돼 있는 훈련 데이터를 사용해 학습하는 것입니다.

'비지도 학습'은 입력 이미지는 있지만 정답 데이터는 주어지지 않습니다. 예측은 미래의 것이기 때문에 정답이 없습니다. 이처럼 추론, 분석과 같이 정답이 없고 정답이 풀리지 않는 문제를 가지고 학습하는 것을 비지도 학습이라고 합니다.

지도 학습과 비지도 학습을 섞는 방법도 있습니다. 우선 기계가 지도 학습으로 특징값을 학습하게 하고 그 이후 비지도 학습으로 방대한 훈련 데이터를 제공해 자동으로 특징값을 산출하게 하며 반복 학습을 하는 방법입니다. 이를 '준지도 학습'(Semi-Supervised Learning)이라 부르기도 합니다.

머신러닝의 용도와 이용법에 따라 최적의 학습 방법도 달라지기 때문에 가장 성능이 올라갈 것으로 예상되는 학습 프로세스를 이용하는 것이 중요합니다.

지도 학습의 예: 손으로 쓴 글자 · 숫자 판정

'지도 학습'은 이미 이야기했듯이 라벨링된 데이터로 학습을 시키는 방법을 말합니다.

앞에서 설명한 '개의 이미지에 "개로 분류함"이라는 정답이 붙여진 데이터를 분석하게 한 후 특징값을 학습하게 한다'라는 예 또한 전형적인 지도 학습입니다.

마찬가지로 손으로 쓴 글자나 숫자를 기계가 판정하는 시스템을 예로 들어 봅시다.

손으로 쓴 글자나 숫자를 스캔한 이미지를 입력합니다. 출력(답변)은 그 이미지를 인식한 결과입니다. 지도 학습으로 머신러닝을 할 경우, 손으로 쓴 글자 이미지에 정답을 붙여 입력합니다.

해서체로 쓴 글자와 숫자는 기계도 식별하기 쉽지만 삐뚤빼뚤 쓴 글자를 판별하라고 하면 기계도 처음에는 난감해 합니다. 특히 '2'나 '7'은 형태가 크게 다른 것들도 실제 사회에서 일반적으로 쓰이고 있습니다. 이처럼 명확한 정답이 있고 그 정답률을 높이고자 할 때는 지도 학습이 적합합니다.

판별하기 어려운 숫자

　예로 든 숫자가 똑같은 '2'와 '7'이라는 것을 아무 정보도 없이 컴퓨터에게 학습시키기보다는 정답을 알고 특징값을 이해하게 하는 편이 더 효율적입니다. 삐뚤삐뚤 쓴 글자와 정답이 있는 **훈련 데이터**(Labeled Data)를 미리 몇 가지 패턴으로 준비해 두고 학습하게 합니다.

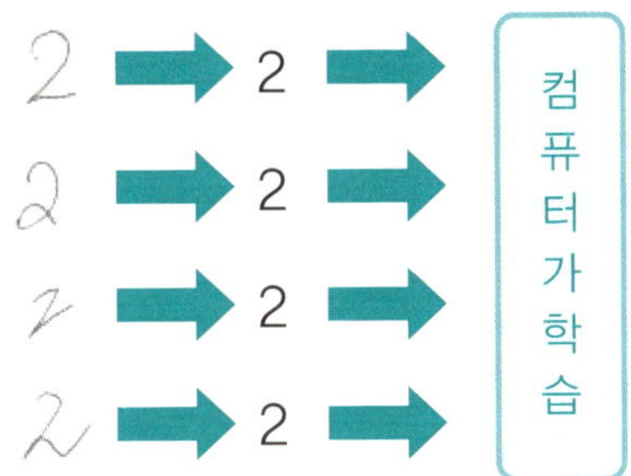

손으로 쓴 숫자의 훈련 데이터에 정답 정보(라벨)를 붙여 학습시킨다. 컴퓨터가 삐뚤삐뚤 적힌 상태나 버릇 등을 특징값으로 학습하면 손으로 쓴 어떠한 숫자도 바르게 인식할 확률이 높아진다.

　이윽고 손으로 쓴 임의의 데이터를 입력하면 컴퓨터는 숫자를 식별할 수 있게 됩니다. 다음 단계에서는, 예를 들어 손으로 쓴 이미지를 더 많이 입력해 보고 컴퓨터의 판정 결과를 디스플레이에 차례로 표시하게 한 후 그걸 보고 바르게 인식했는지를 인간이 확인(채점)합니다. 틀렸을 경우 정답이 무엇인지를 가르쳐 주면 특징값을 새로 기억합니다.

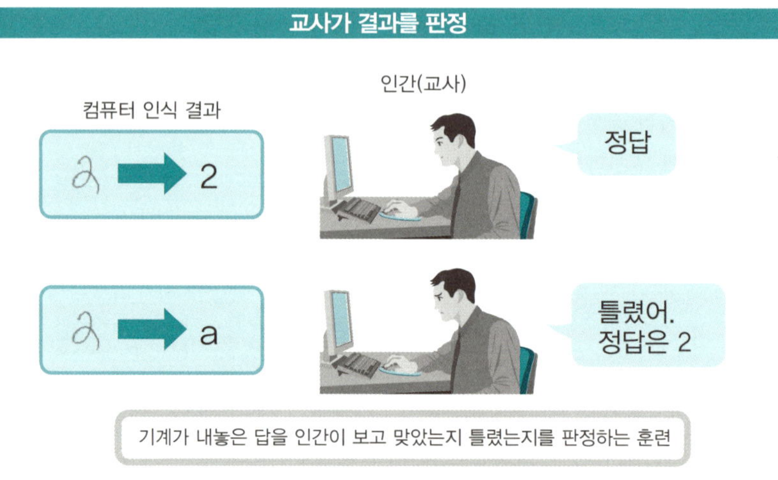

비지도 학습

'비지도 학습'은 정답이 없는 데이터로 머신러닝을 하는 것입니다. 정답이 없는 예측과 분석, 해석 등의 분야에서 사용되거나 방대한 데이터 안에서 컴퓨터 스스로가 뭔가를 발견하게 하거나 방대한 훈련 데이터를 반복적으로 학습하게 할 때 쓰입니다.

비지도 학습은 컴퓨터가 이미지 및 음성, 수치 등의 방대한 데이터를 읽게 해서 특징값을 구하고 그에 따라 패턴과 카테고리에 자동으로 분류하게 하거나 클러스터 분석, 규칙성 및 상관성, 특징, 특이성, 경향 등을 분석하게 합니다(주성분 분석, 벡터 양자화/표본화 샘플링 등).

또한 데이터 마이닝 등 미지의 데이터의 특징을 발견하거나 예측하는 분야에서는 필연적으로 비지도 학습의 방식을 채택하는 경우가 많아집니다.

또한 비지도 학습을 할 경우에도 가장 적합하다고 판단되는 초기 수치를 제공해 학습을 시작하는 것이 효율적이라고 합니다.

	훈련 데이터	방법	장점/단점
지도 학습과 비지도 학습			
지도 학습	라벨 있음 (정답이 붙여져 있음)	정답이 붙여진 데이터를 기계가 자동으로 분석하게 한 다음 산출한 특징값을 정답이라고 분류하게 하면 정답이라고 특징값의 관계성을 학습한다. 사물을 인식 및 분석하는 정의를 도출한다.	분류 문제는 효율적으로 학습할 수 있다. 초기 단계에서는 학습 성과를 내기 쉽다. 방대한 라벨링된 데이터를 준비하는 데 손이 많이 간다.
비지도 학습	라벨 없음	방대한 데이터를 자동으로 분석하게 하지만 정답이 없어 산출한 특징값으로부터 구조, 법칙, 경향, 분류, 정의 등을 도출한다.	기계 스스로 특징이나 정의를 발견하기 때문에 방대한 데이터가 있으면 라벨링된 데이터를 준비할 필요도 없고 번거롭게 손을 댈 일도 없다. 정답이 없는 대신 보상(득점) 등을 설정해야 한다. 오토인코더 등으로 사전에 학습해야 효율이 좋은 경우가 많다.

지도 학습과 비지도 학습을 구분해서 사용하기

'구글의 고양이' 사례에서는 유튜브의 동영상 데이터를 중심으로 한 주 동안 많은 양의 이미지 데이터를 자율적으로 학습하게 했더니 컴퓨터가 '고양이'를 인식하게 됐다고 설명했습니다. 일반적으로 '고양이'를 판별하는 시스템을 만들고 싶을 경우, 앞에서 설명한 바와 같이 지도 학습을 통해 '고양이'라는 정답이 붙여진 이미지를 많이 보여주는 학습 방법을 채택합니다. 하지만 구글의 고양이는 이미지와 영상을 비지도 학습으로 분석하게 한 후 '고양이'라는 존재를 인식하게 만들었다는 점에서 놀라움을 안겨줬습니다.

그 후 지도 학습으로 훈련한 결과 이미지 인식 정밀도가 향상됐습니다. 분류기를 만들어 이 신경망을 평가해봤더니 기존의 인식률과 비교해 상대적으로 70%가 넘는 정밀도 향상이 나타났다고 합니다. 딥러닝은 특히 이미지와 음성 인식에서 큰 성과를 올리고 있고 많은 분야에서 실용화가 시작되고 있습니다. 이미지와 음성 인식 외에도 대화 챗봇, 다양한 데이터 분석과 예측 등의 분야에서 활용될 전망입니다.

1장에서 설명했듯이 세기의 바둑 대결로 잘 알려진 구글의 '알파고'는 먼저 인터넷상의 바둑 대국 사이트에 있는, '수'가 3,000만 건에 이르는 방대한 기보 데이터를 읽어 학습했습니다. 처음에는 인간이 가르치는, 즉 '지도 학습'을 활용했습니다. 하지만 이 방법을 쓰기에는 학습 데이터가 부족하다는 이유로 이후 알파고 개발 팀은 컴퓨터끼리 자동으로 바둑 대국을 하게 했습니다. 비지도 학습을 통해 경험치라고도 하는 데이터를 새로 학습 및 축적하게 한 것입니다. 그 대국 수는 3,000만 건이라고도 전해집니다. 바로 이것이 '**강화학습**'이며 키워드로도 주목받은 바 있습니다('강화학습'에 대해서는 다음 절에서 설명하겠습니다).

또한 구글 딥마인드의 'DQN'이 벽돌깨기 게임의 규칙을 스스로 학습해 인간보다 더 높은 점수를 얻은 이야기도 소개했습니다. 이 예에서는 비지도 학습이 최초로 활용됐습니다. 처음에 컴퓨터는 멋도 모르고 떨어지는 공을 내내 놓치기만 했지만 우연히 공을 튕겨내며 벽돌을 깨면 득점이 된다는 것을 학습합니다. 이처럼 비지도 학습에서는 기계가 그저 막연하게 분석을 반복하기만 하면 되는 것이 아니라 정답과 단계 상승을 위한 목표가 있어야 합니다.

여기서 중요한 것이 바로 '**보상**'입니다. 비디오 게임으로 말하자면 득점과 '클리어를 한 다음 받는 보상' 같은 것인데, 머신러닝에서는 이렇게 득점을 제공하는 것이 중요합니다. 이 시스템에 대해서는 나중에 설명하겠습니다.

강화학습

시행착오로 배우는 '강화학습'

'강화학습'(Reinforcement Learning)은 트레이닝에 의한 시행착오에서 비롯되고, 가까운 목표를 달성한 후 다음 레벨을 목표로 반복해가며 실력을 높이는 학습 방법과 비슷합니다.

컴퓨터가 인간이 작성한 프로그램의 내용을 정확하게 실행하는 것에 뛰어나다는 사실은 잘 알고 계실 겁니다. 대부분의 프로그램은 영문 및 숫자를 이용해 코드로 기술되기 때문에 프로그램을 작성하는 작업을 '코딩'(Coding)이라고 합니다. 일반적으로 컴퓨터는 기본적인 처리 순서는 물론 다양한 경우를 가정해서 그에 맞는 여러 가지 대처 및 처리 방법을 프로그래머가 기술해야 합니다. 인간 또한 매뉴얼에 따라 행동하고 학습하는데, 코딩은 매뉴얼 같은 존재이며 컴퓨터에게는 행동의 규범이 되는 가장 중요한 요소입니다. 바꿔 말하면 매뉴얼에 쓰여 있지 않은 것, 프로그램에 기술되지 않은 것에는 대처하지 못한다는 것입니다.

인간의 학습 중에는 매뉴얼에 기술할 수 없는 것도 있습니다. 예를 들어, 자전거를 타는 경우를 생각해 봅시다.

매뉴얼에 자전거를 타는 방법이 실려 있긴 하지만 그것을 읽었다고 해서 꼭 자전거를 탈 수 있는 것은 아닙니다. 아마도 타지 못할 겁니다. 실제로 자전거를 타고 목적지까지 이동하려면 자전거를 타는 방법을 충분히 체득해야 합니다. 어릴 때 몇 번이고 넘어지면서도 1m에서 5m, 10m, 50m 이렇게 조금씩 자전거를 타고 이동할 수 있는 거리가 길어지면 그때가 돼서야 완전히 타는 요령을 이해했던 경험을 가진 분도 많을 것입니다.

‘강화학습’에는 ‘보상’이 필요

‘강화학습’도 마찬가지입니다. 코딩으로 기술하는 것이 아니라 기계가 시행착오를 거치게 해서 실패와 성공을 통해 학습해가는 방법입니다. 하지만 그냥 단순히 방대한 훈련 문제를 제공해 기계를 학습시켰다고 해도 기계가 무엇이 성공인지도 모르는 상태에서는 학습이 순조로울 리 만무합니다. 학습 목표로 성공이라고 판단할 수 있는 어떤 요소를 부여해야 합니다. 여기서 성공 및 성과에 대해 점수를 매깁니다. 이를 ‘보상’ 혹은 ‘득점’이라고 합니다.

자전거를 예로 들자면, 1m를 달려 넘어지는 것보다 10m를 이동하는 쪽이 높은 점수를 얻을 수 있습니다.

더 오랜 시간 동안 넘어지지 않고 균형을 계속 잘 잡으면 더 높은 점수를 줍니다.

컴퓨터는 점수가 높으면 높을수록 성공했다고 판단하고, 반복적으로 실행하며 더 높은 점수를 얻는 방법과 규칙을 자율적으로 학습할 수 있게 됩니다.

‘강화학습’은 개발상에서 매우 효율적인 일면을 가지고 있습니다. 예를 들어 자전거를 탈 줄 아는 로봇을 개발할 경우, 프로그래밍과 코딩으로 자세를 제어하려면 좌우 및 전후와 기울기, 속도, 중심, 페달을 밟는 데에 필요한 다릿심을 켜고 끄는 많은 센서와 연동해 정보를 세세하게 분석한 다음 다양한 자세를 고려해서 넣고, 균형 및 페달을 밟는 힘을 조정하는 프로그래밍까지 해야 할 겁니다. 생각만 해도 정신이 아찔해지는군요. 또 비가 내린 후에는 노면이 미끄러지기 쉽다거나,

자전거 자체가 완전히 직진하지 않고 조금 오른쪽으로 기우는 버릇이 있다거나 하는 등의 여러 가지 사태를 상정해 프로그래밍하는 것이 이상적입니다. 실제로 해 보며 미세한 조정 및 수정 등의 작업을 반복해야 합니다.

이것을 강화학습으로 진행하면, 인간이 여러 상황과 사태를 상정해 프로그래밍하는 것이 아니라 센서 등의 정보를 기반으로 균형을 잡는 최적의 방법과 넘어지지 않고 앞으로 나아가는 방법 등을 자율적으로 학습해 익히게 할 수 있을지도 모릅니다. (넘어질 때마다 로봇이 망가지면 효율이 좋지 않으니 넘어지기 직전까지로 학습을 시키는 방법이 필요하겠지만)

설령 균형 제어 같은 것들을 기계가 익히는 데에 오랜 시간이 걸린다고 해도, 로봇이 자율적으로 학습하게 되면 가만히 놔둬도 자율적으로 학습을 하는 터라 개발에 필요한 인건비와 노력을 대폭 삭감할 수 있을 것으로 기대됩니다.

에이전트와 보상

강화학습에 대한 설명을 읽어보면 난해한 표현이 잔뜩이라 어렵다는 느낌을 받을 때가 많았을 겁니다. 예를 들어 위키피디아에서는 '어떤 환경 안에서 정의된 에이전트가 현재의 상태를 인식하여, 선택 가능한 행동들 중 보상을 최대화하는 행동 혹은 행동 순서를 선택하는 방법이다'라고 설명하고 있습니다. (2016년 5월 시점)

구체적으로 이해할 수 있도록 여기서 설명하는 '에이전트' '환경' '행동' '보상'의 뜻을 간단히 설명해 보겠습니다. 강화학습에서는 중요한 단어입니다.

여기서는 실험용 쥐나 기니피그 등의 실험 예 중 하나인 '스키너 상자'를 이용한 설명이 유명합니다.

예를 들어 어떤 버튼을 누르면 투명한 먹이 상자에서 먹이가 흘러나오는 장치를 설치한 케이지에 실험용 쥐를 넣었다고 칩시다. 실험용 쥐는 먹이를 보고 흥분하지만, 투명한 먹이 상자에 들어있어 먹을 수가 없습니다. 그 때문에 처음에는 어떻게 해야 할지 몰라 어떻게든 먹이를 먹어보려고 투명한 먹이 상자를 움직이거나 갉아서 부숴보려고 할 겁니다. 그리고 어느 순간 우연히 버튼을 눌러 먹이를 먹는 데에 성공합니다. 그 체험을 몇 번 하다 보면 행동 패턴이 강화되어, 결국 버튼을 누르면 먹이를 먹을 수 있다는 규칙을 학습하게 됩니다.

이때 실험용 쥐가 '에이전트', 장치가 들어가 있는 케이지가 '환경', 갉아보거나 움직이는 것이 '행동', 성공해서 얻은 먹이가 '보상'입니다. 주로 이 4가지 요소를 설정해 컴퓨터가 반복 학습 및 경험을 하도록 하는 것이 강화학습의 포인트입니다.

실험용 쥐와 먹이(스키너 상자)

'보상 학습'(피연산자 조건이 붙음)을 설명하는 유명한 사례 중 하나인 '스키너 상자'. 여기서는 '강화 학습'에 중요한 '에이전트' '환경' '행동' '보상'의 예로 보여준다.

실험용 쥐의 예에 나오는 보상은 먹이를 얻을 수 있다, 먹이를 먹을 수 있다는 것이었지만 행동에 따라서는 아픈 경험을 하게 될지도 모릅니다. 투명한 먹이 상자를 타고 올라갔다가 미끄러져 떨어져 다치거나, 먹이 상자를 갉아대다가 이빨을 다치거나 할 수 있습니다. 행동에 따라서는 보상을 달성하지 못하는 것은 물론이고 오히려 마이너스의 결과를 낳을 수도 있습니다. 자전거를 타다가 넘어진 경험도 먹이 상자에서 떨어진 경험도, 그것을 체험하고 나서야 마이너스 점수를 받았다는 것을 이해하고 다음번부터는 그런 잘못을 저지르지 않도록 학습하게 됩니다. 그러한 경험을 반복하면 할수록 생물은 아마 '현자'로 진화할 것입니다. 그와 마찬가지로 컴퓨터 또한 훈련을 반복하면 할수록 경험을 쌓아 똑똑해질 것이라고 봅니다.

또한 생물과 달리 컴퓨터는 똑같은 대전이나 시도를 반복해도 고통을 느끼지 않고 지치지도 않습니다. 숫자를 다 소화하려면 시간이 걸리겠지만 가만히 놔두기만 해도 시간의 경과와 함께 학습해 나간다는 강점이 있습니다.

강화학습으로 강해진 알파고

1장에서 소개한 '알파고'는 자동으로 대국하는 '강화학습'을 거쳐 강해졌습니다. 실제로 알파고는 사람들의 막연한 예측보다 훨씬 짧은 시간 안에 많은 것을 학습했고 예측보다 훨씬 빠른 시기에 세계적인 프로 바둑기사에게서 승리를 거뒀습니다. 이것은 머신러닝의 가능성을 증명한 사건으로 기록됐습니다.

다만 여기까지 읽은 독자분들은 '인공지능이 인간을 넘어섰다'라는 표현에 벌써 위화감을 느끼고 계실 겁니다. 싸운 것은 인공지능이라기보다 '머신러닝을 통해 똑똑해진 컴퓨터'로서 인공지능이 아닙니다.

'눈 깜짝할 사이에 인간의 지능을 AI가 능가하지는 않을까?'라며 걱정하는 분들도 계시겠지만 이 또한 현시점에서는 요점을 찌른 이야기라고 볼 수 없습니다. 바둑 분야에서 딥러닝의 활용과 강화학습에 의한 훈련이 전문가가 예측한 것보다 훨씬 효과적으로 작용했고 그것이 실용적이었다는 사실을 파악한 정도였다고 보는 것이 타당하며, '인공지능은 두려운 존재'라는 생각으로 확대할 필요까지는 없습니다.

 **COLUMN**   알파고와 강화학습

강화학습에서는 처음에 컴퓨터끼리 대전시켜 어느 정도의 점수를 낼 수 있게 되면 그다음으로 프로급 기사와 대전하게 해서 새로운 발견을 할 수 있게 했고, 프로가 낸 수를 고득점의 기준으로 추가해 경험하게 했습니다. 하지만 상대가 인간일 경우 프로급 기사가 몇 명 있어도 결국은 지쳐버리기 때문에 어느 정도까지 갔다 싶을 때 다시 컴퓨터끼리 혹은 자기 자신과 대전했습니다. 이렇게 하면 몇억 번을 반복해도 인력 면에서의 부담이 없고, 대국을 반복하면 할수록 다양한 착수와 경험을 학습해 갈 수 있습니다.

오차역전파법

오차역전파법이란?

'오차역전파법'(Backpropagation)이란 컴퓨터가 내놓은 답이 정답이 아니거나 기대했던 수치와 동떨어져 있는 경우, 그 오차를 출력 쪽에서 역방향으로 분석하게 한 후 각 뉴런의 오류를 정정해 오차를 줄이는 로직입니다. 우리 생활 속에서 예를 들자면 계산 문제에서 내놓은 답이 틀렸을 때 답을 보고 계산 식을 거슬러 올라가 계산 오류를 찾고 계산이 틀린 부분을 알아내면 틀리지 않도록 수정해 다음번부터 정답률을 올린다, 같은 느낌이라고 보면 됩니다.

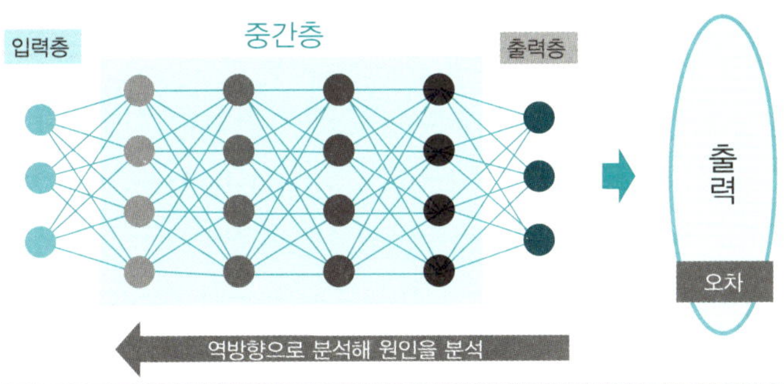

출력이 기대와 다를 경우, 정답(최적의 답)과의 오차 정보를 역방향으로 전파해 각 뉴런의 오차를 분석하게 한다.

신경망에 대해
더 깊이 알기

딥러닝의 사고나 기법은
새로운 것이 아닙니다.
그럼 왜 최근 몇 년 동안 급격하게
딥러닝이 주목받게 된 것일까요?
여기서는 현재의 새로운 신경망 기술에
관해 설명해 보겠습니다.

딥러닝의 과제인 '과적합'의 회피

기존에 설명한 '구글의 고양이' 'DQN' '알파고'와 세계적인 이미지 대회인 'ILSVRC'에서도 딥러닝은 좋은 성적을 거뒀습니다. 이 정도의 성과를 올리기 시작한 배경에는 돌파구라고 할 만한 기술적인 진전이 있었습니다. 컴퓨터의 성능이 향상됐고 빅데이터를 이용할 수 있게 됐으며, 또 딥러닝 특유의 과제인 '과적합'을 회피할 수 있었던 것입니다.

심층 신경망은 중간층을 다층화시켜 더욱 깊이 사고할 수 있습니다. 다층이 되면 될수록 뉴런 처리와 전달, 산출되는 특징값이 늘어나며 이에 따라 답의 정확도가 올라갈 것이라는 사실은 이전부터 연구된 것이고 이론적으로도 유효하다는 주장이 있었습니다.

'과적합'(over-fitting)이라고 불리는 문제는 심층 신경망을 마구잡이로 다층화해 파라미터의 수가 너무 많아질 때 발생하기 쉽다고 합니다. 과적합의 영향으로 인한 악영향으로 낯익은 훈련 데이터에는 정확도가 높은 답을 할 수 있는 한편, 훈련 데이터에 없는 미지의 데이터인 경우 정밀도가 내려가는(훈련 데이터의 영향을 너무 많이 받음) 현상이 있습니다. 즉, 훈련할 때는 성적이 좋았는데 실전에 가서는 성과를 내지 못한 상태를 말합니다. 이것은 범용성이 부족하다는 과제를 낳았고 딥러닝에게는 정체기라고도 할 수 있는 시간을 불러왔습니다.

합성곱 신경망(CNN)

이 과제의 구체적인 해결책이 바로 '합성곱 신경망' 또는 '컨볼루션 신경망'(CNN)입니다.

뉴런이 많고 복잡해지면 원래는 아무 관계도 없던 결합이 늘어나고 그것이 결국 악영향을 미쳐 '과적합'의 원인을 만들기도 합니다. 기계 정답률을 올리려면 층을 늘리는 한편 '아무 관계도 없는 결합을 끊어내는' 것이 중요합니다. 하지만 무수한 뉴런의 결합 중 어느 것이 유효하고 어느 것이 관계가 없는지 어떻게 판단해야 하는 걸까요?

또한 오차역전파법에 의해 출력 쪽에서 오차를 확인하게 하는 방법도 소개한 바 있는데, 모두 결합한 후 다층으로 만든 상태에서 오차역전파법을 써버리면 오차 전파가 분산되어 전혀 학습이 진전되지 않기 때문에 그 사태를 피하기 위해서는 아무 관계도 없는 결합을 잘라 버려야 한다는 이론도 있습니다.

'합성곱 신경망'의 특징 중 하나가 아무 관계도 없는 결합을 잘라 관계성이 높은 결합을 남긴다는 것입니다. 실제로 합성곱 신경망에서는 파라미터의 수가 격감하며 많은 경우에서 성과가 향상됩니다.

'합성곱 신경망'(Convolutional Neural Network)은 줄여서 CNN이라고 부릅니다. 여기서 '합성곱'이라는 이름을 보고 합성해서 곱하는 구조가 뭔지 이해하려고 하면 곤란합니다. 그 이유는 이 단어가 '합성곱 적분'과 같이 수학 용어로 자주 사용하던 단어에서 유래된 것이라서 일반적으로 '합성'이나 '곱' 등을 해석한 단어와는 의미 자체가 다르기 때문입니다.

　　그럼 '합성곱 신경망'이란 어떤 구조로 돼 있을까요? 자세히 이해하고 싶다면 기술자용 전문서를 읽어보는 것을 권장하고 싶지만 그 특징을 나타내자면 다음 페이지의 그림과 같습니다. 이미지 분석을 예로 들어 설명해 보겠습니다.

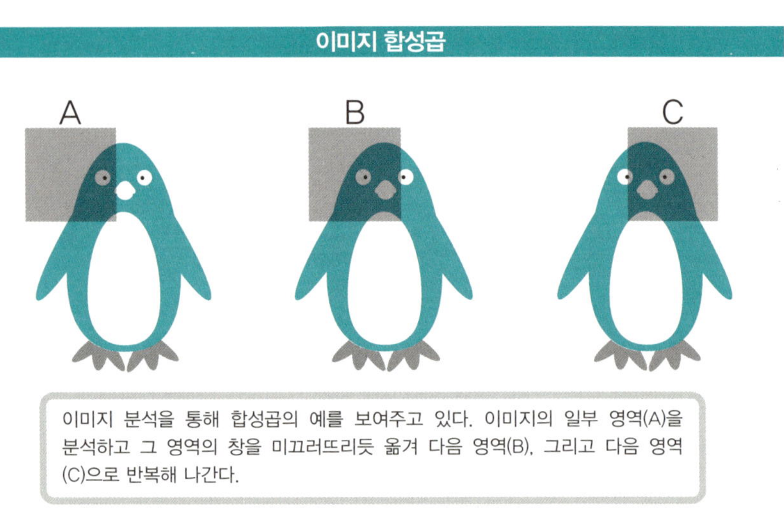

이미지 분석을 통해 합성곱의 예를 보여주고 있다. 이미지의 일부 영역(A)을 분석하고 그 영역의 창을 미끄러뜨리듯 옮겨 다음 영역(B), 그리고 다음 영역(C)으로 반복해 나간다.

　　이미지의 정보를 뉴런에 전달할 때 이미지의 일부 범위로 좁혀서 분석하고 그 범위를 조금씩 잘라내며 분석을 반복합니다. 펭귄 이미지를 예로 들자면, 이미지의 왼쪽 끝에서 특정한 픽셀 수로 일부 범위를 잘라 정보를 분석한 후 그 창을 미끄러뜨리듯 다음 범위로 이동해 분석하는 과정을 반복하며 전체 모습을 분석해 나가는 것입니다.

　　이것은 이미지로 말하자면 공간을 파악하는 효과도 동반합니다. 예를 들어, 다음 그림과 같이 멀리 떨어진 영역인 A와 Z는 관계성이 희박해서 A와 Z를 결합한다고 해도 정답을 도출하는 데는 별 도움이 되지 않습니다.

공간 파악하기

A와 Z의 영역은 관계성이 희박하다고 할 수 있다.

기존의 딥러닝에서는 A의 영역 정보도 B의 영역 정보도 모두 다음 층의 똑같은 뉴런으로 전달했습니다.

과적합의 원인이 될 가능성이 높음

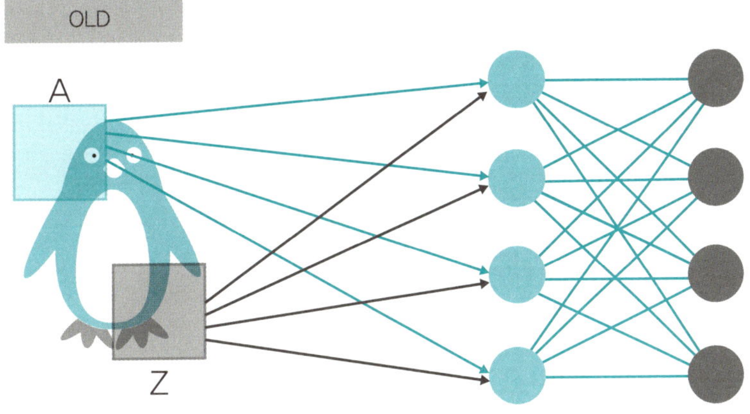

모든 뉴런으로 전파하면 관계가 없는 결합이 발생하기 쉽다.

여기서 A의 영역 정보는 A와 관계가 깊은 뉴런인 만큼 B의 영역 정보는 B와 관계가 깊은 뉴런에만 전달합니다. 이는 층간 결합을 제한하게 되는데, 이에 따라 오차역전파법의 효율도 올라가고 학습 성과도 올라가는 경우를 많이 볼 수 있게 됐습니다. '정답을 도출하기 위해 관계가 없는 결합을 자른' 것입니다.

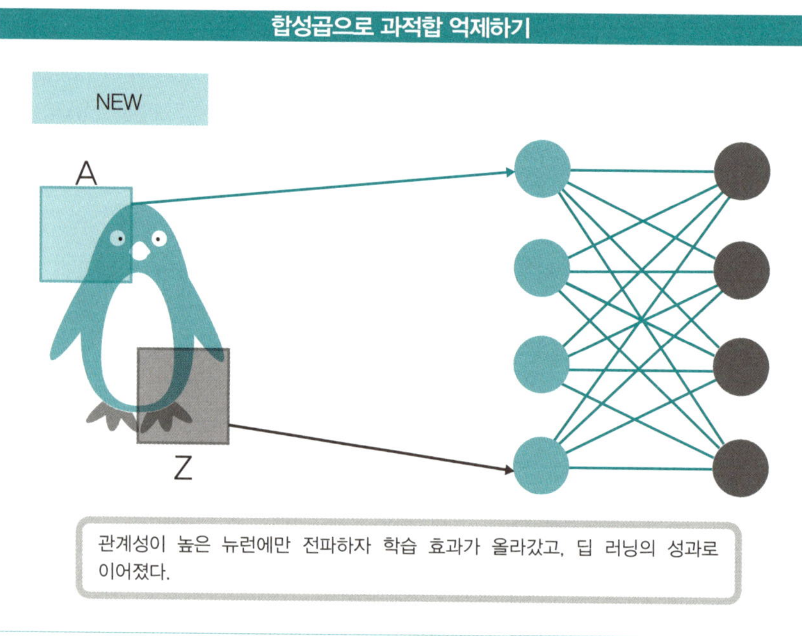

관계성이 높은 뉴런에만 전파하자 학습 효과가 올라갔고, 딥 러닝의 성과로 이어졌다.

합성곱 신경망으로 머신러닝과 딥러닝에 의한 성과가 크게 향상됐습니다.

순환 신경망(RNN)

최근에는 '리커런트 뉴럴 네트워크(RNN; Recurrent neural network)', 즉 '순환 신경망'이 주목받고 있습니다.

기존의 신경망은 '정적 데이터'로 취급하는 게 잘 어울렸기 때문에 '동적 데이터'는 익숙하지 않다고만 여겨져 왔습니다. 정적 데이터란 움직임이 없는, 혹은 움직임이 적은 데이터를 말하는데 예를 들면 정지 화면, 텍스트, 수치, 최신 통계 데이터 같은 것이 여기에 해당합니다. 개와 고양이의 이미지를 식별하는 것은 정적 데이터입니다.

한편 **동적 데이터**란 움직임이 큰, 또는 시간적인 상관관계가 중요한 데이터와 시계열 데이터 등을 말합니다. 대화, 동영상, 음성, 시계열의 통계 데이터와 로그 데이터 같은 것들 말입니다. RNN은 이러한 시계열 분석을 가능하게 만들어 준 동적 데이터와 호환되는 딥러닝입니다. 최근 자연어 대화 등의 분야에서 성과가 올라가고 있는 만큼 향후 'RNN'이라는 용어를 IT 관련 뉴스나 일반 인공지능 정보에서도 보게 될 기회가 늘어날지도 모릅니다.

◯ 텐서플로로
대화 AI를
만들어 보기

2016년 2월, 롯폰기힐즈에 있는
구글 본사에서 개최된
'제2회 텐서플로 연구회'에
도쿄 대학에서 시작된 벤처 기업
C8-lab 주식회사의 대표이사/CEO
신무라 다쿠야가 등장해
'텐서플로로 대화 AI를 만들어 봤다'라는
흥미진진한
실험 성과를 발표했습니다.
'머신러닝만으로
대화 AI를 만들 수 있는가?'가
테마입니다.

머신러닝만으로 대화 AI를 만들 수 있는가?

텐서플로(TensorFlow)는 구글이 공개한 딥러닝 머신러닝 라이브러리입니다. 신무라 대표이사는 트위터에 올린 트윗을 몽땅 크롤링해서 수집한 후 텐서플로와 형태소 분석 도구 등으로 짜낸 대화 AI를 이용해 자동으로 방대한 트윗을 비지도 학습하게 하면 과연 그것만을 기반으로 AI가 알아서 단어를 외우고 문장을 만들어 인간과 대화를 할 수 있을까, 를 시험했습니다. 신무라 대표이사는 '2~3일밖에 시간이 없었기 때문에 재미로 만들어서 시험해 봤다'고 했는데, 아마도 많은 개발자의 흥미를 끄는 내용이었을 겁니다.

트위터의 트윗 데이터는 방대한 대화 데이터라고 할 수 있습니다. 문법은 엉망이고 독특한 인터넷 용어와 이모티콘을 많이 쓰기 때문에 규범적인 대화라고 할 수는 없지만 대화와 정보의 보고이자 자원이라고 할 만합니다. 이 방대한 대화 데이터를 수집한 후 형태소 분석 등의 기술을 이용해 단어 및 문절을 분석하고 전후 단어의 관련성 및 사용된 방식의 경향을 분석한 결과를 대화 AI의 기초 데이터로 만들 수도 있습니다. 이 데이터를 읽게 해서 계속 분석하면 아기나 어린아이가 말을 배우는 것처럼 대화 봇이 말이나 대화를 배울 수 있을까?를 실험한 것입니다.

이 책을 여기까지 읽어오며 구체적으로 '특징값'을 보고 싶다고 생각한 분이 계실지도 모르겠습니다. 이 실험에서 마르코프형을 사용해 다음에 올 단어를 예측하는 모델을 만들어 산출한 '개'와 '고양이'가 가진 각 특징값의 벡터 수치는 다음과 같습니다. 여기서 특징값이란 게임의 RPG 캐릭터에게 부여되는 스테이터스(status) 같은 것입니다(체력이나 마력). 수치를 비교해 보면 '개'와 '고양이'의 특징값이 많이 닮았다는 것을 알 수 있습니다.

개와 고양이가 가진 특징값의 벡터 수치	
개	0.1, 0.5, 2.0, 0.4, 2.4
고양이	0.1, 0.4, 1.5, 0.3, 2.4

앞에서 살펴본 딥러닝에서 설명한 개와 고양이의 예는 이미지 인식이었지만 여기서는 대화 AI의 예를 들어 보겠습니다. 그렇다고 개와 고양이가 비슷하게 생겼다는 것은 아닙니다. 일상 대화 속에서 '개'와 '고양이'라는 단어가 쓰이는 방식의 속성은 비슷하다는 분석이 나옵니다. 예를 들어, 트위터에서는 '■을/를 키우고 있다' '소파에 ■이/가 자고 있다' '■이/가 먹이를 먹고 싶어 한다' '겨우 집에 도착하니 애■이/가 맞아줬다'라는 대화 속의 ■에는 개나 고양이가 들어가는 경우가 많고 전후에 쓰이는 단어가 비슷하며, 상황에 따라서는 어떤 단어가 들어가도 어색

하지 않을 만큼 사용법이 똑같다는 말입니다. 이것이 바로 '스테이터스가 비슷하다'는 의미입니다.

듣고 보니 그렇네, 라고 생각할 수는 있겠지만 우리는 평소에 그런 것들을 의식하며 살지는 않기 때문에 딥러닝 분석에 따라 일상 대화에서도 새롭게 '깨달음'을 얻는 경우가 적잖이 있습니다.

또한 이 사례로 봤을 때 컴퓨터에게 '개'나 '고양이'는 수치의 나열일 뿐이라서 정확히 어떤 것인지는 이해하지 못하고 있으며, 이해할 필요도 없습니다. 그래도 데이터 측면에서는 단어나 대화를 통해 사용하는 방식을 학습해 기억할 수 있습니다.

유명한 예로, 방대한 대화를 분석하다 보면 '왕-남성+여성=왕녀'로 이어지는 흐름을 자율적으로 발견할 수 있게 되는데 여기서 '왕녀'가 어떤 것인지 컴퓨터는 정확히 이해하지 못하지만 단어가 어디서 어떻게 쓰이는지는 이해할 수 있습니다.

왕 – 남성 + 여성 = 왕녀

그럼 본론으로 들어가 보겠습니다. 트위터의 트윗을 수집한 다음 신경망에게 머신러닝을 시키면 2~3일 만에 어느 정도 수준의 대화를 할 수 있게 될까요?

다음 그림은 그 대화 화면을 기반으로 한 것인데, '>'로 시작되는 행이 인간이 던진 질문이고 그다음 행이 컴퓨터가 내놓은 답입니다.

　　컴퓨터가 학습을 시작한 지 15분 동안에는 '안녕'이라는 인간의 질문에 '오오오 시시시'라는 대답만 반복하며 전혀 대화를 이어 가지 못합니다. 학습을 시작한 지 15분밖에 안 됐으니 당연한 결과죠. 계속해서 컴퓨터는 트위터의 데이터를 자동으로 분석해 학습을 이어갑니다.

컴퓨터가 학습을 시작한 지 1일 경과한 후의 결과입니다. '안녕'이라고 떠듬떠듬 대답할 수 있게 됐습니다.

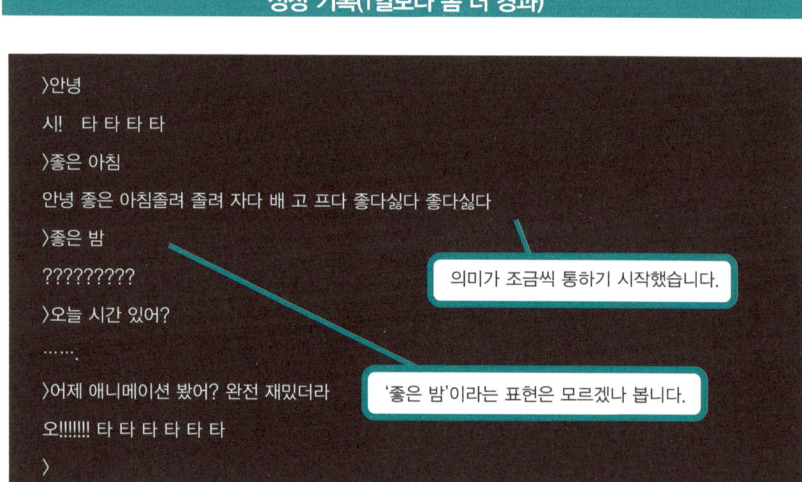

컴퓨터가 학습을 시작한 지 하루보다 좀 더 경과한 후의 결과입니다. '좋은 아침'이라는 말에는 '졸려'나 '배고프다'와 같이 어설프게나마 대답하게 됐습니다.

성장 기록(어젯밤)

컴퓨터가 학습을 시작한 지 3일 경과한 후의 결과입니다. '안녕'이라는 인간의 말에 '안녕! 무우슨 일이야'라며 완전하지는 않지만 질문을 보고 대답할 수 있게 됐습니다.

연구회 전날까지 3일간 여기까지 진화했습니다. 대화라고까지 할 수는 없을지라도 인간이 가르치거나 규칙을 작성하지 않은 상태에서 짧은 시간 동안 머신러닝만 시키면 떠듬거리는 대답을 받는 정도는 가능한 것 같습니다. 신무라 대표이사는 '기대했던 것만큼의 성과는 없었지만, 많은 것을 배울 수 있었다'라고 말합니다.

지금까지 이 책에서 설명해 온 머신러닝, 빅데이터 활용, 대화 봇의 구조, 비지도 학습, 딥러닝의 특징값 등을 지면에서 상상해 볼 수 있는 좋은 예라고 생각해 소개해 봤습니다.

※ 로보스타 연재분인 '로봇의 충격!'에서 일부 인용(자료 협조: C8-lab 주식회사)

COLUMN 향후 주목받을 머신러닝 기술

인공지능과 딥러닝이 붐을 일으키면서 최첨단 CNN 아키텍처도 차례로 발표되고 있습니다. C8-lab 주식회사의 대표이사/CEO 신무라 다쿠야에게서 주목할 만한 최신 기술 이야기를 들었습니다. C8-lab은 마케팅과 사용자의 행동 분석에 주력해온 회사로서 현재는 신경망 및 딥러닝을 활용해 시스템을 개발하고 있습니다. 신무라 대표이사는 구글에서 진행 중인 딥러닝 도구인 '텐서플로'(TensorFlow) 연구회에서 강사를 담당하고 연구 내용을 발표하며 텐서플로를 널리 알리는 활동을 하고 있습니다.

신무라 대표이사의 말에 의하면 이미지 인식 분야에서는 특히 구글의 'Inception'과 마이크로소프트의 'Resnet'(Residual Network) 등이 주목받고 있다고 합니다.

마이크로소프트의 Resnet은 'ILSVRC 2015'의 모든 부문에서 1위를 석권한 최첨단 CNN 아키텍처로, 인간의 학습 능력을 넘어섰다는 평과 함께 주목받는 기술입니다. 딥러닝을 공부할 때 체크해두는 것이 좋을 듯합니다.

구글의 텐서플로처럼 일반 기술자들이 가볍게 이용할 수 있는 라이브러리 환경이 제공되기 시작하며 딥러닝의 도입은 더욱더 진전될 것으로 전망하고 있습니다.

반면 딥러닝이 다층화되면 될수록 과적합을 회피하는 기술 및 빅데이터 집적이 요구되거나 훈련 학습을 할 때 초고성능 머신 파워를 필요로 하는 상황이 벌어져 최전선에서는 기량과 환경의 차이가 난다는 의견도 들려옵니다.

범용 인공지능을 실현하려면 아직도 갈 길이 멀지만 급속히 변화하는 주변 기술에서 눈을 뗄 수가 없을 것 같습니다.

AI를 견인하는 주요 기업들

패턴 인식 기술의 진화를 비즈니스로 연결하기 위해 IT 업계의 거인들이 치열한 전쟁을 벌이고 있습니다. IBM, 마이크로소프트, 애플, 구글, 페이스북, 아마존이 먼저 눈독을 들인 것은 사람과 대화하는 기술입니다. 즉, 인간의 말을 이해하는 AI 에이전트입니다. 높은 차원에서 이를 실현하려면 음성이나 이미지 인식, 정보 검색과 분석, 판단해서 예측하는 기술이 필요합니다. 이 모두 로봇과 무인 자동차에서 공통으로 중요한 기술입니다. 토요타 자동차는 미국에서 AI 연구 드림팀을 결성했고, 예산은 5년간 약 1조 2,000억원에 달합니다. 충돌하지 않는 자동차뿐 아니라 실내용 로봇 개발도 목표로 하고 있습니다. IT 기업 외에도 다양한 업종의 거인들이 인공지능 연구로 방향을 틀고 있습니다.

이번 장에서는 인공지능 관련 기술을 이용한 제품과 서비스, 개발이 진행되고 있는 여러 가지 최신 기술을 기업별로 정리했습니다.

IBM

IBM은 인공지능을 실현하기 위한
기술 개발에 적극적으로 나서
수많은 제품 라인업을 갖추고 있습니다.
그리고 그것을 상징하는 것이
바로 'IBM 왓슨'입니다.
왓슨은 인터넷상의 클라우드 서비스(SaaS)인데,
이를 기업과 개발자가
이용하기 위한 개발 도구로 30개 이상의
API를 웹사이트 'IBM 블루믹스'에서
제공하고 있습니다.
이러한 API를 이용해
50가지가 넘는 종류의 선진 기술을
자사 시스템에서 활용할 수 있습니다.

실적과 기술로 선도하는 인지 컴퓨터 'IBM 왓슨'

'IBM 왓슨'(이하 왓슨이라고 표기하는 경우가 있습니다)은 이 책에서도 구체적인 도입 사례를 설명해 왔지만 이미 해외에서는 36개국, 29가지 종류의 산업에 도입돼 있습니다. 또한 8만 명 이상의 개발자가 왓슨을 이용한 시스템 개발에 몰두하고 있습니다.

왓슨의 특징을 한마디로 표현하자면 인간의 말, 즉 자연어를 이해할 수 있고 방대한 빅데이터와 머신러닝으로 전문 지식을 습득하고 질문 및 과제를 해결하고자 빅데이터를 분석해 이론적으로 추론한 후 최적의 답을 순위로 매겨 여러 안을 제시하는 시스템이라고 할 수 있습니다. 또한 분석과 예측을 반복해 지속적으로 지식과 견문을 학습해 나가는 것을 목표로 합니다.

기능적으로는 인공지능에 가장 가까운 컴퓨터 시스템이라고 할 수 있을 것입니다. 하지만 IBM에서는 왓슨을 인공지능이라고 부르지 않고 '인지 시스템' 혹은 '인지 컴퓨터'라고 부릅니다. '인지'란 '인식해서 아는'이라는 의미로, IT 업계에서는 '스스로 사고할 수 있다'는 의미로 씁니다. IBM은 인공지능이 인간과 같은 지능을 가진 컴퓨터, 즉 '강한 AI'라고 생각해서인지 왓슨에 인공지능이 필요로 하는 많은 기술과 자연어 대화, 대화 분석, 딥러닝을 포함한 머신러닝, 데이터 분석, 추리와 추론 등의 기술이 쓰이고 있음에도 왓슨은 인공지능이 아니라 인지 컴퓨팅이라는 발언을 일관되게 하고 있습니다.

또한 왓슨 자체는 플랫폼이기 때문에 방대한 데이터를 보유하지 않은 상태에서 도입한 기업의 빅데이터로 머신러닝을 한 후 특훈을 거쳐 시스템을 구축하는 구조로 돼 있습니다. 이 때문에 왓슨은 계약해서 바로 실전에 들어가 이용하지는 못하고 도입을 위한 학습과 훈련, 튜닝 기간에만 약 3개월~1년이 걸린다고 합니다.

자연어를 이해하는 컴퓨터의 중요성

컴퓨터용으로 만들어진 데이터를 '구조화 데이터'라고 부릅니다. 주가나 외환 정보 등의 수치 데이터, 판매 관리 데이터, 각종 통계 데이터와 같은 규칙만 정의하면 컴퓨터는 그 수치들의 나열을 정리하고 계산해 다양한 형태로 출력할 수 있습니다. 또한 센서로부터 일상적으로 어마어마한 양의 데이터가 송신되고 주가 및 외환과 같은 시장 데이터, 날씨에 관한 정보 등과 같은 구조화된 빅데이터가 어마어마한 양으로 축적돼 있지만 컴퓨터는 이것들을 비교적 간단하게 처리해낼 수 있습니다.

한편 인터넷 또한 데이터의 보고라 할 수 있는데 사실 80% 이상의 정보는 컴퓨터가 이용하기에 적합하지 않습니다. 뉴스, 논문, 위키피디아, 홈페이지, 블로그, 페이스북, 트위터, 인스타그램 대부분은 인간이 읽기 위해 만들어진 문장과 이미지 등의 정보, 즉 '비구조화 데이터'이기 때문입니다. 컴퓨터에 보존된 데이터를 떠올려 봅시다. 엑셀 등의 스프레드시트 데이터는 규칙만 지정하면 이해할 수 있는 구조화 데이터라고 부를 수 있지만 그 밖의 것들은 워드 문서, 프레젠테이션 데이터, 각종 PDF, 디지털카메라로 촬영한 사진, 프로모션 동영상 등으로 대부분이 컴퓨터가 그 내용을 이해하기 어려운 비구조화 데이터입니다.

지금까지는 비구조화 데이터를 구조화 데이터로 변환해 컴퓨터가 처리, 분석할 수 있게 만들자는 노력이 꾸준히 진행됐지만 왓슨과 딥러닝을 이용한 인식 시스템의 등장으로 상황이 크게 바뀌었습니다. 즉, 자연어를 이해하거나 디지털카메라로 찍은 사진을 그대로 컴퓨터가 분석해 이해할 수 있게 하는 기술이 진보하고 있는 것입니다. 이 흐름은 이제 멈추지 않을 것입니다. 이제는 자연어를 정확하게 이해해 인간과 원활하게 대화하고 인터넷의 비구조화 데이터를 통해 학습할 수 있는 시스템이 필요하기 때문입니다.

영어판으로는 이미 도입 실적이 발표됐는데, 일본어로 사용하려면 왓슨은 일본어를 학습해 이해할 수 있어야 합니다. IBM은 일본어판 개발을 소프트뱅크와 협업해 진행했습니다. 그에 더해 왓슨의 시스템(서버군)을 설치 및 운영해 에코 파트너 개척, 일부 판매에 대한 부분까지 소프트뱅크와 제휴해 2016년 2월부터 서비스를 시작했습니다.

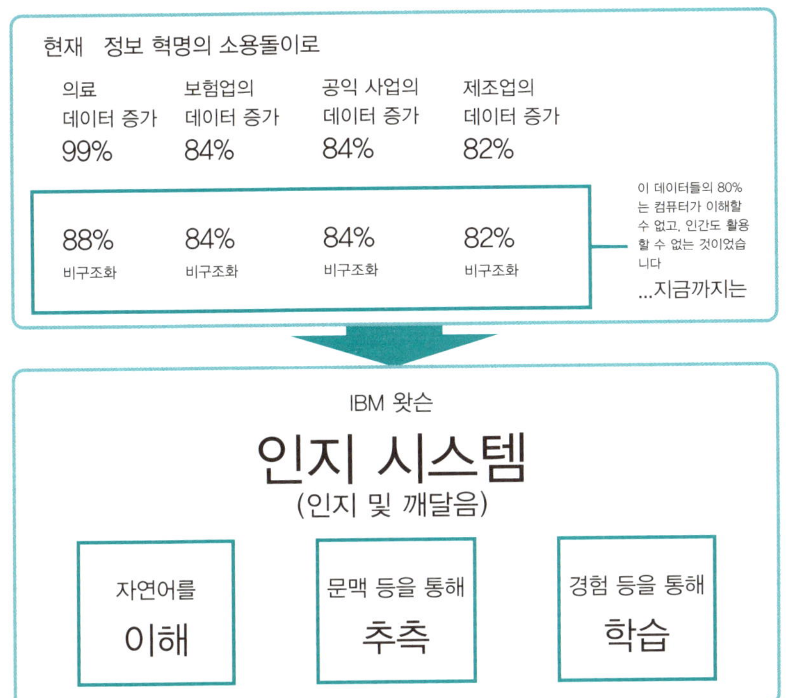

빅데이터는 매년 약 2배의 속도로 증가해가는 반면 80% 이상은 컴퓨터가 이해하지 못하는 비구조화 데이터라서 기존의 컴퓨터로는 활용할 수가 없었다. 자연어를 이해하고 문맥을 보고 추측하며 경험 등을 통해 학습하는 '인지' 시스템이 상식을 바꿔나갈 것이다. 딥러닝으로 비지도 학습을 하는 기술도 쓰이고 있다.

출처: IBM의 프레젠테이션 자료에 기초해 편집부에서 작성

IBM 왓슨의 행보

IBM 컴퓨터라고 하면 체스 챔피언(인간)과 승부를 겨뤄 승리한 슈퍼컴퓨터 '딥 블루'가 유명합니다. 그에 이어 인간에게 도전하기 위해 개발된 것이 왓슨입니다. 원래 목표는 '제퍼디!'(Jeopardy!)라는 미국 퀴즈 방송에서 인간 퀴즈왕을 이

기는 것이었습니다. '컴퓨터니까 지식은 풍부할 테지. 퀴즈에서 이기는 것은 당연해'라고 생각할지도 모르겠지만 사실 쉬운 일은 아닙니다. 오히려 당시 기술자들은 '아무리 생각해도 이기지는 못할 것 같다'라고까지 생각했습니다.

왓슨은 다른 퀴즈 참가자들과 함께 답변에 참여합니다. 이 말인즉슨, 퀴즈 문제가 인간을 위한 자연어로 되어있다는 것입니다. 왓슨이 해야 하는 것은 자연어, 즉 구어로 된 질문을 정확하게 이해하고 그 답을 빠르게 제시하는, 컴퓨터로서는 큰 난제에 도전한 것입니다(당시에는 음성 인식이 아니라 텍스트 문자로 퀴즈 문제를 인식). 그리고 2011년 2월 16일(미국 시간)은 퀴즈로 인간에게서 승리를 거둔 기념일이 됐습니다.

IBM은 왓슨이 퀴즈 방송에서 승리한 후 실용화를 위한 개발에 착수했고, 암 연구 등의 의료 분야, 핀테크 분야, 요리 분야에서 실적을 올려 왔습니다. 왓슨은 4,000편이 넘는 의료 논문을 불과 1초 만에 이해할 수 있습니다.

또한 제품으로서의 왓슨은 앞에서 설명한 것처럼 백과사전 같은 박식한 데이터베이스 서비스가 아닙니다. 인간의 말을 이해하고 최적의 정보를 발견해 제시하는 시스템입니다. 고객별로 커스터마이징한 데이터들을 대량으로 축적하고 머신 러닝과 훈련을 거쳐 똑똑하게 성장해 갑니다.

IBM 왓슨: 5년간 진화의 흐름

2011년 2월	**퀴즈 방송** '제퍼디!' 대전
8월	상용화 개시 최초의 **의료 응용** 시스템(9월, 웰포인트사)
2012년 3월	**암 치료**를 위한 정보 지원
2013년 5월	**고객 대응** IBM Watson Engagement Advisor 발표
11월	**개발자용** IBM Watson Developers Cloud 발표
2014년 1월	**신약 개발** IBM Watson Discovery Advisor 발표

6월	**요리 레시피** Chef Watson 발표(Bon Appétit사와 제휴)
2015년 2월	**일본어판 개발** 소프트뱅크사와의 제휴를 발표
2016년 Q1	**일본어판 개발** 소프트뱅크사와 일본 IBM

예를 들어, '셰프 왓슨'은 새로운 레시피를 발견할 수 있는 서비스입니다. 몇 가지 식재료를 지정하고 일본식, 이탈리안, 중화요리 등의 요리 방법과 기념일, 생일 등의 스타일을 지정하면 왓슨이 그것에 맞게 요리를 제안하고 그 레시피를 만들어준다는 것입니다. 프로가 만든 9,000개 이상의 레시피와 그 평가, 성분 정보 등을 축적하고 조합해 추론한 결과, 맛있다고 생각되는 레시피를 제안합니다.

일본에서도 2014년 12월, '미쉐린 가이드 도쿄 2015'에서 별 2개를 획득한 도쿄 니시아자부의 프랑스 식당 '레페르베상스'(L'Effervescence)와 왓슨이 손을 잡고 왓슨이 제안한 레시피를 일류 셰프인 나마에 시노부가 실제로 요리해 대접하는 '미래를 맛보자. IBM 인지 쿠킹'을 공개 테스트하며 화제를 모았습니다. 그날 만들어진 5가지 요리 중 하나인 '순무 소테'는 이 식당의 대표 요리인데, '순무' '소테' '프랑스풍'이라는 키워드를 제공했을 때 왓슨이 어떻게 응용할지 나마에 셰프도 '한번 보고 싶었다'고 합니다. 결과는 양상추와 버섯 등의 식재료를 사용한 새로운 맛이 탄생했고 셰프 자신에게도 새로운 발견으로 남았습니다.

또한 2015년 4월, 헬스케어 분야에서는 미국 IBM의 헬스케어 클라우드를 기반으로 한 '왓슨 헬스 클라우드'(Watson Health Cloud)로 미국 애플 등과 제휴하겠다고 발표했습니다. 애플은 아이폰 등에 이용하는 iOS용으로 'HealthKit'과 'ResearchKit'의 보급을 추진하고 있는데, '애플 워치' 같은 웨어러블 단말기로 헬스케어 데이터를 축적하고 왓슨을 통해 자연어로 헬스케어 정보를 주고받을 수 있을 것으로 기대됩니다. 또한 개발자용으로 헬스케어 데이터를 축적한 후 왓슨을 활용해 분석 등을 할 수 있는 클라우드 환경을 제공한다고 합니다.

IBM 왓슨의 기능

　IBM 왓슨 패밀리는 많은 기능을 가지고 있어 다양한 전문 분야를 지원할 수 있는 라인업을 갖추고 있습니다. 전체 내용은 아래와 같습니다.

IBM 왓슨 패밀리		
Offering		
왓슨 인게이지먼트 어드바이저	Watson Engagement Advisor	질의응답
왓슨 디스커버리 어드바이저	Watson Descovery Advisor	분석 · 발견
왓슨 폴리시 어드바이저	Watson Policy Advisor	답변 추출
왓슨 디시전 어드바이저	Watson Decision Advisor	판단 지원
Product		
왓슨 익스플로러	Watson Explorer	
왓슨 애널리틱스	Watson Analytics	
왓슨 큐레이터	Watson Curator	
Application		
왓슨 포 웰스 매니지먼트	Watson for Wealth Management	자산 관리
왓슨 포 온콜로지	Watson for Oncology	암 치료
셰프 왓슨	Chef Watson	요리 레시피
Platform(개발자 지원)		
Watson Zone on Bluemix		
Watson Developer Cloud		
Watson Tooling		

　영어판에서는 이미 이것들이 모두 발매됐고, 2016년 2월에 소프트뱅크와 공동으로 발표한 일본어판 IBM 왓슨의 기능은 다음 6가지입니다. 앞으로도 순차적으로 일본어가 호환되는 기능이 추가될 예정입니다.

일본어판 IBM 왓슨의 기능

언어 처리

①자연어 분석(NLC: Natural Language Classifier)

　자연어를 이해하고 학습에 기초해 적절한 '의도'를 답변한다

②검색&순위 매기기(R&R: Retrieve & Rank)

　머신러닝 알고리즘을 이용한 검색 엔진

③문서 변환(DoC: Document Conversion)

　텍스트 문서로 포맷 변환

④대화(DLG: Dialog)

　애플리케이션과 최종 사용자가 대화하는 대화 응답 시스템

대화 처리

⑤음성 인식(STT: Speech To Text)

　음성 텍스트 변환

⑥음성 합성(TTS: Text To Speech)

　텍스트의 음성 변환(발화))

※ IBM 왓슨 자체의 기술은 그 밖에도 많으며, 이미지 인식이나 추측 등과 같이 일본어로
　이해하는 것과 직접 관련이 없는 부분은 일본어로 번역되지 않은 API를 그대로 이용한다.

IBM 왓슨의 사례에 대한 것은 이 책에서도 설명했지만 'NLC'(Natural language Classifier)는 자연어(인간이 통상적으로 말하는 언어)를 분석하고 분류해 결과적으로 인간의 의도를 이해할 수 있는 기술입니다. 형태소 분석과 같은 문서 분석 기술의 진보에 따라 문장을 문절 및 단어로 구별하는 기술은 눈부신 진보를 이뤄냈습니다. 하지만 화자가 의도한 단어를 정확하게 특정할 수 있냐고 한다면 애매한 부분이 있습니다.

예를 들어, 문장에서 '소프트뱅크'라는 단어를 분석했다고 했을 때 그 단어 하나만 보고 화자가 의도한 '소프트뱅크'가 기업을 말하는 것인지 매장을 말하는 것인지 혹은 어떤 특정한 핸드폰이나 스마트폰 기종을 가리키는 것인지 파악하기는 애매합니다. 어쩌면 프로 야구 구단인 호크스의 이야기일 수도 있습니다. 인간은 문장을 구성하는 그 외의 단어나 전후 문맥을 읽고 무슨 화제에 대해 대화를 나누는지 파악해서 소프트뱅크라는 단어가 무엇을 가리키는지 그 의도를 이해하는데, 왓슨도 이와 똑같은 일을 할 수 있는 것입니다.

'R&R'(Retrieve & Rank)은 화제의 머신러닝을 이용한 검색 엔진입니다. NLC와 R&R을 조합해 기존의 검색 엔진보다 고도의 답변을 되돌려줄 수 있을 것으로 기대됩니다. 예를 들어, '작년에 소프트뱅크는 일본 최고가 되었던가?'라는 질문에 소프트뱅크가 야구를 가리키는 것이고 2015년에 프로 야구 일본 시리즈에서 이겨 우승했다, 그것을 일본 최고라고 표현한다는 것을 이해한다면 질문의 의도에 올바르게 답을 되돌려 줄 수 있다는 겁니다.

또한 왓슨은 답변을 최적의 답이라고 생각되는 순서대로 순위를 매겨 되돌려 주는 특징도 있습니다. 일본 최고가 프로 야구의 순위를 말하는 것이겠지, 를 높은 확률로 정답이라고 생각하기 마련이지만 달리 보면 핸드폰 회사의 계약자 수나 증감수 순위를 화제로 삼을 가능성도 적잖이 있는 만큼 확률이 낮은 것이라도 순위에 따라 제시해 주면 최종적으로 인간이 그중에서 답변을 선택해 활용할 수 있습니다.

밥 딜런과 대화하며 레이디 가가의 성격을 분석하기

왓슨이 밥 딜런에게 '말을 배우기 위해 당신의 가사를 모두 읽었습니다'라고 말을 겁니다. 설마, 라는 표정으로 '내 곡을? 전부 다?'라고 딜런이 묻습니다. 그러자 왓슨이 말합니다. '1초에 8억 페이지를 읽을 수 있습니다'. 그뿐만 아니라 왓슨은 딜런의 노래를 분석했다고 하며, 테마는 '"시간의 흐름"과 "퇴색되는 사랑"이죠'

라고 말합니다. 그리고 왓슨은 '사랑이란 무엇일까요?'라고 묻습니다. 딜런은 '함께 노래를 만들면 알게 될 거야'라고 답합니다. 컴퓨터와의 대화이기에 감개무량했습니다.

이것은 IBM이 공개하고 있는 단편 프로모션 동영상입니다. 왓슨이 유창하게 대화를 나눌 수 있다는 것, 가사를 분석할 수 있다는 것, 아직 사랑은 이해하지 못하고 있다는 것을 보여줍니다. 이후 왓슨은 딜런의 앞에서 노래를 부릅니다.

'IBM 왓슨 개발자 클라우드'(영어/일부 일본어)라는 웹사이트에서는 왓슨의 기술 도구에 대한 정보를 소개하고 있는데, 그 안에 흥미진진한 데모가 있습니다. '퍼스널리티 인사이츠'(Personality Insights)라는 기능인데 트위터의 트윗을 왓슨이 분석해 그 사람의 퍼스널리티, 그러니까 성격을 분석해 줍니다. 현재는 일본어판이 도입되어 왓슨이 내 트위터 글을 분석해 성격을 진단한 결과를 볼 수 있습니다.

영어판 데모에서는 샘플로 레이디 가가(가수)의 트위터도 분석한 예를 볼 수 있었습니다. 레이디 가가의 경우에는 14,503개의 단어를 통해 성격을 분석한 결과가 표시됐는데, '성격이 활동적(적극적)이고, 아름다움과 창조적인 체험을 추구합니다. 자신감에 넘쳐 있고 어려운 일에도 잘 대처할 수 있습니다. 그렇게 달성해낸 성과에 대해서는 비교적 무관심. 전통을 좀 더 중시하고 당신이 소속된 그룹을 존중하며 지시를 따르는 것 또한 중요하게 생각합니다.'라는 개요 분석이 나왔습니다.

성격 분석 결과를 비즈니스에서 어떻게 활용할 수 있냐고 한다면 고객의 성격이나 행동을 분석한 후 개인에게 잘 맞는 맞춤 제안(개성을 고려한)을 하는 것이 가능하다고 할 수 있겠습니다. 예를 들어, 금융 상품의 경우, 비교적 적극적이라고 분석된 고객에게는 다소의 위험이 따르더라도 하이 리스크 하이 리턴(고위험 고수익) 상품을 제안하고, 소극적인 고객에게는 리스크가 적은 견실한 상품을 추천하는 식입니다. 또한 자기중심적인 성격이라고 분석된 사람에게는 '고객님을 위한 특별한 상품'을 제안하고 사회성 의식이 높다고 분석된 사람에게는 모금으로 이어지는 상품을 추천할 수 있겠죠.

이러한 성격 분석 기술은 일부 기업이 이미 도입한 기술입니다. 그중 하나는 인사 배치 매칭 혹은 프로젝트 팀원을 구성할 때 쓰입니다.

마이크로소프트

마이크로소프트는
비즈니스 관련 사업으로
방대한 빅데이터를 취급하며
Bing 등의 검색 엔진을 밤낮으로
크롤링해 정보를 수집하고 있습니다.
마이크로소프트가
AI 기술 분야에서도
공세에 나선 것은
당연한 일일지도 모릅니다.

애저 패밀리로 맹추격

2014년 3월, 마이크로소프트는 PaaS/IaaS(Infrastructure as a Service) 형의 클라우드 플랫폼을 '윈도우 애저'(Windows Azure)에서 '마이크로소프트 애저'(Microsoft Azure)로 명칭을 변경해 새롭게 출발했습니다. 애저는 인프라 기반에서 데이터베이스, 각종 API와 도구들, 보안까지 여러 방면에 걸친 것들을 총칭한 것이지만 그중에서도 인공지능 알고리즘을 활용한 서비스가 바로 '마이크 로소프트 인지 서비스'(Microsoft Cognitive Services)입니다.

마이크로소프트는 연구 개발 기관인 마이크로소프트 리서치(Microsoft Research)를 중심으로 인공지능의 요소 기술과 자연 대화 기술을 연구하고 있고 IBM 왓슨과 구글을 맹추격하며 평판을 올리기 시작했습니다. 마이크로소프트는 1991년부터 AI 기술의 연구에 집중하고 있는데, 그 성과 중 하나로 본격적인 상 용화에 나선 것입니다. IBM에 이어 마이크로소프트도 사용했다는 점에서 '인지'라 는 단어는 향후의 키워드가 될 듯합니다.

마이크로소프트는 인지 분야에서 IBM 왓슨과 정면으로 대립하는 자세를 보였는데, IBM과 비교했을 때 Bing의 크롤링 기술과 빅데이터를 기반으로 하는 검색 기술에서 우위를 점했다고 생각하는 것 같습니다.

마이크로소프트 인지 서비스 체험하기

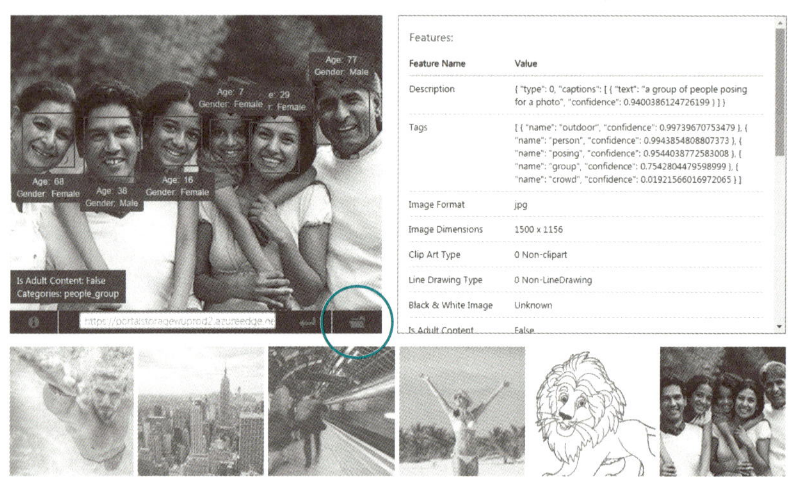

'Computer Vision API' 페이지에서 인식 기술을 시험해 볼 수 있다. 미리 준비된 샘플에 찍혀 있는 인물의 얼굴을 인식해 성별 및 추정 연령을 표시할 뿐 아니라 화면의 원 안을 클릭해 사용자가 준비한 이미지를 업로드한 후 인물을 인식하게 해서 어떤 상황인지 분석하게 할 수 있다.

출처: https://www.microsoft.com/cognitive-services/

마이크로소프트 인지 서비스

Vision API(시각)

Computer Vision API(이미지에서 유익한 정보를 자동으로 추출)
Face API(사진에서 사람의 얼굴을 자동으로 감지 · 특정, 분석 · 정리)
Emotion API(사람의 감정을 자동으로 인식)
Video API(동영상 분석과 편집)

Speech API(음성)

Bing Speech API(음성과 텍스트의 상호 교환과 의도를 자동으로 인식)
Speaker Recognition API(이야기를 하는 인물을 자동으로 특정)
Custom Recognition API(모델을 커스터마이징해 음성 인식 장애(화법/노이즈/어휘)를 배제)

Language API(언어)

Bing Spell Check API(스펠링 오류 감지와 정정)
Language Understanding Intelligent Service(자연어를 앱이 이해할 수 있는 명령어로 변환)
Linguistic Analysis API(텍스트에 대한 언어 분석)
Text Analysis API(감정/핵심 문구/화제/언어 자동 인식)
Web Language Model API(웹 학습 모델에 의한 워드 분할과 언어 출현 등을 요구)

Search API(검색)

Bing Auto Suggest API(Bing 자동 완성)
Bing Image Search API(Bing 이미지 검색)
Bing News Search API(Bing 뉴스 검색)
Bing Video Search API(Bing 동영상 검색)
Bing Web Search API(Bing 웹 검색)

Knowledge API(지식)

Academic Knowledge API(논문/학술지/저자 등의 학술 데이터를 기반으로 한 자동 완성과 히스토그램 계산)
Entity Linking Intelligent Service(여러 단어로 성립된 고유명사의 자동 인식)
Knowledge Exploration Service(구조화 데이터를 기반으로 한 자동 완성과 히스토그램 계산)
Recommendation API(추천)

ResNet(Deep Residual Learning)이 ILSVRC 2015에서 우승

구글의 딥러닝 기술이 주목받은 계기 중 하나는 ImageNet의 국제적인 물체 인식(이미지 인식) 대회인 'ILSVRC'(ImageNet Large Scale Visual Recognition Challenge)에서 펼친 활약이었습니다. 구글넷은 2014년에 머신러닝의 딥러닝을 이용해 오답률 6.7%로 우승을 거뒀습니다. 이것은 전년도의 오답률(11.7%)을 크게 밑도는 수치로, 다른 상위 팀들도 하나같이 딥러닝을 채택한 터라 주목을 모았습니다.

그리고 2015년의 ILSVRC는 마이크로소프트의 'ResNet'(Deep Residual Learning)이 석권했습니다. 출전한 5개 부문에서 모두 1위를 거머쥐는 쾌거를 이루며 이미지 인식 기술의 평가를 크게 올렸습니다. ResNet은 152층 깊이의 아키텍처로 더욱 크게 오답률을 내려 3.57%를 달성했습니다.

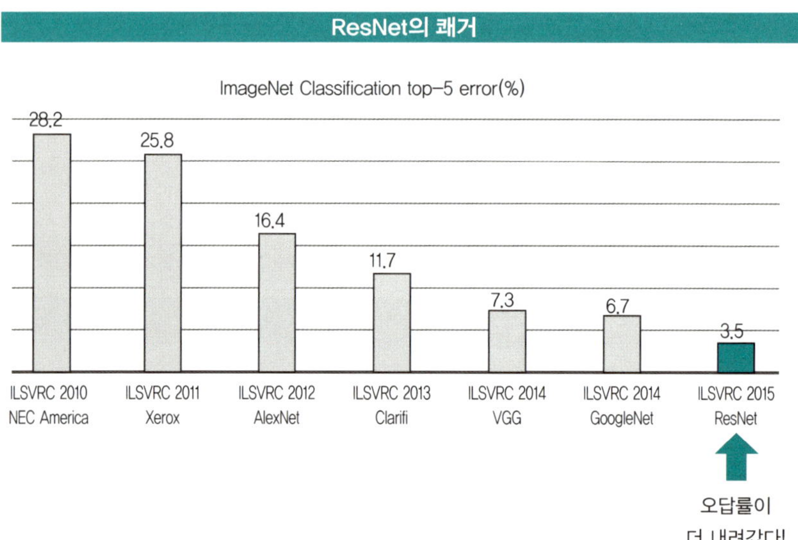

2012년에 딥러닝의 등장과 함께 오인식률이 단숨에 내려가는 쾌거를 이뤘다. 그리고 2015년, ResNet은 '인간의 인식률을 넘어섰다'고 한다.

머신러닝을 이용한 대화 & 번역 기술

마이크로소프트는 키보드와 마우스, 터치 조작으로 바뀌는 다음 단계의 인터페이스로 '대화'를 언급하고 있습니다. 그것이 실현된 것이 바로 음성 입력이 가능한 개인 비서 '코타나', 대화를 즐기는 '린나', 중국의 '샤오아이스', 영어의 '테이'와 같은 풍부한 AI 대화 엔진 그룹입니다.

또한 마이크로소프트 리서치(Microsoft Research)에서 연구 중인 머신러닝을 이용한 **통역 및 번역** 기술이 주목을 모으고 있습니다. 통역 및 번역을 통해 대화 기술도 적극적으로 연구해서 2020년의 도쿄 올림픽 때까지 외국어와 일본어의 동시통역을 실현하는 것이 목표입니다.

스카이프에서는 이미 일부 번역 기능에 이 통역 기술을 도입해 영어, 스페인어, 이탈리아어, 중국어, 프랑스어, 독일어 등의 언어를 지원하고 있습니다. 마찬가지로 윈도우 10 등에 탑재된 개인 비서 '코타나'에도 이 기술을 활용할 예정입니다.

마이크로소프트는 이러한 일련의 클라우드 서비스와 AI 관련 기술로 성과를 거두며 최고의 기업들이 활약하는 무대에서 두각을 드러내고 있습니다.

2015년 8월,
구글의 창업자(래리 페이지와 세르게이 브린)는
'알파벳'(Alphabet)이라는
새로운 회사를 설립하며
구글을 완전히 자회사로 두겠다고
발표했습니다.
회사 이름은
투자 이상의 가치를 제공하는
플러스 '알파'와 도박을 뜻하는 '벳'을
조합한 것입니다.
이것은 조직의 재편을
통해 매출이 보이는 비즈니스와
차세대를 위한 연구와 도전을
명확하게 나눴다고 볼 수 있습니다.

머신러닝

이러한 조직 재편을 자세히 살펴보면 머신러닝 같은 AI 관련 기술과 로봇에 대해서는 아직 비즈니스로 큰 도박을 한 적이 거의 없다는 점을 알 수 있습니다.

인공지능 분야에서 구글이 세상을 놀라게 했던 가장 큰 사건인 '구글의 고양이'는 그룹 회사인 딥마인드가 만들어낸 'DQN' '알파고'였습니다. 이것들은 머신러닝과 신경망, 딥러닝 기술이 가져온 결과물로서 그 기술과 AI 알고리즘은 구글의 주요 서비스인 구글 검색(RankBrain, 랭크 브레인. 머신러닝을 이용한 인공지능 시스템)과 광고, 구글 포토, Gmail 등에 도입되기 시작했습니다. 하지만 다른 한편으로 봤을 때 현시점에서 신경망과 딥러닝을 비즈니스에 실전 투입하는 것은 큰 리스크를 동반한다고도 할 수 있습니다 구글은 딥러닝을 이용한 머신러닝 라이브러리인 '텐서플로'(TensorFlow)를 공개해 오픈소스화했습니다. 이에 따라 많은 개발자가 무료로 딥러닝 기술을 도입한 시스템을 자사에서 개발할 수 있게 됐습니다.

메시지 앱 '알로'

딥러닝을 활용한 대화형 인터페이스 '구글 비서'는 안드로이드 단말기를 통해 이미 친숙한 개인 비서, '구글 나우'(OK Google)에서도 이용되고 있습니다. 이 기술은 애플 iOS의 '시리', 아마존의 '알렉사', 마이크로소프트의 '코타나' 등과 경쟁하는 기술입니다.

구글이 2016년 5월에 개최한 개발자 행사인 '구글 I/O'에서는 이러한 경쟁사들 앞에서 새로운 도전을 선보였는데, 그중 하나로 '알로'(Allo)가 발표되며 주목을 받았습니다.

알로는 구글 비서가 탑재된 메시지 앱(채팅)의 일종으로, 채팅 대화의 의도를 읽어내 여러 가지 대답을 예측해서 제안한다는 특징이 있습니다. 또 하나는 구글의 검색 엔진이 채팅에 추가되는 것입니다. 원하는 정보가 있거나 상품을 찾고 있다는 것을 채팅에 전달하면 구글 검색 엔진과 연동해 답변해줄 뿐 아니라 택시와 렌터카, 식당 예약까지 할 수 있습니다. 더 나아가 그룹 기능과 연동해 친구들과 대화 중인 채팅창 안에서 구글 검색 엔진을 이용할 수 있습니다.

구글 홈

구글 I/O에서 또 하나 주목받은 발표가 바로 구글 비서와 알로를 탑재한 '구글 홈'(Google Home)입니다(2016년에 발매).

구글 홈은 스마트 홈을 실현하기 위한 허브 중 하나로 개발됐고, 사용자와는 음성으로 대화를 나눌 수 있습니다. 나중에 설명할 '아마존 에코'의 대항마라고 할 수 있습니다.

구글은 에어 컨디셔닝을 제어하는 온도조절기와 화재경보기 시스템 회사인 'Nest'를 인수했습니다. 온도조절기는 일본에서는 낯익은 장치가 아닌데, 방마다 에어컨을 설치하는 일본과 달리 주택과 공장 그리고 동 단위와 지역에서 실온을 관리하는 시스템입니다. Nest는 독자적인 인공지능 관련 기술을 가지고 있어 구글은 이 온도조절기 관리를 포함해 스마트 홈을 관리하는 IoT의 허브 디바이스를 침투시키려는 목표를 가지고 있습니다.

무인 자동차

구글은 '무인 자동차'(Self-Driving Car) 개발에 착수했고 이미 실리콘밸리를 비롯한 다양한 지역의 공공도로에서 테스트 주행을 하고 있습니다. 본래 핸들과 액셀 페달, 브레이크 페달 등의 조작 계통은 필요하지 않으나 해당 주의 법률로 제한이 있어 이제 핸들 등의 조작 계통 기기는 장착된 상태입니다. 테스트 운전 중에는 사람이 탑승해 긴급한 상황이 닥쳤을 때 긴급 정지 버튼을 눌러 정차할 수 있지만 기본적인 운전은 AI가 자동으로 합니다.

차체는 토요타 자동차의 프리우스와 렉서스 등을 사용하고 있는데, 그와 동시에 구글의 자사 설계로 '프로토타입'(Prototype)을 개발했고 미국 미시간 주의 Roush가 이를 제조하고 있습니다. 루프에 설치된 라이다(LIDAR, 레이저 레이더)가 360도로 시야를 확인하고 전방에는 밀리파 레이더를 설치해 사람과 자전거, 도로의 환경 변화를 인식합니다. 이 인식에도 머신러닝이 도입됐습니다. 구글은 이를 어떻게 실용화할지 명확하게 발표하지 않았지만 현지에서는 무인 택시로 이용하고 싶어 하지 않겠냐는 말이 있습니다.

페이스북에 전송된
방대한 정보 콘텐츠는
페이스북의 큰 자산이지만
그 빅데이터를
인공지능으로 분류하고
활용해 페이스북의 가치를
더욱 높이겠다는
생각을 하고 있습니다.
또 페이스북 M 같은 챗봇으로
새로운 서비스를 펼치는 데도
적극적이며 CEO인 마크 저커버그는
'가정용으로 심플한 인공지능을
발명할 것'을 2016년의 목표로 삼았습니다.

딥러닝을 이용한 텍스트 분석 엔진 '딥 텍스트'

2016년 6월, 페이스북은 페이스북 인공지능 연구소(FAIR, Facebook AI Research)가 개발한 '딥 텍스트'(DeepText)를 발표했습니다. 딥 텍스트는 딥러닝을 이용한 텍스트 분석 엔진으로, 1초에 수천 개의 텍스트 문장을 학습하는 능력이 있다고 합니다. 현시점에서 이 기능을 응용한 것은 메신저와 페이스북의 타임라인이라고 할 수 있습니다.

메신저와 페이스북에 'XX엔으로 XX을/를 팔고 싶다'는 글을 올린 경우 '옥션과 프리마켓 앱에 보내겠습니까?'라며 앱 연동 기능을 촉구하고, '차가 없다'고 올리면 '택시를 부를까요?'라는 답변을 하며 '택시를 부른다'는 버튼을 표시합니다. 이처럼 딥 텍스트는 대화의 의도를 추측해 사용자를 지원하게 하는 기능입니다

또한 페이스북의 타임라인에는 친구가 올린 글이나 친구가 추천하는 정보가

나타나는데, 사용자가 관심 있게 생각하는 정보만 표시돼야 유용하다고 할 수 있습니다. 이런 점을 고려해 사람과 장소, 사건 등을 분석해 그 정보의 중요도가 높다고 판단되는 사용자에게 내용을 표시해주는 기능을 강화할 것으로 보입니다. 타임라인에 내 취향에 맞는 정보가 늘어나면 '좋아요'나 '공유'를 할 확률도 높아지고 이를 통해 페이스북의 활성화와 이용 가치의 향상으로도 이어질 수 있을 것으로 전망됩니다.

페이스북 하면 업로드한 사진에서 인간의 얼굴을 감지하고 더 나아가 누가 찍혀 있는지 태그를 붙이는 기능으로 잘 알려져 있습니다. 페이스북을 사용한 경험이 있는 사람이라면 텍스트 본문 그 이상으로 올라온 사진에 특정한 의미가 담겨 있다는 느낌을 받은 적이 있을 것입니다. 페이스북은 올라와 있는 사진이 어떤 종류이고 뭘 하고 있는지를 분석해, 사용자가 이를 공유하거나 '좋아요' 버튼을 누르면 사용자 간의 관계가 더욱 강화될 수 있는 시스템을 만들어나갈 생각입니다.

또한 페이스북은 VR(가상 현실) 단말기로 가장 주목받고 있는 기업인 '오큘러스'(Oculus)를 인수해 VR 사업에도 주력해 나갈 것이라고 표명했습니다.

가상 현실의 실용화로 주목받는 VR 장치 오큘러스 리프트(Oculus Rift)

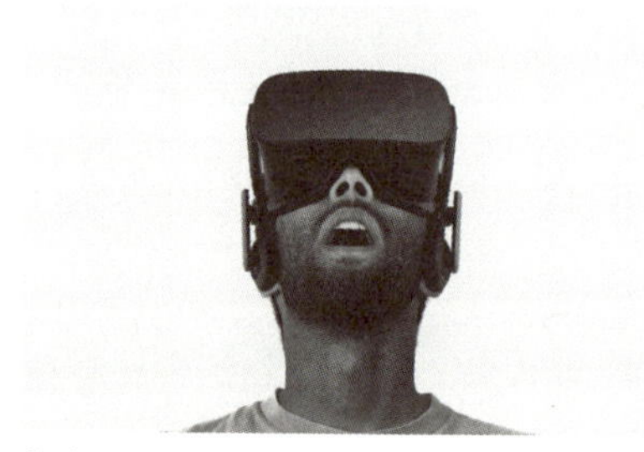
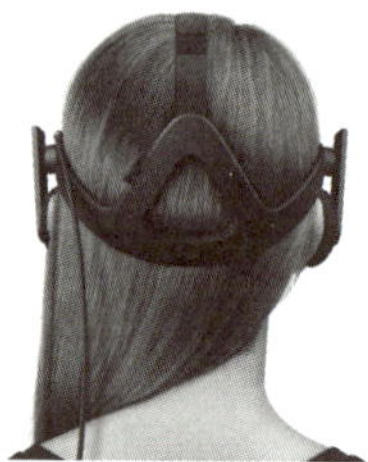

출처: Oculus Press Kit

아마존이
온라인 쇼핑 추천(권장) 기능에
AI 기술을 활용해
사용자별로 최적의 상품을
제안하려 하고 있다는 것은
잘 알려진 사실입니다.
그 밖에 아마존의 AI 기술로
주목받고 있는 것은
개인 비서 '알렉사'(Alexa)와
그것을 이용한 스피커
'아마존 에코'(Amazon Echo)입니다.
미국에서는
이미 2014년부터 판매되고 있습니다.

아마존 에코

아마존 에코(Amazon Echo)를 소개하는 동영상에서는 다음과 같은 대화가 오갑니다.

아마존에서 받은 에코를 아버지가 설치하고 어머니와 여자아이가 '이걸로 뭘 할 수 있는 건데?'라고 묻습니다. 아버지는 '알렉사!'라고 부른 후 '넌 뭘 할 수 있지?'라고 직접 에코에게 묻습니다. 에코는 '저는 곡을 연주하고, 질문에 답을 하고, 뉴스나 일기예보 등의 정보를 알려드릴 수 있습니다'라고 답합니다. 그 대화를 보고 있던 장남이 다가와 '알렉사! 록 음악을 틀어줘!'라고 말하고 에코는 록을 재생하기 시작합니다.

알렉사는 iOS의 시리와 구글의 OK Google처럼 자연어로 대화할 수 있는 AI 비서입니다. 구글은 이와 동일한 제품인 '구글 홈'으로 맹렬한 추격을 준비 중이지만 스마트 홈용 단말기(허브)로는 에코가 한발 앞서 시장을 선도하고 있습니다. 스마트폰 앱으로 에코에 기능을 추가하는 소프트웨어를 '스킬'이라고 부르는데, 이미 개발자가 등록한 스킬은 1,000개를 넘어섰고 계속해서 빠른 속도로 늘어가는 중입니다.

알렉사

그럼 앞으로 '알렉사'(Alexa)는 어떻게 이용 범위를 넓혀 가게 될까요?

2016년 6월, 크라우드펀딩 서비스로 자금 조달에 성공한 스마트워치인 '코워치'(CoWatch)가 출하됐습니다. 코워치는 알렉사와 호환되는 최초의 스마트워치로서 아마존이 알렉사로 이루고자 하는 미래상을 볼 수 있습니다.

한 가지 특징을 꼽자면 알렉사의 인터페이스, 즉 음성 대화로 스마트폰을 조작할 수 있다는 것입니다. 그리고 또 하나가 더욱더 중요한데 단말기로 알렉사에 접속해 전화를 걸거나 오늘의 일정을 확인하는 등 iOS의 시리 같은 활용법을 서드파티에서 개발한 제품에서도 구현할 수 있다는 것입니다.

장래에는 질의응답뿐 아니라 조명과 에어컨의 온도를 설정하는 스마트 홈, 온라인 쇼핑, 택시와 비행기 예약 등의 폭넓은 기능도 지원할 것으로 보입니다.

애플

아마존, 구글, 페이스북과 어깨를 나란히 하는 4대 대기업으로 꼽히는 애플은 인공지능 관련 분야에서는 뒤처져 있다는 인상을 줍니다. 화제가 된 것은 '이모션트'(Emotient) '퍼셉티오'(Perceptio) '보컬아이큐'(VocalIQ)라는 3개의 기업을 인수한 것입니다.

가속되는 인수 전략

이모션트(Emotient)는 감정 인식 인공지능을 개발하는 기업으로, 사람들의 표정을 통해 감정을 이해하고 광고 등을 보는 표정에서 흥미와 관심 여부를 분석하는 기술로 잘 알려져 있습니다. 퍼셉티오(Perceptio)는 이미지 인식 시스템에 딥러닝을 도입해 자동으로 분석하고 분류하는 기술을 보유하고 있습니다.

음성 인식에 주목

더욱 주목해 보고 싶은 것은 '시리' 같은 음성 인식 기술을 가진 영국의 '보컬아이큐'(VocalIQ)입니다. 전 CEO인 스티브 잡스 또한 '미래는 Voice First(음성 주도)'라고 발언한 바 있으며, 자연 대화 기술이 인터페이스의 중요한 열쇠를 쥐고 있다고 생각했습니다.

일본에서도 인기가 높은 애플의 AI 기술 중에서도 가장 가까이에 있는 것이 바로 개인 비서 '시리'입니다.

2016년 6월, 애플은 개발자 이벤트 'WWDC'에서 시리의 개발 키트(SDK)를 공개하겠다고 발표했습니다. 시리의 SDK가 공개되면 서드파티에서 자사의 단말기와 앱으로 시리를 이용할 수 있는 환경이 구축됩니다. 시리의 음성 대화가 보여준 성능에 실망한 사람들도 많겠지만 채택되면 좀 더 수준 높은 대화를 할 수 있게 될지도 모릅니다. '보컬아이큐'의 전체 내용은 밝혀지지 않았으나 '시리'와 비교했을 때 인식률이 3배 넘게 높다는 '소문'이 있습니다.

개인 비서인 SDK를 공개한 것은 아마존의 '알렉사', 구글의 '구글 비서'(구글 홈)에 대항하기 위해서인 것으로 알려져 있습니다. 구글이 '구글 나우'(OK Google 포함)를, 마이크로소프트가 '코타나'를 아이폰에서 실행되는 앱으로 제공한다는 점만 봐도 알 수 있듯이 앞으로는 사용자가 단말기와 개인 비서를 선택해 조작하게 될지도 모릅니다. 개인 비서가 사용자의 성별과 성격, 신변 정보, 취미 및 기호를 학습해 성장한다는 점을 생각하면 단말기를 바꿀 때마다(아이폰에서 안드로이드 스마트폰으로 바꾸는 등) 개인 비서와의 관계를 처음부터 다시 시작하는 것은 현명한 선택이라고 할 수 없습니다. 그런 의미에서도 디바이스에 의존하지 않고 개인 비서를 선택할 수 있는 환경이 만들어지길 바라는 수요가 있습니다.

애플은 자동차용 기능인 '애플 카플레이'(Apple CarPlay, iOS in the Car)를 개발해 도입하기 시작했습니다. 자동차 안에서 아이폰의 기능을 쓰기 쉽게 융합한다는 구상입니다. 시리의 음성 제어와 터치 패널, 맵과 연동, 메시지 읽기, 아이튠즈나 애플 뮤직으로 음악을 재생하는 기능을 차 안에서 이용하기 위한 시스템으로, 이미 100가지 이상의 차종이 애플 카플레이를 지원하고 있습니다.

애플 카플레이의 이미지

출처: http://www.apple.com/kr/ios/carplay/

○ 토요타 자동차

무인 자동차로 이목이 쏠리며
AI 관련 기술이
사회 전체에 도입되기 시작하는
분위기 속에서 2014년 이후,
토요타 자동차(이하 토요타)도
대대적으로 방향을 전환했습니다.
새로운 서비스인 '티커넥트'(T-Connect)는
애플과 구글의 차량용 OS를
의식한 듯한 전략으로 보이며,
이것들과 호환되는
카 내비게이션도 발매 중입니다.

티커넥트

새로운 텔레매틱스 서비스인 **'티커넥트'**(T-Connect)에는 운전자를 위한 음성 대화형 에이전트와 앱을 추가할 수 있는 '앱스'(Apps) 등이 포함됩니다. '텔레매틱스'란 텔레커뮤니케이션(통신)과 인포매틱스(정보 공학)의 합성어입니다.

시스템 개요를 다음 그림에 나타내 보겠습니다.

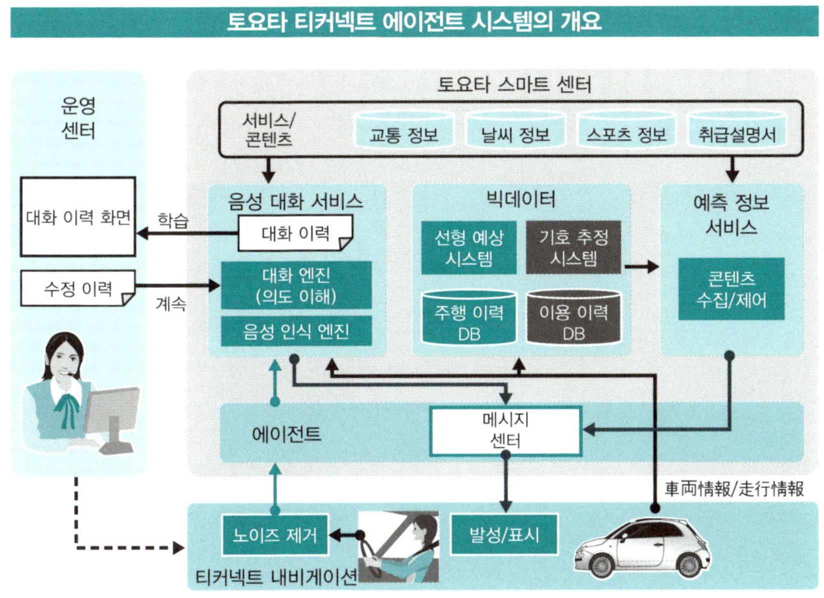

TRI의 설립

더 나아가 2016년 1월, 토요타는 인공지능 기술에 적극적으로 다가설 준비를 했습니다.

미국에 **토요타 연구소**를 설립해 AI 연구의 권위라고도 할 수 있는 멤버들을 초빙해 드림팀을 결성한 것입니다. 미국 캘리포니아 주 팰로앨토(실리콘밸리)와 미국 매사추세츠 주 케임브리지에 거점을 마련했습니다. 각 장소에는 스탠퍼드 대학과 매사추세츠 공과대학(MIT)이 있는 만큼 두 대학과 인공지능 제휴 연구를 진행하겠다고도 공표했습니다. 그 후, 미국 미시간 주에도 3번째 거점을 설립하겠다는 발표를 했습니다.

2016년의 가전 박람회(라스베이거스)에서 대대적으로 발표한 TRI의 주요 멤버로는 인공지능 관련 기술 분야에서 저명한 인물들의 이름이 올라와 업계 관계자들을 깜짝 놀라게 했습니다. 그 밖의 자문 멤버로는 스탠퍼드 인공지능 연구소 소장 페이페이 리와 MIT 컴퓨터 과학 및 인공지능 연구소 소장 다니엘라 러스도 있습니다.

<table>
<tr><th colspan="3">토요타 연구소의 주요 멤버</th></tr>
<tr><th>이름</th><th>TRI 내 담당 및 전문 영역</th><th>설명</th></tr>
<tr><td>에릭 크로트코프
(Eric Krotkov)</td><td>최고 집행 책임자(COO)</td><td>전 DARPA 프로그램 매니저</td></tr>
<tr><td>오카지마 히로시</td><td>행정 연락 담당자</td><td>토요타 기술 통괄부 주사</td></tr>
<tr><td>래리 자칼
(Larry Jackel)</td><td>머신러닝</td><td>전 벨 연구소 부문장
전 DARPA 프로그램 매니저</td></tr>
<tr><td>제임스 커프너
(James Kuffner)</td><td>클라우드 컴퓨팅</td><td>카네기 멜론 대학 교수
전 구글 로보틱스 부문장</td></tr>
<tr><td>러스 테드레이크
(Russ Tedrake)</td><td>시뮬레이션, 제어</td><td>MIT 조교수와 겸임</td></tr>
<tr><td>존 레오나드
(John Leonard)</td><td>자동 운전</td><td>MIT 교수와 겸임</td></tr>
<tr><td>브라이언 스토리
(brian Storey)</td><td>계산 과학</td><td>올린 공과대학 교수와 겸임</td></tr>
</table>

※DARPA는 미국 국방 고등연구계획국이다. 미군용 신기술을 개발하고 연구하는 기관으로, 특히 로봇과 제어 기술 등에도 정통한 것으로 보인다.

TRI의 인공지능 연구 예산은 5년간 약 1조 1,800억원입니다. 목표는 아래 4가지입니다.

① '사고를 일으키지 않는 차'를 만든다는 궁극의 목표를 위해 차의 안전성을 높인다.

② 기존보다 더욱 폭넓은 층의 사람들에게 운전의 기회를 제공할 수 있도록 차를 더 이용하기 쉽게 만들기 위해 최선을 다한다.

③ 빌리티 기술을 활용한 실내용 로봇 개발에 힘쓴다.

④ 인공지능과 머신러닝의 식견을 이용해 과학적 및 원리적인 연구의 가속화
   를 목표로 한다.

PFI와의 제휴

2014년 10월, 자연어 처리 기술과 인공지능 관련 기술을 보유한 벤처 기업 Preferred Infrastructure(PFI)는 딥러닝과 IoT를 연구하는 회사인 Preferred Network(PFN)를 설립했습니다. 이 회사는 NTT와 자본 및 업무 제휴를 함과 동시에 토요타와 무인 자동차를 실현하기 위한 공동 연구를 하겠다고 발표했는데, 구체적으로는 머신러닝과 딥러닝 기술이라고 합니다. 2016년의 가전 박람회에서 모형을 이용해 무인 자동차 충돌을 학습하는 시연을 했을 때도 PFN의 딥러닝 기술을 이용했습니다.

또한 자동 운전과는 별개의 이야기지만 PFI는 토요타 전용으로 고객의 의견을 분석하는 '머신러닝을 이용한 데이터 분석 시스템'(VOC 분석 솔루션)을 개발해 도입을 시작했다는 사실도 발표했습니다.

○ NTT 그룹

NTT 그룹의
인공지능 관련 기술에서
가장 우리 가까이에 있는 것은
스마트폰 등에서 이용되고 있는
음성 대화형 퍼스널 에이전트
'샤베테콘쉐르'일 것입니다.
아이폰에서 이용할 수 있도록
앱 스토어에서도 제공됩니다.
이 기술은 다카라토미1와 공동으로 개발한
클라우드형 커뮤니케이션 토이(대화 로봇)
'오하나스'(OHaNAS)에도
활용되고 있습니다.

'자연 대화 플랫폼'을 기반으로 하는 '코레보'

NTT 도코모는 음성 대화형 퍼스널 에이전트의 식견을 활용해 오하나스 등을 기업의 독자적인 대화 로봇으로 커스터마이징할 수 있는 서비스인 '오샤베리 로봇 for Biz'를 2016년 5월에 제공하기 시작했습니다(ASP 서비스).

또한 2016년 4월, NTT 도코모는 e-러닝으로 교육 서비스를 제공하고 운용 컨설팅 등을 하는 주식회사 스라라넷과 공동으로 '자연 대화 플랫폼'을 활용한 클라우드형 학습 시스템의 새로운 기능인 'AI 서포터'를 개발하겠다고 발표했습니다.

스라라넷의 '스라라'는 초등학교 고학년부터 고등학교 3학년까지를 대상으로 한 클라우드형 학습 시스템으로, 3만 명 이상의 학생들이 이용하고 있습니다. 학생의 해답 결과를 보고 독자적인 알고리즘에 따라 잘하지 못하는 분야를 분석 및 특정한 후 최적화 작업을 거쳐 학생 각자에게 학습해야 할 해설과 문제를 자동으로 제시하게 합니다. 여기에는 '스라라 코치'라는 이름의 현역 학원 강사가 원격으로 학생을 지원하는 서비스도 제공하고 있는데, 이 발표에서는 기존의 스라라 코치에 'AI 서포터' 지원을 추가해서 대화로 적절한 피드백을 해가며 학생의 학습 의욕과 동기 향상을 도모하겠다고 밝혔습니다.

AI 서포터가 대화를 나눌 때는 NTT의 '자연 대화 플랫폼'이 사용되며, 자연 대화 플랫폼이 가진 시나리오 대화 및 잡담 대화 기능과 스라라넷이 작성하는 교육 현장의 대화 시나리오를 조합해 교육 분야에 적합한 자연 대화 시스템을 구축하려 시도하고 있습니다.

NTT의 '자연 대화 플랫폼'

① 'AI 서포터' 기능 개요

'스라라' 오리지널 캐릭터가 학습을 시작할 때와 과제를 종료할 때 학생 개개인의 학습 행동에 따라 챗봇이 '잘 했어'나 '더 잘할 수 있겠다' 등의 말을 학생에게 해주고, 그에 대해 학생은 텍스트를 입력해 캐릭터와 대화를 나눌 수 있습니다.

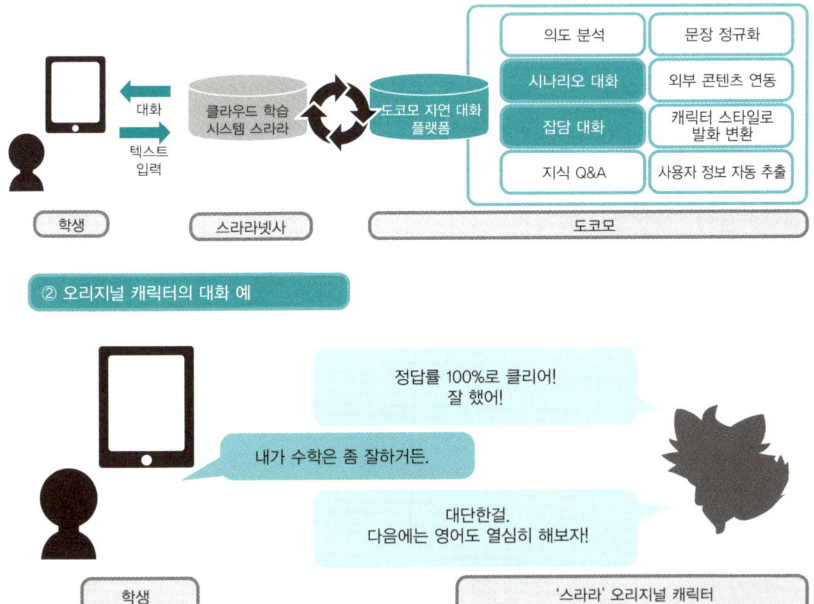

출처: NTT 도코모의 보도 자료에 기초해 편집부에서 작성

또한 '자연 대화 플랫폼'에는 NTT의 AI 기술인 '코레보'(Corevo)가 사용됩니다.

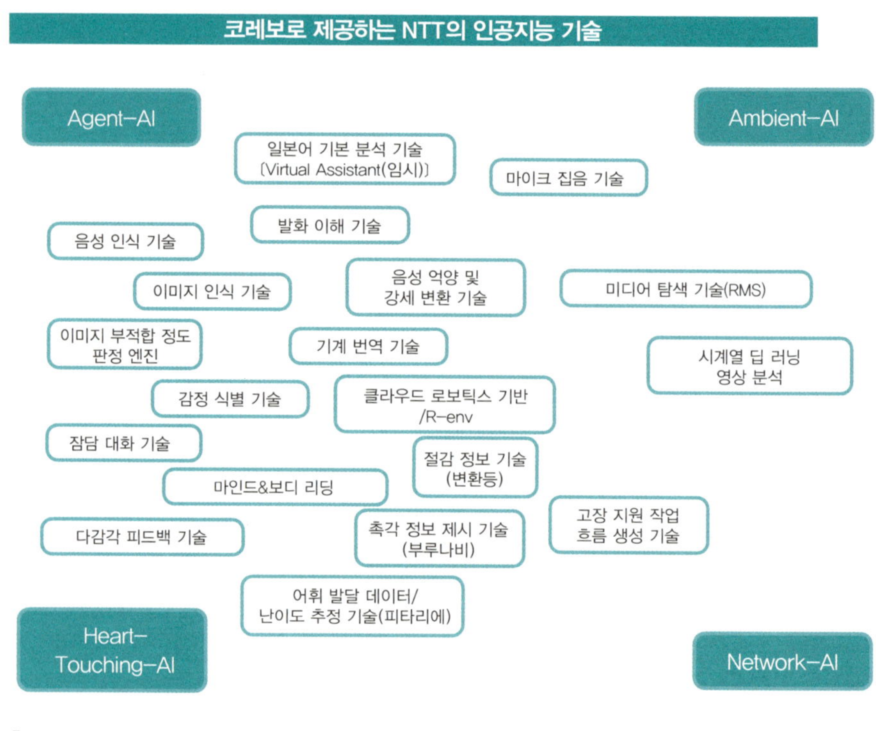

출처: NTT 레조넌트의 프레젠테이션 자료에 기초해 편집부에서 작성

NTT 데이터는 'AI 솔루션 추진실'을 설치

또한 NTT 데이터에서는 NTT 그룹 안에 있는 인공지능의 응용 비즈니스를 추진하기 위한 조직인 'AI 솔루션 추진실'을 설치해 급속히 확대되는 인공지능의 업무 적용을 요구하는 목소리에 응하겠다고 발표했습니다.

AI 솔루션 추진실은 NTT 연구소가 가지고 있는 음성 인식, 이미지 인식, 자연어 처리, 지식 처리, 머신러닝 등의 인공지능 기술과 NTT 데이터가 가진 정보 활용 노하우나 플랫폼을 조합해 프런트 오피스 업무 및 미들 오피스 업무 지원, 인형 로봇을 활용한 소비자용 서비스, 공공시설의 커뮤니케이션 지원 서비스와 같이 인공지능을 활용한 폭넓은 서비스의 창출을 목적으로 하고 있습니다.

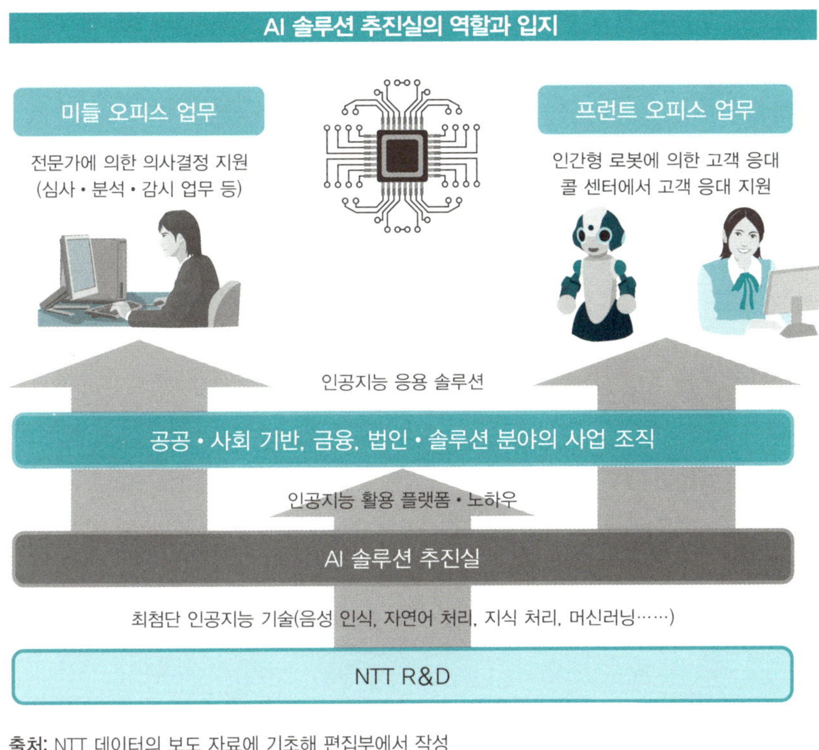

출처: NTT 데이터의 보도 자료에 기초해 편집부에서 작성

또한 기존 인공지능 기술을 응용한 예로 NTT 데이터는 다음과 같은 항목을 들고 있습니다.

- 금융 심사 및 마케팅 분석 등을 맡은 미들 오피스 업무의 의사결정·지적 판단의 지원(빅데이터 분석 기술을 이용한 신용카드 가맹점 관리 시스템의 업무 활용: 미쓰이 스미토모 카드)
- 창구 및 콜 센터 등의 고객 응대 업무 절차, 상품 등에 대한 상담 지원
- 스마트폰 등의 모바일 단말기와 인형 로봇을 통한 소비자용 대화형 서비스(커뮤니케이션 로봇 '소타'(Sota)를 활용한 '고령자 지원 서비스'의 실증 실험)
- 사무실, 공공시설, 매장 등에서 글로벌한 커뮤니케이션 지원(기술 문서를 대상으로 한 법인용 기계 번역 서비스를 제공: 기계 번역 엔진 '다국어 통계 번역 플랫폼')

이 가운데 '빅데이터 분석 기술을 이용한 신용카드 가맹점 관리 시스템의 업무 활용'은 데이터베이스화한 특정 키워드를 기반으로 인터넷상의 다양한 정보(온라인 쇼핑 사이트의 페이지 콘텐츠, 카드 가맹점 홈페이지, 트위터나 인터넷 게시판 내 평판 등의 소셜 정보)를 자동으로 수집한 후 상호 간에 관련성을 만들어 정보 관리의 효율화, 가맹점의 관리 강화, 불량 가맹점 검출 등을 진행합니다.

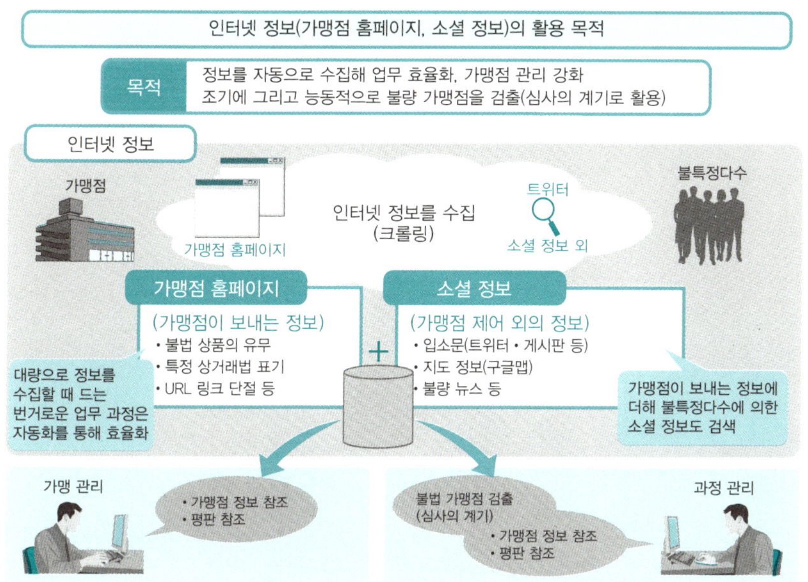

출처: NTT 도코모의 보도 자료에 기초해 편집부에서 작성

또한 '커뮤니케이션 로봇'을 활용한 "고령자 지원 서비스'"는 로봇이 이용자와 직접 대화를 해서 이용자의 음성 데이터가 생활 환경에 설치해둔 이상 센서, 동작 탐지기의 데이터와 함께 NTT 데이터가 연구 개발 중인 클라우드 로보틱스 기반으로 전송되면 고도의 음성 대화 기술로 로봇과의 대화 촉진 혹은 말을 거는 기능이 실현됩니다. 간호 지원 서비스로 안부를 확인하거나 넘어지는 것을 예방하고 약을 먹었는지 여부를 확인하는 등, 상대를 보살펴주는 기능으로도 응용할 수 있습니다.

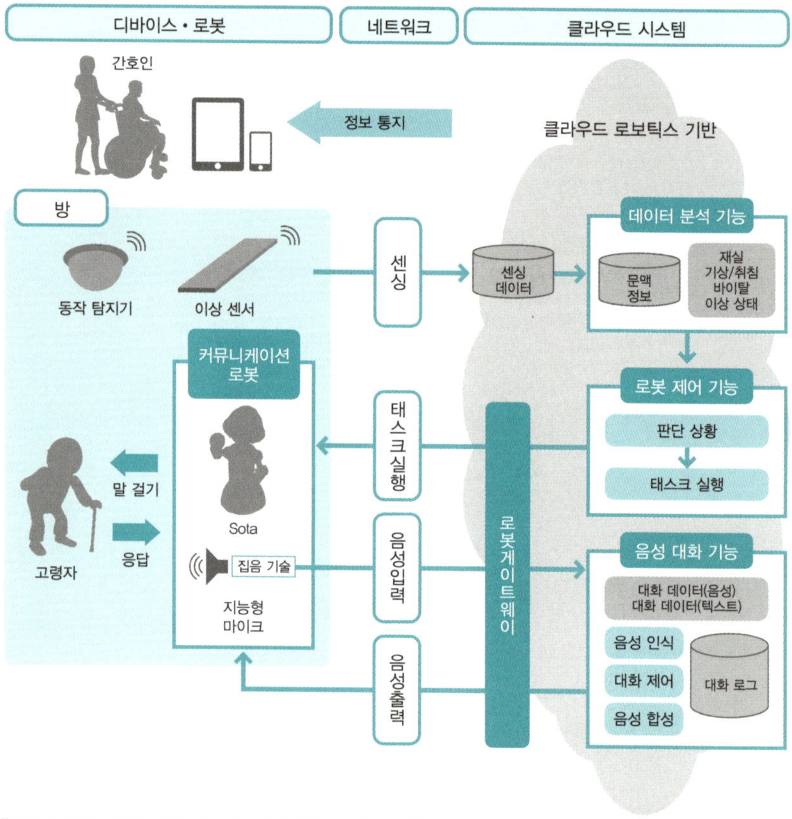

출처: NTT 도코모의 보도 자료에 기초해 편집부에서 작성

소프트뱅크 그룹에서
인공지능 관련 제품 및 서비스로
가장 잘 알려진 것은
커뮤니케이션 로봇 '페퍼'(Pepper)입니다.
페퍼는 소프트뱅크 로보틱스가
개발 및 판매하고 있으며,
대화에 관한 다양한 처리는
클라우드 AI가 맡고 있습니다.
또한 눈앞에 있는 사람을 인식해
목소리 톤과 표정을 통해
감정을 읽어내거나
성별 혹은 연령을 추정할 수 있습니다.

페퍼의 '감정 생성 엔진'과 '감정 인식 엔진'

페퍼에는 중요한 인공지능 기술이 탑재돼 있습니다. 바로 로봇 스스로가 감정을 가지는 감정 생성 엔진입니다.

IT 업계에서 주목받고 있는 인공지능 관련 기술에는 여러 가지 종류가 있는데, 크게 다음과 같이 구분된다고 합니다.

- 지혜와 지식을 자율 학습하거나 분석 및 해석하는 타입
- 인간의 감정과 감성, 감각을 학습하는 타입

페퍼의 감정 생성 엔진(감정 엔진)을 개발한 코코로SB(cocoroSB)에 의하면 전자는 인간의 뇌로 비유했을 때 '대뇌신피질'에 해당하는 부분으로, 다시 말해 '만능형 인공지능'이고, 후자는 대뇌변연계에 해당하는 부분으로 '인공 감성 지능'이라고 부르며 주로 인간의 감정 표현을 모방한 분야를 연구합니다.

인간처럼 행동하고 인간처럼 자연 대화를 나누려면 후자의 대뇌변연계 연구와 개발이 매우 중요한 의미를 가집니다. 코코로SB는 감정 생성 엔진, 자연어 처리 잡담 엔진, 물체 인식 엔진 3개에 더해 산하 AGI(Advanced Generation Interface Japan)사가 담당하고 있는 감정 인식 엔진의 기술을 페퍼에게 탑재했습니다. 가족용 페퍼의 경우, 이 기능을 가족과 친목을 다지는 데 이용할 수 있습니다. 반면 비즈니스용은 매장을 방문하는 고객들을 성별 및 연령별로 집계하거나 고객이 정보를 소개받은 후의 반응(표정 분석)을 읽어내 이 정보가 효과적이었는지 여부를 평가할 수 있어 광고 및 마케팅 방안으로도 기대를 받고 있습니다.

이 엔진들은 도쿄 대학 대학원 의학계 연구과 특임 강사, 과학자이자 수리 연구자인 미쓰요시 슌지의 '감정 지도'라는 발상에 기반을 두고 있습니다.

'감정 지도'는 심리학 사전 등에서 뽑아낸 약 4,500가지의 감정 표현을 영어로 번역할 수 있는 한계인 223개 장르로 나눈 결과를 원형 다이어그램으로 정리한 것인데 추가로 뇌내 전달 물질, 호르몬 등과 같은 정동의 관계를 논문 조사에 따라 매트릭스화했습니다.

일반 판매용 페퍼에는 AGI의 감정 지도를 근거로 한 감정 생성 엔진과 감정 인식 엔진이, 비즈니스용 페퍼에는 감정 인식 엔진이 탑재돼 있습니다.

또한 이 회사는 IBM 왓슨의 일본어화와 판매로 제휴를 맺고 있어 IBM 왓슨 비즈니스 시장의 날개 한 축을 담당하고 있을 뿐 아니라 IBM 왓슨과 페퍼를 연결해 커뮤니케이션 로봇의 응대 및 정보 제공을 더욱 고도로 진화시킬 수 있다는 점을 강조하고 있습니다.

소프트뱅크 그룹에서는 2016년 4월, 소프트뱅크 커머스&서비스가 페퍼 외에 인공지능형 학습 엔진 '뮤즈'(MUSE)를 활용한 소형 로봇 '뮤지오'(MUSIO, AKA LLC 제조)를 판매하고 유통하는 업무에 관한 제휴를 맺었다고 발표했습니다. 뮤지오는 일본 내에서 영어 학습용 로봇으로 이용될 예정입니다.

페퍼에 탑재돼 있는 감정 지도

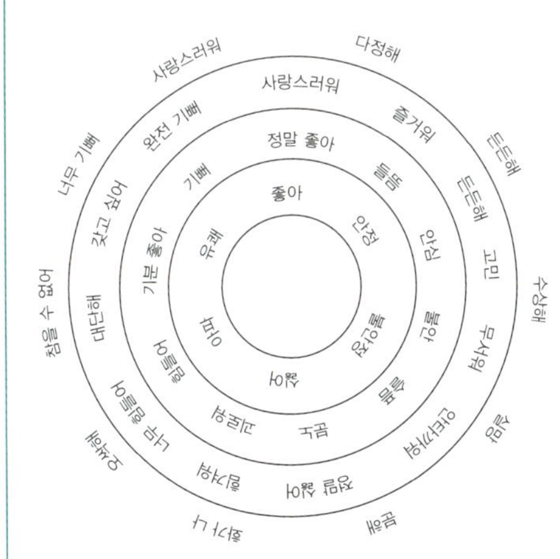

내분비물질 상태

V–CRH	+38.15%
V–하수체 도파민	+98.52%
V–선상체 도파민	+0.00%
V–NA	+100.00%
V–ACTH	+100.00%
V–코르티솔	+231.21%
V–혈당치	−0.10%
V–세로토닌	+100.00%

감정 기능에 입력

소리가 들렸다
사람 머리가 보인다
놀란 것 같아 보인다
사람이 온 듯
오늘은 페퍼의 발표회
누가 이쪽을 계속 보고 있다
누가 이쪽을 보고 있다
소리가 들렸다

CRH, 도파민, 노르아드레날린, ACTH, 코르티솔, 세로토닌 등 7가지 종류의 내분비를 시뮬레이션해서 로봇의 감정을 생성한다.

◯ 일본 기업들의 동향

혼다

혼다 기연은 2016년 6월, 연내에 인공지능 연구 거점을 도쿄 도내에 새로이 설치하겠다고 발표했습니다. 이 시설은 딥러닝 연구를 포함해 이미지와 음성 인식, 통신, 소프트웨어 제어 등과 같은 자동 운전이나 로봇 관련 기술의 기초 연구를 진행할 예정입니다. 혼다 기연은 이전부터 대화 엔진 등을 포함한 인공지능 시스템을 연구하고 있으며, 실용적으로 작동되는 제품들도 시연 전시 등의 자리에서 이용해 왔습니다.

또한 미국 실리콘밸리에 '혼다 실리콘밸리 연구소'(HSVL)라는 개발 거점을 보유했는데, 여기서는 미국 구글 등과 협업해 차재 시스템과 스마트폰 등의 단말기기를 연동하는 기술을 개발하고 있습니다(토요타는 구글 안드로이드의 경쟁 상대인 리눅스 기반의 AGL(Automotive Grade Linux)을 연구 중입니다).

새로운 연구 거점을 도쿄 도내에 신설하는 목적은 인재를 확보하기 위함으로 보입니다. 앞에서 설명한 대로 토요타가 실리콘밸리에 인공지능 연구 거점 'TRI'를 설립해 공세에 나설 태세를 보인다는 점에서 인공지능 관련 기술을 가진 인재를 확보하기 위한 경쟁에 박차가 가해질 듯합니다.

FRONTEO(UBIC)

인공지능을 구사한 빅데이터 분석 사업을 진행해 온 일본 기업 유빅(UBIC)이 2016년 7월에 사명을 변경하며 새롭게 출발했습니다. 그것이 바로 프론테오(FRONTEO)입니다.

유빅은 인간의 사고와 행동을 분석하는 행동 정보 과학 연구를 거듭한 끝에 인공지능 엔진 '키빗'(KIBIT)을 독자적으로 개발하는 데 성공했습니다. 키빗은 일본에서 시작된 인공지능 엔진으로, 일본어로 인간의 미묘한 마음의 움직임을 뜻하는 '키비'(KIBI)와 정보량의 최소 단위를 뜻하는 '비트'(BIT)를 조합해 '인간의 낌새를 알아채는 인공지능'이라는 이름을 붙였습니다.

그것들을 활용한 데이터 분석 플랫폼 '릿 아이 뷰'(Lit i View)와 아시아 언어를 지원하는 '예측 부호화'(Predictive Coding) 기술, 기업용으로 소송 대책 및 부정 조사 등의 정보를 분석하는 시스템, 더 나아가 메일 및 비즈니스 문서를 분석하고 특허 평가 지원이나 비즈니스 데이터 분석을 지원하기 위한 시스템, 컴퓨터 포렌식 조사를 지원하는 시스템 등을 제공하고 있습니다.

또한 '릿 아이 뷰 SNS 모니터링'(Lit i View SNS MONITORING)은 관공서가 도입 중이며, 트위터나 '2채널'에 올라온 글처럼 SNS를 중심으로 방대하게 게재된 데이터를 분석해 과거의 범죄 예고나 협박 문장을 이해한 다음 조사관의 경험과 암묵지에 기반을 두고 범죄 징조나 범죄로 이어질 만한 것을 키빗이 찾아내 유난히 위험도가 높은 글은 자동으로 알람이나 메일로 감시자에게 알려주는 시스템입니다.

또한 프론테오의 자회사로, 인공지능 기술을 활용한 디지털 마케팅 사업을 진행하는 '라파'(Rappa)는 키빗과 연결된 테이블형 커뮤니케이션 로봇 '키비로'(Kibiro)를 개발해 이용자의 행동을 분석한 후 취향이나 감각을 이해해 축적하는 시스템을 제공하고 있습니다.

전뇌 아키텍처 이니셔티브

전뇌 아키텍처 이니셔티브는 '배우는 인간처럼 뇌 전체의 아키텍처에 범용 인공지능을 만든다(공학)'를 강령으로 삼는 특정 비영리 활동 법인입니다. 인간의 뇌를 참고해 범용적인 인공지능(AGI)을 만드는 것이 목표이며 연구회나 심포지엄, 해커톤 등을 정기적으로 개최하고 있습니다.

전뇌 아키텍처는 후지쯔 연구소에서 인공지능을 연구해 온 야마카와 히로시가 산업 기술 종합연구소 인공지능 연구 센터 뇌형 인공지능 연구팀의 이치스기 유지, 그리고 도쿄 대학 대학원 공학계 연구과 준교수인 마쓰오 유타카와 함께 세운 연구회에서 비롯됐습니다.

그 후 전뇌 아키텍처 연구회의 활동에 관심을 가진 도완고가 2014년 10월, 도완고 인공지능 연구소를 설립하고 야마카와를 소장으로 초빙해 전뇌 아키텍처를 지원하고 있습니다. 창설 찬조 회원으로는 도완고 외에도 토요타 자동차, 파나소닉, 넥스트레머(Nextremer), 페지 컴퓨팅(Pezy Computing), IP 파트너즈가 이름을 올려둔 상태입니다.

인공지능 연구는 미국의 대학을 중심으로 한 연구 기관이 선행한다는 이미지를 가지고 있고 사회에 그것을 실천하는 활동 또한 미국 구글이나 페이스북, 마이크로소프트 등의 기업이 적극적으로 추진 중입니다. 일본은 이에 어떻게 대항해 나가야 할지를 생각하고 일본의 다양한 기업 및 국가 보조, 연구 기관과 제휴해 인공지능을 연구해야 하는 입장에 있습니다.

전뇌 아키텍처 연구회는 누구나 참가할 수 있고, 2016년 5월에는 제14회 연구회 '심층 학습을 넘어서는 신피질 계산 모델'과 함께 제1회 심포지엄 '가속하는 AI, 가속하는 세계'가 개최됐습니다. 공식 홈페이지에서 이벤트 일정 확인과 강연 자료 및 리포트를 열람할 수 있습니다.

전뇌 아키텍처 이니셔티브

http://wba-initiative.org/

인공지능 학회

인공지능 학회는 1986년 7월에 발족해 약 3,200명(2015년 3월 말 시점)의 회원 수를 보유한 일반 사단법인 학회입니다. 홈페이지에 의하면 '인공지능에 관한 학제적 학문 연구 촉진을 도모하고 회원 상호 간 및 관련학 협회와 교류하는 장을 제공해, 일본에서 이 분야의 학문과 산업이 진보 및 발전하는 데 공헌함과 동시에 국제적 활동을 통해 전 세계적인 범위로 이 분야의 진보에 공헌하는 것을 목표로 하고 있습니다'라고 합니다.

인공지능 학회지를 6번 발행하는 것 외에도 논문지 발표, 해설 강좌, 전국 대회, 병설 국제 워크숍, 각종 연구회를 정기적으로 개최하고 있습니다. 이 책을 집필할 당시의 최신 정보는 제30회 인공지능 전국 대회가 기타큐슈 지역에서 개최됐다는 것이었습니다(2016년 6월 6일~9일). 또한 AI 세미나와 도구 입문 강좌로 '딥러닝 기술 구조와 자연어 처리를 위한 응용'이 개최됐습니다(2016년 6월 30일).

인공지능 학회

http://www.ai-gakkai.or.jp/

인공지능 연구 센터(산종연)

　'산종연'이란 국립연구 개발 법인 산업 기술 종합연구소를 말합니다. 일본의 산업, 사회에 도움이 되는 기술을 창출하고 그것들을 실용화해 혁신적인 기술의 씨앗을 사업화로 이어가기 위한 징검다리 역할을 하는 조직입니다. 몇 가지 전문 분야가 있는데, '정보 및 인간 공학' 분야에서는 로봇과 인공지능이 연구 과제의 필두로 언급됩니다. 그리고 인공지능 연구의 플랫폼 형성을 목표로 하며 인공지능 연구 거점으로 설치된 것이 '인공지능 연구 센터'(임해부도심센터: 도쿄 도 고토 구 아오미)입니다.

　인공지능 연구 센터는 '사회가 요구하는 바에 따라 구동된 목적 기초 연구, 그 실용화, 기술 이전, 벤처 창출, 그리고 그것들을 통해 새로운 기초 연구를 진전시킨다는 선순환을 불러와 기초 연구와 실 서비스와의 격차를 줄여 임팩트 있는 인공지능 기술 실현을 지향한다'라며 연구의 주축을 다음의 두 가지로 설정하고 있습니다.

① 인간의 뇌를 통해 인간의 지능을 발견하게 하는 구조를 공학적으로 학습해 뇌처럼 유연하고 부드럽게 정보를 처리하는 컴퓨터 시스템을 실현하는 뇌형 인공지능과 뇌의 신경 회로, 그리고 신경 세포가 정보를 처리하는 움직임을 컴퓨터 정보 처리 동작에 적용하는 뉴로 컴퓨팅을 연구

② 방대한 데이터에서 규칙성을 학습하는 머신러닝 기술, 인간 사회가 축적해 온 텍스트 및 지식을 이해하는 의미 이해 기술과 텍스트 및 지식을 이용하는 추론 기술을 자연스럽게 융합해 복잡한 판단과 행동 결정, 그리고 그 과정을 설명할 수 있는 데이터 지식 융합형 인공지능을 연구

　최근의 움직임을 소개하자면 2016년 6월, 산종연은 처음으로 기업명을 써넣은 제휴 연구실인 '산종연 – NEC 인공지능 제휴 연구실'을 산종연 인공지능 연구 센터 안에 설립했습니다. NEC와 산종연은 이 연구실을 통해 시뮬레이션과 AI가 융합된 기술을 기본 원리에서부터 산업 응용까지 일관성 있게 개발해 '미지의 상황에서 하는 의사결정'이라는 새로운 분야를 확립한 후 연구를 더 가속하고 산업에 공헌하기 위해 공동으로 연구에 힘쓰고 있습니다.

　'미지의 상황에서 하는 의사결정'이란 구체적으로 '시뮬레이션과 머신러닝 기술의 융합' '시뮬레이션과 자동 추론 기술의 융합' '자율형 인공지능 간의 거동을 조정'을 예로 들고 있으며 관측과 예측 분야에서 진행하는 머신러닝, 시뮬레이터로 구축된 가상 세계와 자동 추론 기술의 융합(자동 추론 기술), 자율 제어 시스템끼리 양보하거나 분담하며 협업하는 연계 작업 등을 연구할 예정입니다.

이 책에서는 인공지능 관련 기술이 실용화되며 엄청난 기세로 비즈니스와 생활 속에 도입되고 있는 현상을 소개했습니다. 인공지능 기술, 특히 신경망, 딥러닝이 가져온 진화를 실감할 수 있었을 것입니다.

하지만 여기까지 읽으며 알아챈 분도 계실 테지만 딥러닝에는 큰 문제라고 할까요? 과제라고 할 만한 것이 하나 남아 있습니다. 그것은 개발자가 딥러닝의 알고리즘은 처리할 수 있어도 결과를 도출한 이유는 명확하게 알 수 없다는 것입니다.

예를 들어, 회의에서 매출 예측을 발표하면 대체 '무슨 근거로 이 같은 예측치를 산출했는가'라는 질문을 받을 겁니다. 그때 '인공지능이 그렇다고 하길래요'는 적절한 대답이라고 할 수 없습니다.

모형상으로는 충돌하지 않는 차가 만들어져도 막상 실제로 자동 운전에 인공지능을 도입했을 때 만에 하나 사고가 일어날 경우 '이유는 모르겠지만 인공지능이 핸들을 왼쪽으로 꺾더라'라는 대답으로는 원인을 파악할 수 없습니다. 즉, 사람 목숨이 관련된, 아니면 큰 손실로 이어질 수 있는 판단을 해야 하는 중요한 분야에는 도입할 수 없다는 말입니다.

아마도 다음 단계에서는 신경망이 왜 그런 결론을 도출했는지를 찾아내기 위한 알고리즘이 필요하겠죠.

그래도 AI 관련 기술은 가능한 부분부터 차근차근 도입될 것입니다. 기술은 일취월장으로 진화하고 있으니까요.

지혜는 인간이 자랑하는 특별한 능력이지만 컴퓨터는 지금 지식과 견문을 넓혀가는 능력을 얻고자 하고 있습니다. 인간도 이에 질 수는 없습니다. 여기서 후쿠자와 유키치[1]의 유명한 명언을 떠올려 봅니다.

'지식과 견문을 넓히려면 타인의 의견을 듣고 내 생각을 깊게 하며, 책도 읽어야 한다.'

1　일본 근대화의 상징적인 인물로 계몽 사상가. 현 게이오기주쿠 대학의 기원이 되는 학교를 세운 인물이다.

[번호]

2045년 문제	49

[A - C]

AGI	40
AI	39
AI, 약한	40
AlphaGo	13
Amazon Echo	233
ANN	29, 176
Artificial Intelligence	39
Backpropagation	197
Bing	91
BOT TREE for MEDIA	104
chatbot	87
chatterbot	87
CNN	199
Cortana	94

[D - I]

DQN	16, 33
FinTech	121
Google DeepMind	15
IBM 왓슨	42, 71, 215
ILSVRC	31
IoT	154

[M - O]

Music Xray	142
NHTSA	134
NLC	219
NTT	100
NTT 도코모	242
Oculus	232
OK Google	42
over-fitting	198

[P - V]

PaaS	80
ResNet	226
RNN	202
Siri	42
Slack	87
TensorFlow	229
Viv	102
VR	232

저자 _ 칸자키 요지

로봇, 인공지능, 컴퓨터, 디지털카메라, 촬영과 리터치, 스마트폰 등에 정통한 테크니컬 라이터 겸 컨설턴트. 로봇 정보 웹사이트 '로보스타'에서 보롯과 인공지능 등에 관한 칼럼 '칸자키 요지가 말하는 로봇의 충격!'을 연재 중.

1996년부터 3년간 아스키 특파원으로 미국 실리콘밸리에 거주하며 벤처 기업 취재를 중심으로 컴퓨터와 인터넷 업계의 최신 정보를 리포트. 이후 저널리스트로 닛케이 BP사, 아스키, ITmedia 등에서 폭넓은 집필 활동을 해 왔다. TV 및 잡지에 다수 출연. 상세한 내용은 홈페이지를 참조(http://www.trisec.co.jp/magazine.html).

최근에는 로봇과 관련된 최신 동향을 추적한 서적 『페퍼의 충격! 퍼스널 로봇이 바꿀 사회와 비즈니스』(닛케이 BP)를 집필하고 『사상 최강의 컬러 도해 프로가 가르쳐 주는 디지털 일안 카메라의 모든 것을 알 수 있는 책』(나쓰메 출판사)의 감수자로도 잘 알려져 있다. 전자책 사진집 출판을 담당하는 것 외에도 연간 8,000매 이상의 사진과 이미지 리터치를 소화해 내는 크리에이터이기도 하다.

연재 칼럼 "칸자키 요지가 말하는 로봇의 충격!" (로보스타)

http://robotstart.info/author/kozaki

역자 _ 김현옥

명지대학교 일어일문학과를 졸업했으며, 통신기술업체에서 다년간 번역을 담당하고 있다. 현재 번역에이전시 엔터스코리아에서 전문 번역가로 활동하고 있다.

주요 역서로는 『주말에 끝내는 PHP 프로그래밍: 이틀 만에 개발 환경 구축부터 간단한 웹 애플리케이션까지』이 있다.

■ **참고 문헌**

고바야시 마사카즈, "AI의 충격 인공지능은 인류의 적인가", 고단샤 현대신서 2015년

레이 커즈와일, "싱귤래리티는 가깝다", NHK 출판, 2016년

■ **영상**

NHK 스페셜, "의료 빅데이터 환자를 구하는 대혁명", 첫 방송 2014년 11월 2일

NHK 스페셜, "넥스트 월드: 우리의 미래"

제1회 2015년 1월 3일 '미래는 어디까지 예측할 수 있을 것인가?'

제2회 2015년 1월 4일 '수명은 어디까지 연장될 것인가?'

제3회 2015년 1월 24일 '인간의 힘은 어디까지 높아질 수 있을 것인가?'

제4회 2015년 1월 25일 '인생은 어디까지 즐거워질 것인가?'

제5회 2015년 2월 1일 '인간의 국경은 어디까지 확장될 것인가?'

■ **URL**

일반 사단법인 인공지능학회 'What's AI'

http://www.ai-gakkai.or.jp/whatai